诚信为本 操守为重

坚持准则 不做假账

——与学习会计的同学共勉

"十三五"职业教育国家规划教材

普通高等教育会计专业应用型人才培养新形态一体化教材

全国会计专业技术资格考试（初级）"课证融合"系列教材

初级会计实务（第三版）

■ 正保会计网校 编

高等教育出版社·北京

内容简介

本书是"十三五"职业教育国家规划教材,是普通高等教育会计专业应用型人才培养新形态一体化教材,也是全国初级会计专业技术资格考试"初级会计实务"科目的配套教材。

本书依据全国初级会计专业技术资格考试"初级会计实务"科目大纲及最新会计准则以及《财政部 税务总局 海关总署关于深化增值税改革有关政策的公告》《关于修订印发2019年度一般企业财务报表格式的通知》等最新财税法规编写而成。全书内容包括企业六大会计要素的确认、计量和记录,资产负债表、利润表、所有者权益变动表和附注的编制,管理会计基础和政府会计基础。在内容编排上,贯彻由浅入深、由易到难、循序渐进的原则,并在理论知识讲解中穿插"边学边做""情景案例""边学边思""相关链接"等栏目,在突出会计实务操作讲解分析的同时,注重提高考试的针对性及学生独立分析与解决问题能力的培养。

本书设计"红膜自测卡",重点概念覆红膜自测卡即可隐去,方便使用者检测学习效果。通过使用移动终端扫描二维码,读者可以观看"边学边思""技能微课"等具体内容,从而将"看书"与"听课""互动"等辅助教学资源结合起来。

本书可作为应用型本科院校、高等职业院校、中等职业院校财经类专业和其他专业"财务会计"课程的教材,也可以作为初级会计职称考试辅导用书,还可以作为企业会计人员实际工作中的参考用书。

图书在版编目（C I P）数据

初级会计实务 / 正保会计网校编. -- 3版. -- 北京：高等教育出版社，2021.5（2023.2重印）

ISBN 978-7-04-055955-2

Ⅰ.①初… Ⅱ.①正… Ⅲ.①会计实务－资格考试－自学参考资料 Ⅳ.①F233

中国版本图书馆CIP数据核字（2022）第123796号

初级会计实务（第三版）
CHUJI KUAIJI SHIWU

策划编辑	马　一	责任编辑	张雅楠	封面设计	杨立新	版式设计	马　云
责任校对	张　薇	责任印制	朱　琦				

出版发行	高等教育出版社	网　址	http://www.hep.edu.cn
社　址	北京市西城区德外大街4号		http://www.hep.com.cn
邮政编码	100120	网上订购	http://www.hepmall.com.cn
印　刷	涿州市京南印刷厂		http://www.hepmall.com
开　本	787mm×1092mm　1/16		http://www.hepmall.cn
印　张	21.5		
字　数	400千字	版　次	2017年3月第1版
插　页	1		2021年5月第3版
购书热线	010-58581118	印　次	2023年2月第5次印刷
咨询电话	400-810-0598	定　价	49.80元

本书如有缺页、倒页、脱页等质量问题,请到所购图书销售部门联系调换

版权所有　侵权必究

物　料　号　55955-A0

总　序

　　我国高等教育正处于转型、转轨时期，人才培养机制与市场需求结构存在严重背离，一方面，在传统的课堂教育方式下，我国培养的大学生大多理论知识掌握得较为全面，而实践操作能力较弱；另一方面，随着云计算、大数据、人工智能、移动互联、区块链等新技术不断发展，很多企业的运营模式发生了重大变化。新行业不断出现，老行业也通过"互联网＋"不断创新：发票电子化、会计核算信息化、财务分析智能化与可视化等已成为趋势，而目前的人才培养滞后于时代发展，不能适应我国建设创新型国家的需要。

　　《国家职业教育改革实施方案》指出，随着我国进入新的发展阶段，产业升级和经济结构调整不断加快，各行各业对技术技能人才的需求越来越紧迫，职业教育的重要地位和作用越来越凸显。通过借鉴"双元制"等模式，总结现代学徒制和企业新型学徒制试点经验，校企共同研究制定人才培养方案等方式促进产教融合校企"双元"育人，及时将新技术、新工艺、新规范纳入教学标准和教学内容，实现专业设置与产业需求对接、课程内容与职业标准对接、教学过程与生产过程对接。同时要适应"互联网＋职业教育"发展需求，运用现代信息技术改进教学方式方法，推进虚拟工厂等网络学习空间的建设和普遍应用。《中国教育现代化2035》提出要加快信息化时代教育变革，建设智能化校园，统筹建设一体化智能化教学、管理与服务平台。利用现代技术加快推动人才培养模式改革，实现规模化教育与个性化培养的有机结合。

　　在这个大背景下，高校的教育理念和教师的执教能力都面临着重大考验，高校、高校教师，乃至高校学生，都需要转变思想，适应国家教育改革的新精神和新理念。只有摒弃旧有模式和理念，进行脱胎换骨变革的高校，才能适应这个时代。

　　会计教育在此转型期同样面临这一挑战。会计的教学若要契合时代的要求，适应"互联网＋"时代的特点，就要在各方面进行全方位的改革。这种改革不仅体现在教学上，也体现在教材上。一套好的教材是支撑教学的基础，教学改革其实是以教材改革为先导的。目前的教材大多拘泥于固有理念，内容上比较陈旧，形式上也并没有适应移动互联时代学习的碎片化、信息化和立体化的特征，远远不能满足时代的需求。教材的改革没有突破，很大程度上阻碍了我国会计教学的突破。

　　作为国内大型会计远程教育教学机构，正保会计网校联合高等教育出版社推出的"普通高等教育会计专业应用型人才培养新形态一体化教材"，打破了固有的教材模式，充分体现了"互联网＋"时代的特征。该套教材以及时反映新时代的业务内容、课证融合、突出理论与实践相结合、结合知识点设计立体化资源等为特色。读者使用教材时，既能满足学历教育系统知识学习的需求，又能满足初级会计专业技术资格考试需求；既突出理论学习，又满足实践学习要求。这套书主教材还设置了"边学边思""技能微课"等栏目，通过二维码链接各类教学资源，让知识像水一样"活起来、动起来"，让学习变得不再枯燥和乏味。

　　很多初次接触会计的读者都曾却步于会计学习的不够生动，这套教材，尤其是配合学习平台的使用，可能会让你们有另一种体验。值此"普通高等教育会计专业应用型人才培养新形态一体化教材"出版之际，我将它隆重推荐给初入会计门槛的读者，希望对你们的学习和工作有所裨益！

2021 年 3 月

第三版前言

本书是"十三五"职业教育国家规划教材,是普通高等教育会计专业应用型人才培养新形态一体化教材,也是初级会计专业技术资格考试"初级会计实务"科目的配套教材。本系列教材共有四本,包括《初级会计实务》(第三版)、《初级会计实务(第三版)习题与考前训练》、《经济法基础》(第三版)、《经济法基础(第三版)习题与考前训练》。本系列教材既能满足学校教学需要,又将初级会计专业技术资格考试的精华内容融入其中,为学生今后取证打下坚实的基础。

"财务会计"课程是高等院校会计类专业的核心主干课程。本课程定位于培养"助理会计师"后备力量,学生只有掌握该课程的基础知识,才能初步具备独立进行会计操作的职业技能,胜任会计岗位工作。

为了满足课程教学、考证及培养学生良好的职业素质和较强的实际操作能力的需求,编者以"教学做一体化""理实一体化"为原则,以2021年初级会计专业技术资格考试"初级会计实务"科目大纲、最新会计准则以及《财政部 税务总局 海关总署关于深化增值税改革有关政策的公告》《关于修订印发2019年度一般企业财务报表格式的通知》等最新财税法规为依据,按照"十三五"规划确定的教育目标,精心编写了《初级会计实务》(第三版)教材。

本书在编写过程中,力求通俗易懂,部分理论知识讲解配以图表阐示,以便让学生清晰地认识基础理论在实务中的操作流程,将理论知识与实务操作技能适当融合。在内容编排上,本书贯彻由浅入深、由易到难、循序渐进的原则。比如,在资产要素的讲解中,由简单易学的货币资金开始,到相对容易理解的存货、固定资产、无形资产等,然后再到较抽象、不易理解的金融资产,使学生有一个循序渐进的学习过程。

本书共分10章,如下图所示:

其中,第一章对会计相关概念进行简要说明;第二章至第七章介绍了企业六大会计要素的确认、计量和记录;第八章讲解资产负债表、利润表、所有者权益变动表和附注的编制;第九章讲述管理会计基础和工业企业的产品成本核算;第十章介绍政府会计的核算和财务报告。因此,本书内容涵盖初级会计专业技术资格考试"初级会计实务"科目大纲中的所有知识点,在满足教学需求的同时,关注学生考证的需要及会计实务操作技能的培养。同时,本书在理论知识讲解中穿插"边学边做",与教学内容相辅相成,既突出了对会计实务的讲解分析,又提高了考试的针对性;"情景案例"有利于培养学生独立分析问题和解决问题的能力。此外,本书注重方法引导,在书中设置了"相关链接""提示"等小栏目帮助读者拓展知识面,总结学习方法,归纳相关知识点,以加深知识的理解。

在教学资源提供上,本书运用二维码技术,将"看书"与"听课""互动"等辅助教学资源紧密结合,实现资源立体化,为教师和学生提供全面的教与学的支持。

（1）边学边思:为了激发读者对知识的思考,加深理解,本书设置了很多思考题,其答案通过扫描二维码即可查看。

（2）技能微课:在知识点讲解之后,可以通过扫描二维码观看中华会计网校名师对该知识点或软件操作的微课讲解。

本书特别设计有"红膜自测卡",重点概念覆红膜自测卡即可隐去,方便使用者检测学习效果。通过使用移动终端扫描书中二维码,读者可以观看"边学边思""技能微课"等具体内容。

由于时间紧张,作者水平有限,虽力求完美,但书中不足之处在所难免,恳请读者不吝赐教并批评指正,使本书不断完善。

编　者

2021 年 3 月

目　录

第一章 会计概述

本章导读

　　本章是对会计基础知识的总体概述。本章主要介绍会计概念、职能和目标，会计基本假设、会计基础、会计信息质量要求，会计要素及其确认与计量，会计科目和借贷记账法，会计凭证、会计账簿、账务处理程序，财产清查及财务报告。

　　通过本章的学习，要求学生掌握会计基础和借贷记账法的应用。

教学目标

▶ **考核目标**

1. 了解会计概念、职能和目标
2. 掌握会计基本假设、会计基础和会计信息质量要求
3. 掌握会计要素及其确认与计量
4. 掌握借贷记账法
5. 掌握会计凭证、会计账簿的编制以及账务处理程序
6. 了解财产清查方法和财务报告的构成

▶ **实践目标**

1. 能够准确甄别会计基本假设、会计基础和会计信息质量要求
2. 能够熟练运用借贷记账法进行记账
3. 能够熟练编制会计凭证、会计账簿
4. 能够熟练运用财产清查方法进行财产清查

▶ 第一节　会计概念、职能和目标

▶ 一、会计概念

会计是以货币为主要计量单位,采用专门的方法和程序,对企业和行政、事业单位的经济活动进行完整的、连续的、系统的核算和监督,以提供经济信息和反映受托责任履行情况为主要目的的经济管理活动。

▶ 二、会计职能

会计职能

会计职能,是指会计在经济管理过程中所具有的功能。作为"过程的控制和观念总结"的会计,具有会计核算和会计监督两项基本职能,还具有预测经济前景、参与经济决策、评价经营业绩等拓展职能。

（一）基本职能

1. 核算职能

会计的核算职能,是指会计以货币为主要计量单位,对特定主体的经济活动进行确认、计量、记录和报告。会计核算贯穿于经济活动的全过程,是会计最基本的职能。会计核算的主要内容包括:① 款项和有价证券的收付;② 财物的收发、增减和使用;③ 债权、债务的发生和结算;④ 资本、基金的增减;⑤ 收入、支出、费用、成本的计算;⑥ 财务成果的计算和处理;⑦ 需要办理会计手续、进行会计核算的其他事项。

2. 监督职能

会计的监督职能,是指对特定主体经济活动和相关会计核算的真实性、合法性和合理性进行审查。真实性审查,是指检查各项会计核算是否根据实际发生的经济业务进行。合法性审查,是指检查各项经济业务是否符合国家的有关法律法规,是否遵守财经纪律,是否执行国家各项方针政策,以杜绝违法乱纪行为。合理性审查,是指检查各项财务收支是否符合客观经济规律及经营管理方面的要求,保证各项财务收支符合特定财务收支计划,实现预算目标。

3. 会计核算职能与监督职能的关系

会计核算与会计监督两项基本职能相辅相成、辩证统一。会计核算是会计监督的基础,没有会计核算所提供的各种信息,会计监督就失去了依据;而会计监督又是会计核算质量的保障,如果只有会计核算没有会计监督,就难以保证会计核算所提供信息的真实性和可靠性。

（二）拓展职能

1. 预测经济前景

预测经济前景是指根据财务报告等提供的信息,定量或者定性地判断和推测经济活动的发展变化规律,以指导和调节经济活动,提高经济效益。

2. 参与经济决策

参与经济决策是指根据财务报告等提供的信息,运用定量分析和定性分析方法,对备选方案进行经济可行性分析,为企业经营管理等提供决策相关的信息。

3. 评价经营业绩

评价经营业绩是指利用财务报告等提供的信息,采用适当的方法,对企业一定经营期间的资产运营、经济效益等经营成果,对照相应的评价标准,进行定量及定性对比分析,作出真实、客观、公正的综合评判。

▶ 三、会计目标

会计目标,是指要求会计工作完成的任务或达到的标准,即向财务报告使用者提供与企业财务状况、经营成果和现金流量等有关的会计信息,反映企业管理层受托责任履行情况,有助于财务报告使用者作出经济决策。

财务报告使用者主要包括投资者、债权人、政府及其有关部门和社会公众等。满足投资者的信息需要是企业财务报告编制的首要出发点,企业编制财务报告、提供会计信息必须与投资者的决策密切相关。因此,财务报告提供的信息应当如实反映企业所拥有或者控制的经济资源、对经济资源的要求权,以及经济资源及其要求权的变化情况;如实反映企业的各项收入、费用和利润的金额及其变动情况;如实反映企业各项经营活动、投资活动和筹资活动等所形成的现金流入和现金流出情况等,从而有助于现在的或者潜在的投资者正确、合理地评价企业的资产质量、偿债能力、盈利能力和营运效率等;有助于投资者根据相关会计信息作出理性的投资决策;有助于投资者评估与投资有关的未来现金流量的金额、时间和风险等。除投资者以外,企业财务报告的使用者还有债权人、政府及其有关部门、社会公众等。由于投资者是企业资本的主要提供者,如果财务报告能够满足这一群体的会计信息需求,通常情况下也可以满足其他使用者的大部分信息需求。

▶ 第二节 会计基本假设、会计基础和会计信息质量要求

▶ 一、会计基本假设

会计基本假设是对会计核算所处时间、空间环境等所作的合理假定,是企业会计确认、计量和报告的前提。会计基本假设包括会计主体、持续经营、会计分期和货币计量。

(一)会计主体

会计主体是指会计工作服务的特定对象,是企业会计确认、计量和报告的空间范围。为了向财务报告使用者反映企业财务状况、经营成果和现金流量,提供与其决策有用的信息,会计核算和财务报告的编制应当集中于反映特定对象的活动,并将其与其他经济实体区别开来。在会计主体假设下,企业应当对其本身发生的交易或事项进行会计确认、计量和报告,反映企

业本身所从事的各项生产经营活动和其他相关活动。

（二）持续经营

持续经营是指在可以预见的将来,企业将会按当前的规模和状态继续经营下去,不会停业,也不会大规模削减业务。在持续经营假设下,会计确认、计量和报告应当以企业持续、正常的生产经营活动为前提。

（三）会计分期

会计分期是指将一个企业持续经营的生产经营活动划分为一个个连续的、长短相同的期间。

会计分期的目的,在于通过会计期间的划分,将持续经营的生产经营活动划分成连续、相等的期间,据以结算盈亏,按期编报财务报告,从而及时向财务报告使用者提供有关企业财务状况、经营成果和现金流量的信息。

（四）货币计量

货币计量是指会计主体在会计确认、计量和报告时以货币计量,反映会计主体的生产经营活动。

货币是商品的一般等价物,是衡量一般商品价值的共同尺度,具有价值尺度、流通手段、贮藏手段和支付手段等职能。选择货币这一共同尺度进行计量,能够全面、综合反映企业的生产经营情况。

▶ 二、会计基础

会计基础是指会计确认、计量和报告的基础,具体包括权责发生制和收付实现制。

（一）权责发生制

权责发生制,是指收入、费用的确认应当以收入和费用的实际发生而非实际收支作为确认的标准。

在实务中,企业交易或者事项的发生时间与相关货币收支时间有时并不完全一致。例如,款项已经收到,但销售并未实现而不能确认为本期的收入;或者款项已经支付,但与本期的生产经营活动无关而不能确认为本期的费用。为了真实、公允地反映特定时点的财务状况和特定期间的经营成果,企业应当以权责发生制为基础进行会计确认、计量和报告。

根据权责发生制,凡是当期已经实现的收入和已经发生或者应当负担的费用,无论款项是否收付,都应当作为当期的收入和费用,计入利润表;凡是不属于当期的收入和费用,即使款项已在当期收付,也不应当作为当期的收入和费用。

（二）收付实现制

收付实现制,是指以实际收到或支付现金作为确认收入和费用的标准。

在我国,政府会计由预算会计和财务会计构成。其中,预算会计采用收付实现制,国务院另有规定的,依照其规定;财务会计采用权责发生制。

▶ 三、会计信息质量要求

会计信息质量要求是对企业财务报告所提供会计信息质量的基本要求,是使财务报告所提供会计信息对投资者等信息使用者决策有用应具备的基本特征,主要包括可靠性、相关性、可理解性、可比性、实质重于形式、重要性、谨慎性、及时性等。

（一）可靠性

可靠性要求企业应当以实际发生的交易或者事项为依据进行确认、计量和报告;如实反映符合确认和计量要求的会计要素及其他相关信息,保证会计信息真实可靠、内容完整。

可靠性是高质量会计信息的重要基础和关键所在。如果企业以虚假的交易或者事项进行确认、计量和报告,属于违法行为,不仅会严重损害会计信息质量,而且会误导投资者,干扰资本市场,导致会计秩序、财经秩序混乱。

（二）相关性

相关性要求企业提供的会计信息应当与投资者等财务报告使用者的经济决策需要相关,有助于投资者等财务报告使用者对企业过去、现在或未来的情况作出评价或者预测。

相关的会计信息应当能够有助于使用者评价企业过去的决策,证实或者修正过去的有关预测,因而具有反馈价值。相关的会计信息还应当具有预测价值,有助于使用者根据财务报告提供的会计信息预测企业未来的财务状况、经营成果和现金流量。

（三）可理解性

可理解性要求企业提供的会计信息应当清晰明了,便于投资者等财务报告使用者理解和使用。

企业编制财务报告、提供会计信息的目的在于使用,要想让使用者有效使用会计信息,就应当让其了解会计信息的内涵,弄懂会计信息的内容,这就要求财务报告提供的会计信息应当清晰明了,易于理解。只有这样,才能提高会计信息的有用性,实现财务报告的目标,满足向投资者等财务报告使用者提供决策有用信息的要求。

（四）可比性

可比性要求企业提供的会计信息应当相互可比,主要包括两层含义:

（1）同一企业不同时期可比。即同一企业不同时期发生的相同或者相似的交易或者事项,应当采用一致的会计政策,不得随意变更。但是,如果按照规定或者在会计政策变更后能够提供更可靠、更相关的会计信息,企业可以变更会计政策。有关会计政策变更的情况,应当在附注中予以说明。

（2）不同企业相同会计期间可比。即不同企业同一会计期间发生的相同或者相似的交易或者事项,应当采用规定的会计政策,确保会计信息口径一致、相互可比,以使不同企业按照一致的确认、计量和报告要求提供有关会计信息。

（五）实质重于形式

实质重于形式要求企业应当按照交易或者事项的经济实质进行会计确认、计量和报告，不仅仅以交易或者事项的法律形式为依据。在实际工作中，交易或者事项的外在法律形式并不总能完全反映其实质内容，企业发生的交易或者事项在多数情况下，其经济实质和法律形式是一致的。但在有些情况下，会出现不一致。例如，企业租入的资产（短期租赁和低值资产租赁除外），从法律形式上来讲，企业并不拥有其所有权，但是由于租赁期相当长，接近于该资产的使用寿命，租赁期结束时承租企业拥有优先购买选择权，在租赁期内承租企业有权支配资产并从中受益等，从其经济实质来讲，企业能够控制租入资产所创造的未来经济利益，因此应视为自有资产管理。

（六）重要性

重要性要求企业提供的会计信息应当反映与企业财务状况、经营成果和现金流量有关的所有重要交易或者事项。

在实务中，如果某会计信息的省略或者错报会影响投资者等财务报告使用者据此作出决策，该信息就具有重要性。重要性的应用需要依赖职业判断，企业应当根据其所处环境和实际情况，从项目的性质和金额大小两方面加以判断。例如，企业发生的某些支出，金额较小，从支出的受益期来看，可能需要在若干会计期间进行分摊，但根据重要性要求，可以一次性计入当期损益。

（七）谨慎性

谨慎性要求企业对交易或者事项进行会计确认、计量和报告应当保持应有的谨慎，不应高估资产或者收益、低估负债或者费用。在市场经济环境下，企业的生产经营活动面临着许多风险和不确定性，会计信息质量的谨慎性要求，需要企业在面临不确定性因素的情况下作出职业判断时，应当保持应有的谨慎，充分估计到各种风险和损失，既不高估资产或者收益，也不低估负债或者费用。例如，企业对售出商品很可能发生的保修义务确认预计负债、对很可能承担的环保责任确认预计负债等，就体现了会计信息质量的谨慎性要求。

（八）及时性

及时性要求企业对于已经发生的交易或者事项，应当及时进行确认、计量和报告，不得提前或延后。

在会计确认、计量和报告过程中贯彻及时性要求，一是要求及时收集会计信息，即在交易或者事项发生后，及时收集整理各种原始单据或者凭证；二是要求及时处理会计信息，即按照会计准则的规定，及时对交易或者事项进行确认或者计量，并编制财务报告；三是要求及时传递会计信息，即按照国家规定的有关时限，及时地将编制的财务报告传递给财务报告使用者，便于其及时使用和决策。

▶ 第三节 会计要素及其确认与计量

▶ 一、会计要素及其确认条件

会计要素是根据交易或者事项的经济特征所确定的财务会计对象和基本分类。会计要素按照其性质分为资产、负债、所有者权益、收入、费用和利润。其中,资产、负债和所有者权益要素侧重于反映企业的财务状况,收入、费用和利润要素侧重于反映企业的经营成果。

(一)资产

1. 资产的定义与特征

资产,是指企业过去的交易或者事项形成的、由企业拥有或者控制的、预期会给企业带来经济利益的资源。根据资产的定义,资产具有以下三方面特征:

(1)资产应为企业拥有或者控制的资源。资产作为一项资源,应当由企业拥有或者控制,具体是指企业享有某项资源的所有权,或者虽然不享有某项资源的所有权,但该资源是被企业所控制。

(2)资产预期会给企业带来经济利益。资产预期会给企业带来经济利益,是指资产具有直接或者间接导致现金和现金等价物流入企业的潜力。这种潜力可以来自企业日常的生产经营活动,也可以是非日常活动;带来的经济利益可以是现金或者现金等价物,或者是可以转化为现金或者现金等价物的形式,或者是可以减少现金或者现金等价物流出的形式。

(3)资产是由企业过去的交易或者事项形成的。资产应当由企业过去的交易或者事项形成,过去的交易或者事项包括购买、生产、建造行为等。只有过去的交易或者事项才能产生资产,企业预期在未来发生的交易或者事项不能形成资产。例如,企业有购买某项商品的意愿或计划,但是购买行为尚未发生,就不符合资产的定义,不能因此而确认存货资产。

2. 资产的确认条件

将一项资源确认为资产,需要符合资产的定义,还应同时满足以下两个条件:

(1)与该资源有关的经济利益很可能流入企业。从资产的定义可以看出,能为企业带来经济利益是资产的一个本质特征,但在现实生活中,由于经济环境瞬息万变,与资源有关的经济利益能否流入企业或者能够流入多少实际上带有不确定性。因此,资产的确认还应与经济利益流入企业的不确定性程度的判断结合起来。

(2)该资源的成本或者价值能够可靠地计量。只有当有关资源的成本或者价值能够可靠地计量时,资产才能予以确认。在实务中,企业取得的许多资产都需要付出成本。例如,企业购买或者生产的商品、企业购置的厂房或者设备等,对于这些资产,只有实际发生的成本或者生产成本能够可靠计量,才符合了资产确认的可计量性条件。

（二）负债

1. 负债的定义与特征

负债，是指企业过去的交易或者事项形成的，预期会导致经济利益流出企业的现时义务。

根据负债的定义，负债具有以下三方面特征：

（1）负债是企业承担的现时义务。负债必须是企业承担的现时义务，这里的现时义务是指企业在现行条件下已承担的义务。未来发生的交易或者事项形成的义务，不属于现时义务，不应当确认为负债。

（2）负债预期会导致经济利益流出企业。预期会导致经济利益流出企业是负债的一个本质特征，只有在履行义务时会导致经济利益流出企业的，才符合负债的定义。在履行现时义务清偿负债时，导致经济利益流出企业的形式多种多样，例如，用现金偿还或以实物资产形式偿还；以提供劳务形式偿还；部分转移资产、部分提供劳务形式偿还；将负债转为资本等。无论采用哪种方式清偿负债，企业都要付出相应代价，从而导致经济利益流出企业，除非债权人放弃债权。

（3）负债是由企业过去的交易或者事项形成的。负债应当由企业过去的交易或者事项所形成。换句话说，只有过去的交易或者事项才形成负债，企业正在筹划的未来交易或事项，如企业的业务计划、购货合同等不属于负债。

2. 负债的确认条件

将一项现时义务确认为负债，需要符合负债的定义，还需要同时满足以下两个条件：

（1）与该义务有关的经济利益很可能流出企业。从负债的定义可以看出，预期会导致经济利益流出企业是负债的一个本质特征。在实务中，企业履行义务所需流出的经济利益带有不确定性，尤其是与推定义务相关的经济利益通常需要依赖大量的估计。因此，负债的确认应当与经济利益流出企业的不确定性程度的判断结合起来。

（2）未来流出的经济利益的金额能够可靠地计量。负债的确认在考虑经济利益流出企业的同时，对于未来流出的经济利益的金额应当能够可靠计量。

（三）所有者权益

1. 所有者权益的定义

所有者权益（股东权益），是指企业资产扣除负债后，由所有者享有的剩余权益。所有者权益是所有者对企业资产的剩余索取权，它是企业的资产扣除债权人权益后应由所有者享有的部分，既可反映所有者投入资本的保值增值情况，又体现了保护债权人权益的理念。

所有者权益的来源包括所有者投入的资本、其他综合收益、留存收益等，通常由股本（或实收资本）、资本公积（含股本溢价或资本溢价、其他资本公积）、其他综合收益、盈余公积和未分配利润等构成。

2. 所有者权益的确认条件

所有者权益体现的是所有者在企业中的剩余权益，因此，所有者权益的确认和计量主要依赖于资产和负债的确认和计量。例如，企业接受投资者投入的资产，在该资产符合资产的确认条件时，就相应地符合所有者权益的确认条件；当该资产的价值能够可靠计量时，所有者权益的金额也就可以确定。

收入确认的
条件

（四）收入

1. 收入的定义与特征

收入，是指企业在日常活动中形成的、会导致所有者权益增加的、与所有者投入资本无关的经济利益的总流入。根据收入的定义，收入具有以下三方面特征：

（1）收入是企业在日常活动中形成的。日常活动，是指企业为完成其经营目标所从事的经常性活动，以及与之相关的活动。例如，工业企业制造并销售产品，就属于企业的日常活动。

（2）收入是与所有者投入资本无关的经济利益的总流入。收入应当会导致经济利益的流入，从而导致资产的增加。例如，企业销售商品，应当收到现金或者有权在未来收到现金，才表明该交易符合收入的定义。但是在实务中，经济利益的流入有时是所有者投入资本的增加导致的，所有者投入资本的增加不应当确认为收入，应当将其直接确认为所有者权益。

（3）收入会导致所有者权益的增加。与收入相关的经济利益的流入应当会导致所有者权益的增加，不会导致所有者权益增加的经济利益的流入不符合收入的定义，不应确认为收入。例如，企业向银行借入款项，虽然也导致经济利益流入企业，但该流入并不导致所有者权益的增加，反而使企业承担了一项现时义务。因此，企业对于因借入款项所导致的经济利益的增加，不应将其确认为收入，应当确认为一项负债。

2. 收入的确认条件

企业收入的来源渠道多种多样，不同收入来源的特征虽然有所不同，但其收入确认条件却是相同的。当企业与客户之间的合同同时满足下列条件时，企业应当在客户取得相关商品控制权时确认收入：① 合同各方已批准该合同并承诺将履行各自义务；② 该合同明确了合同各方与所转让商品或提供劳务相关的权利和义务；③ 该合同有明确的与所转让商品或提供劳务相关的支付条款；④ 该合同具有商业实质，即履行该合同将改变企业未来现金流量的风险、时间分布或金额；⑤ 企业因向客户转让商品或提供劳务而有权取得的对价很可能收回。

（五）费用

1. 费用的定义与特征

费用，是指企业在日常活动中发生的、会导致所有者权益减少的、与向所有者分配利润无关的经济利益的总流出。根据费用的定义，费用具有以下三方面特征：

（1）费用是企业在日常活动中形成的。费用必须是企业在日常活动中形成的，这些日常活动的界定与收入定义中涉及的日常活动的界定相一致。日常活动产生的费用通常包括营业成本（主营业务成本和其他业务成本）、税金及附加、销售费用、管理费用、财务费用等。将费用界定为日常活动形成的，目的是将其与损失相区分，企业非日常活动形成的经济利益的流出不能确认为费用，应当计入损失。

（2）费用是与向所有者分配利润无关的经济利益的总流出。费用的发生应当会导致经济利益的流出，从而导致资产的减少或者负债的增加，其表现形式包括现金或者现金等价物的流出，存货、固定资产和无形资产等的流出或者消耗等。企业向所有者分配利润也会导致经济利益的流出,而该经济利益的流出属于所有者权益的抵减项目,不应确认为费用,应当将其排除在费用的定义之外。

（3）费用会导致所有者权益的减少。与费用相关的经济利益的流出应当会导致所有者权益的减少,不会导致所有者权益减少的经济利益的流出不符合费用的定义,不应确认为费用。

2. 费用的确认条件

费用的确认除了应当符合定义外,还至少应当符合以下条件:① 与费用相关的经济利益应当很可能流出企业;② 经济利益流出企业的结果会导致资产的减少或者负债的增加;③ 经济利益的流出额能够可靠计量。

（六）利润

1. 利润的定义

利润,是指企业在一定会计期间的经营成果。通常情况下,如果企业实现了利润,表明企业的所有者权益将增加;反之,如果企业发生亏损(即利润为负数),表明企业的所有者权益将减少。

利润包括收入减去费用后的净额、直接计入当期利润的利得和损失等。其中,收入减去费用后的净额反映的是企业日常活动的业绩。直接计入当期利润的利得和损失,是指应当计入当期损益、会导致所有者权益发生增减变动的、与所有者投入资本或者向所有者分配利润无关的利得或损失。其中,利得,是指由企业非日常活动所形成的、会导致所有者权益增加的、与所有者投入资本无关的经济利益的流入;损失,是指由企业非日常活动所发生的、会导致所有者权益减少的、与向所有者分配利润无关的经济利益的流出。

2. 利润的确认条件

利润的确认主要依赖于收入和费用,以及利得和损失的确认,其金额的确定也主要取决于收入、费用、利得和损失金额的计量。

▶ 二、会计要素计量属性及其应用原则

会计计量是为了将符合确认条件的会计要素登记入账并列报于财务报表而确定其金额的过程。会计计量属性主要包括历史成本、重置成本、可变现净值、现值和公允价值等。

（一）历史成本

历史成本又称实际成本,是指取得或制造某项财产物资时所实际支付的现金或者现金等价物。采用历史成本计量时,资产按照其购置时支付的现金或现金等价物的金额,或者按照购置时所付出对价的公允价值计量。负债按其因承担现时义务而实际收到的款项或者资产的金额,或者承担现时义务的合同金额,或者按照日常活动中为偿还负债预期需要支付的现金或者现金等价物的金额计量。

（二）重置成本

重置成本又称现行成本,是指按照当前市场条件,重新取得同样一项资产所需支付的现金或现金等价物金额。采用重置成本计量时,资产按照现在购买相同或者相似资产所需支付的现金或者现金等价物的金额计量。负债按照现在偿付该项债务所需支付的现金或者现金等价

物的金额计量。

（三）可变现净值

可变现净值，是指在生产经营过程中，以预计售价减去进一步加工成本和销售所必需的预计税金、费用后的净值。采用可变现净值计量时，资产按照其正常对外销售所能收到现金或者现金等价物的金额，扣减该资产至完工时估计将要发生的成本、估计的销售费用以及相关税费后的金额计量。

（四）现值

现值，是指对未来现金流量以恰当的折现率进行折现后的价值，是考虑货币时间价值因素等的一种计量属性。采用现值计量时，资产按照预计从其持续使用和最终处置中所产生的未来净现金流入量的折现金额计量。负债按照预计期限内需要偿还的未来净现金流出量的折现金额计量。

（五）公允价值

公允价值，是指市场参与者在计量日发生的有序交易中，出售一项资产所能收到或者转移一项负债所需支付的价格。

▶ 三、会计等式

会计等式，又称会计恒等式、会计方程式或会计平衡公式，是表明会计要素之间基本关系的等式。

（一）会计等式的表现形式

企业要进行经济活动，必须拥有一定数量和质量的能给企业带来经济利益的经济资源，即资产。企业的资产最初来源于两个方面：一是由企业所有者投入；二是由企业向债权人借入。所有者和债权人将其拥有的资产提供给企业使用，就相应地对企业的资产享有一种要求权。前者称为所有者权益，后者则称为债权人权益，即负债。资产表明企业拥有什么经济资源和拥有多少经济资源，负债和所有者权益表明经济资源的来源渠道，即谁提供了这些经济资源。因此，资产、负债、所有者权益三者之间在数量上存在下列恒等关系，用公式表示为：

资产 = 负债 + 所有者权益

这一等式反映了企业在某一特定时点资产、负债和所有者权益三者之间的平衡关系。因此，该等式被称为财务状况等式、基本会计等式或静态会计等式，它是复式记账法的理论基础，也是编制资产负债表的依据。

企业进行生产经营活动的目的是获取收入，实现盈利。企业在取得收入的同时，必然要发生相应的费用。通过收入与费用的比较，才能确定一定期间的盈利水平，确定实现的利润总额。在不考虑利得和损失的情况下，它们之间的关系用公式表示为：

收入 – 费用 = 利润

这一等式反映了企业利润的实现过程，称为经营成果等式或动态会计等式。收入、费用和利润之间的上述关系，是编制利润表的依据。

（二）交易或事项对会计等式的影响

企业发生的交易或者事项按其对财务状况等式的影响不同，可以分为以下9种基本类型：

（1）一项资产增加、另一项资产等额减少的经济业务；

（2）一项资产增加、一项负债等额增加的经济业务；

（3）一项资产增加、一项所有者权益等额增加的经济业务；

（4）一项资产减少、一项负债等额减少的经济业务；

（5）一项资产减少、一项所有者权益等额减少的经济业务；

（6）一项负债增加、另一项负债等额减少的经济业务；

（7）一项负债增加、一项所有者权益等额减少的经济业务；

（8）一项所有者权益增加、一项负债等额减少的经济业务；

（9）一项所有者权益增加、另一项所有者权益等额减少的经济业务。

上述9类基本经济业务的发生均不影响财务状况等式的平衡关系，具体分为三种情形：基本经济业务（1）、（6）、（7）、（8）、（9）使财务状况等式左右两边的金额保持不变；基本经济业务（2）、（3）使财务状况等式左右两边的金额等额增加；基本经济业务（4）、（5）使财务状况等式左右两边的金额等额减少。

边学边做1.1

1. 训练目的

根据案例，辨别甲公司的交易对会计等式的影响。

2. 案例设计

甲公司从银行提取现金4万元。

3. 分析过程

甲公司从银行提取现金4万元这项业务发生后，甲公司的一项资产（库存现金）增加4万元，另一项资产（银行存款）同时减少4万元，即会计等式左边资产要素内部的金额有增有减，增减金额相等，其平衡关系保持不变。属于上述第（1）种经济业务类型。

▶ 第四节　会计科目和借贷记账法

▶ 一、会计科目和账户

（一）会计科目

会计科目，是对会计要素具体内容进行分类核算的项目，是进行会计核算和提供会计信息的基础。

会计科目按其反映的经济内容不同，可分为资产类科目、负债类科目、共同类科目、所有者权益类科目、成本类科目和损益类科目。会计科目按提供信息的详细程度及其统驭关系分类，可分为总分类科目和明细分类科目。

（二）会计账户

1. 会计账户的概念

账户是根据会计科目设置的,具有一定格式和结构,用于分类反映会计要素增减变动情况及其结果的载体。

会计科目仅仅是对会计要素的具体内容进行分类核算的项目,它不能反映交易或事项的发生所引起的会计要素各项目的增减变动情况和结果。各项核算指标的具体数据资料,只有通过账户记录才能取得。

2. 会计账户的分类

（1）根据核算的经济内容,账户分为资产类账户、负债类账户、共同类账户、所有者权益类账户、成本类账户和损益类账户。

（2）根据提供信息的详细程度及其统驭关系,账户分为总分类账户和明细分类账户。

▶ 二、借贷记账法

（一）借贷记账法的概念

借贷记账法是以"借"和"贷"作为记账符号的一种复式记账法。复式记账法,是指对于每一笔经济业务,都必须用相等的金额在两个或两个以上相互联系的账户中进行登记,以全面、系统地反映会计要素增减变化的一种记账方法。复式记账法分为借贷记账法、增减记账法、收付记账法等。

我国会计准则规定,企业、行政单位和事业单位会计核算采用借贷记账法记账。

（二）账户结构

借贷记账法下,账户的左方称为借方,右方称为贷方。哪方表示增加,哪方表示减少,则取决于账户的性质与所记录经济内容的性质。具体内容如表 1.1 所示。

表 1.1 借贷记账法的账户结构

记账方法	账户类别	借方	贷方	余额方向	期末余额计算公式
借贷记账法	资产类	增加	减少	借方	期末借方余额＝期初借方余额＋本期借方发生额－本期贷方发生额
	成本类				
	负债类	减少	增加	贷方	期末贷方余额＝期初贷方余额＋本期贷方发生额－本期借方发生额
	所有者权益类				
	收入类（损益类）	减少	增加	无	本期收入净额在期末转入"本年利润"账户,结转后无余额
	费用类（损益类）	增加	减少		本期费用净额在期末转入"本年利润"账户,结转后无余额

（1）资产类和成本类账户结构用 T 形账户表示，如图 1.1 所示。

图 1.1　资产类和成本类账户

（2）负债类和所有者权益类账户结构用 T 形账户表示，如图 1.2 所示。

图 1.2　负债类和所有者权益类账户

（3）收入类和费用类账户结构用 T 形账户表示，如图 1.3 所示。

图 1.3　收入类和费用类账户

（三）借贷记账法的记账规则

记账规则，是指采用某种记账方法登记具体经济业务时应当遵循的规律。借贷记账法的记账规则是"有借必有贷，借贷必相等"。即：任何经济业务的发生总会涉及两个或两个以上的相关账户，一方（或几方）记入借方，另一方（或几方）必须记入贷方，记入借方的金额等于记入贷方的金额。如果涉及多个账户，记入借方账户金额的合计数等于记入贷方账户金额的合计数。

边学边做 1.2

1. 训练目的

根据案例，在 T 形账户中登记丙公司的交易活动。

2. 案例设计

丙公司购入原材料一批，价款 1 000 元，用银行存款支付，假定不考虑增值税因素。

3. 分析过程

丙公司的原材料增加 1 000 元，银行存款同时减少 1 000 元，它涉及"原材料"和"银行存款"这两个资产类账户。资产的增加用"借"表示,减少用"贷"表示,因此应在"原材料"账户借方记入 1 000 元,在"银行存款"账户贷方记入 1 000 元。该项经济业务在 T 形账户中的登记,如图 1.4 所示。

图 1.4　以银行存款购入原材料

边学边做 1.3

1. 训练目的
根据案例,在 T 形账户中登记丁公司的交易活动。

2. 案例设计
丁公司已到期的应付票据 20 000 元因无力支付转为应付账款。

3. 分析过程
丁公司应付账款增加 20 000 元,应付票据同时减少 20 000 元,它涉及"应付账款"和"应付票据"这两个负债类账户。负债的增加用"贷"表示,减少用"借"表示,因此应在"应付票据"账户借方记入 20 000 元,在"应付账款"账户贷方记入 20 000 元。该项经济业务在 T 形账户中的登记,如图 1.5 所示。

图 1.5　应付票据转为应付账款

(四)借贷记账法下账户对应关系与会计分录

账户的对应关系,是指采用借贷记账法对每笔交易或事项进行记录时,相关账户之间形成的应借、应贷的相互关系。存在对应关系的账户称为对应账户。

会计分录,是对每项经济业务列示出应借、应贷的账户名称(科目)及其金额的一种记录。会计分录由应借应贷方向、相互对应的科目及其金额三个要素构成。会计分录的分类如表 1.2 所示。

表 1.2　会计分录的分类

会计分录	分类	简单会计分录:一借一贷的会计分录
		复合会计分录:一借多贷、多借一贷或多借多贷的会计分录

（五）借贷记账法下的试算平衡

试算平衡,是指根据借贷记账法的记账规则和资产与权益(负债和所有者权益)的恒等关系,通过对所有账户的发生额和余额的汇总计算和比较,来检查账户记录是否正确的一种方法。具体内容如表1.3所示。

表1.3　借贷记账法下的试算平衡

类别	公式	试算平衡表的编制
发生额试算平衡	全部账户本期借方发生额合计 = 全部账户本期贷方发生额合计 依据:有借必有贷,借贷必相等	（1）通常在期末结出各账户的本期发生额合计和期末余额后编制;(2)如果试算平衡表借贷不相等,肯定是账户记录有错误;(3)即便实现了试算平衡,也不能说明账户记录绝对正确,有些错误并不影响借贷双方的平衡关系。例如: ① 漏记某项经济业务; ② 重记某项经济业务; ③ 某项经济业务记录的应借、应贷科目正确,但借贷双方金额同时多记或少记,且金额一致,借贷仍然平衡; ④ 某项经济业务记错有关账户; ⑤ 某项经济业务在账户记录中,颠倒了记账方向; ⑥ 某借方或贷方发生额中,偶然发生多记和少记并相互抵销。 【提示】记录正确一定平衡,平衡不一定记录正确,错误一定不平衡
余额试算平衡	全部账户借方期末(初)余额合计 = 全部账户贷方期末(初)余额合计 依据:资产 = 负债 + 所有者权益	

▶ 第五节　会计凭证、会计账簿与账务处理程序

▶ 一、会计凭证

会计凭证是指记录经济业务发生或者完成情况的书面证明,是登记账簿的依据,包括纸质凭证和电子凭证两种形式。会计凭证按照填制程序和用途可分为原始凭证和记账凭证。

（一）原始凭证（单据）

1. 原始凭证的定义

原始凭证是指在经济业务发生或完成时取得或填制的,用以记录或证明经济业务的发生或完成情况的原始凭据。原始凭证的作用主要是记载经济业务的发生过程和具体内容。

2. 原始凭证的分类

（1）按取得来源分类。原始凭证按照取得来源,可分为自制原始凭证和外来原始凭证。自制原始凭证,是指由本单位有关部门和人员,在执行或完成某项经济业务时填制的,仅供本单位内部使用的原始凭证,如领料单、产品入库单、借款单等。

外来原始凭证,是指在经济业务发生或完成时,从其他单位或个人直接取得的原始凭证,如购买原材料取得的增值税专用发票、职工出差报销的飞机票、火车票和餐饮费发票等。

（2）按格式分类。原始凭证按照格式的不同,可分为通用凭证和专用凭证。

通用凭证,是指由有关部门统一印制、在一定范围内使用的具有统一格式和使用方法的原始凭证。通用凭证的使用范围因制作部门的不同而有所差异,可以是分地区、分行业使用,也可以是全国通用的,如某省(市)印制的在该省(市)通用的发票、收据等;由中国人民银行制作的在全国通用的银行转账结算凭证、由国家税务总局统一印制的全国通用的增值税专用发票等。

专用凭证,是指由单位自行印制、仅在本单位内部使用的原始凭证,如领料单、差旅费报销单、折旧计算表、工资费用分配表等。

（3）按填制的手续和内容分类。原始凭证按照填制的手续和内容,可分为一次凭证、累计凭证和汇总凭证。

一次凭证,是指一次填制完成,只记录一笔经济业务且仅一次有效的原始凭证,如收据、收料单、发货票、银行结算凭证等。

累计凭证,是指在一定时期内多次记录发生的同类型经济业务且多次有效的原始凭证,如限额领料单。累计凭证的特点是在一张凭证内可以连续登记相同性质的经济业务,随时结出累计数和结余数,并按照费用限额进行费用控制,期末按实际发生额记账。

汇总凭证,是指对一定时期内反映经济业务内容相同的若干张原始凭证,按照一定标准综合填制的原始凭证。汇总原始凭证合并了同类型经济业务,简化了记账工作。发料凭证汇总表是一种常用的汇总凭证。

3. 原始凭证的基本内容

原始凭证应当具备以下基本内容(也称为原始凭证要素):① 凭证的名称;② 填制凭证的日期;③ 填制凭证单位名称和填制人姓名;④ 经办人员的签名或者盖章;⑤ 接受凭证单位名称;⑥ 经济业务内容;⑦ 数量、单价和金额。

4. 原始凭证的填制要求

原始凭证的填制要求具体内容如表 1.4 所示。

表 1.4　原始凭证的填制要求

填制原始凭证的基本要求	记录真实	原始凭证所填列经济业务的内容和数字,必须真实可靠,符合实际情况
	内容完整 原始凭证所要求填列的项目必须逐项填列齐全,不得遗漏或省略	按照填制原始凭证的实际日期填写
		名称要齐全,不能简化
		品名或用途要填写明确
		有关人员的签章必须齐全
	手续完备	单位自制的原始凭证必须有经办单位相关负责人的签名盖章
		对外开出的原始凭证必须加盖本单位公章或者财务专用章
		从外部取得的原始凭证,必须盖有填制单位的公章或者财务专用章
		从个人取得的原始凭证,必须有填制人员的签名或盖章
	书写清楚、规范	按规定填写,文字要简明,字迹要清楚,易于辨认,不得使用未经国务院公布的简化汉字

续表

		大小写金额必须符合填写规范		
填制原始凭证的基本要求	书写清楚、规范	小写金额	用阿拉伯数字逐个书写,不得写连笔字	
			在金额前要填写人民币符号"￥",且与阿拉伯数字之间不得留有空白	
			金额数字一律填写到角、分;无角无分的,写"00"或符号"—";有角无分的,分位写"0",不得用符号"—"	
		大写金额	壹、贰、叁、肆、伍、陆、柒、捌、玖、拾、佰、仟、万、亿、元、角、分、零、整等,一律用正楷或行书字书写	
			大写金额前未印有"人民币"字样的,应加写"人民币"三个字且和大写金额之间不得留有空白	
			到元或角为止的,后面要写"整"或"正"字;有分的,不写"整"或"正"字	
	编号连续	如果凭证已预先印定编号,在因错作废时,应加盖"作废"戳记,妥善保管,不得撕毁		
	不得涂改、刮擦、挖补	金额有错误的,应当由出具单位重开,不得在原始凭证上更正		
		有其他错误的,应当由出具单位重开或更正,更正处应当加盖出具单位印章		
	填制及时	及时填写,并按规定的程序及时送交会计机构审核		
自制原始凭证填制要求	一次凭证	在经济业务发生或完成时,由相关业务人员一次填制完成		
	累计凭证	在每次经济业务完成后,由相关人员在同一张凭证上重复填制完成		
	汇总凭证	由相关人员在汇总一定时期内反映同类经济业务的原始凭证后填制完成		

5. 审核

为了如实反映经济业务的发生和完成情况,充分发挥会计的监督职能,保证会计信息的真实、完整,会计人员必须对原始凭证进行严格审核。审核的内容主要包括:

(1)真实性。审核包括凭证日期是否真实、业务内容是否真实、数据是否真实等。

(2)合法性、合理性。审核原始凭证所记录经济业务是否符合国家法律法规,是否履行了规定的凭证传递和审核程序;审核原始凭证所记录经济业务是否符合企业经济活动的需要,是否符合有关的计划和预算等。

(3)完整性。审核原始凭证各项基本要素是否齐全,包括有无漏记项目,日期是否完整,数字是否清晰,文字是否工整,有关人员签章是否齐全,凭证联次是否正确等。

(4)正确性。审核原始凭证记载的各项内容是否正确,包括:接受原始凭证单位的名称是否正确,金额的填写和计算是否正确,更正是否正确。

(二)记账凭证(记账凭单)

1. 记账凭证的定义

记账凭证,是指会计人员根据审核无误的原始凭证,按照经济业务的内容加以归类,并据以确定会计分录后填制的会计凭证,作为登记账簿的直接依据。记账凭证的作用主要是确定会计分录,进行账簿登记,反映经济业务的发生或完成情况,监督企业经济活动,明确相关人员的责任。

2. 记账凭证的分类

记账凭证具体分类如表 1.5 所示。

表 1.5 记账凭证的分类

标准	分类	内容
按反映的经济业务的内容来划分	收款凭证	用于记录库存现金和银行存款收款业务的记账凭证,是登记库存现金日记账、银行存款日记账以及有关明细分类账和总分类账等账簿的依据,也是出纳人员收讫款项的依据
	付款凭证	用于记录库存现金和银行存款付款业务的记账凭证,是登记库存现金日记账、银行存款日记账以及有关明细分类账和总分类账等账簿的依据,也是出纳人员支付款项的依据
	转账凭证	用于记录不涉及库存现金和银行存款业务的记账凭证,是登记有关明细分类账和总分类账等账簿的依据

3. 记账凭证的基本内容

记账凭证是登记账簿的依据,为了保证账簿记录的正确性,记账凭证必须具备以下基本内容:① 填制凭证的日期;② 凭证编号;③ 经济业务摘要;④ 会计科目;⑤ 金额;⑥ 所附原始凭证张数;⑦ 填制凭证人员、稽核人员、记账人员、会计机构负责人、会计主管人员签名或者盖章。收款和付款记账凭证还应当由出纳人员签名或者盖章。

4. 记账凭证的填制要求

记账凭证的填制要求具体如表 1.6 所示。

表 1.6 记账凭证的填制要求

填制记账凭证的基本要求	内容完整、书写清楚和规范
	除结账和更正错账可以不附原始凭证外,其他记账凭证必须附原始凭证
	记账凭证可以根据每一张原始凭证填制,或根据若干张同类原始凭证汇总填制,也可根据原始凭证汇总表填制
	应连续编号
	填制记账凭证时若发生错误,应当重新填制
	记账凭证填制完成后,如有空行,应当自金额栏最后一笔金额数字下的空行处至合计数上的空行处划线注销
收款凭证的填制要求	左上角的"借方科目"按收款的性质填写"库存现金"或"银行存款"
	"贷方科目"填写与收入"库存现金"或"银行存款"相对应的会计科目
	"记账"是指该凭证已登记账簿的标记,防止经济业务重记或漏记
付款凭证的填制要求	左上角应填列贷方科目,即"库存现金"或"银行存款"科目
	"借方科目"栏应填写与"库存现金"或"银行存款"相对应的一级科目和明细科目
转账凭证的填制要求	转账凭证中"总账科目"和"明细科目"栏应填写应借、应贷的总账科目和明细科目,借方科目应记金额应在同一行的"借方金额"栏填列,贷方科目应记金额应在同一行的"贷方金额"栏填列,"借方金额"栏合计数与"贷方金额"栏合计数应相等

5．审核

为了保证会计信息的质量,在记账之前应由有关稽核人员对记账凭证进行严格的审核,审核的内容主要包括:

（1）记账凭证是否有原始凭证为依据,所附原始凭证或记账凭证汇总表的内容与记账凭证的内容是否一致;

（2）记账凭证各项目的填写是否齐全;

（3）记账凭证的应借、应贷科目以及对应关系是否正确;

（4）记账凭证所记录的金额与原始凭证的有关金额是否一致,计算是否正确;

（5）记账凭证中的记录是否文字工整、数字清晰,是否按规定进行更正等;

（6）出纳人员在办理收款或付款业务后,是否已在原始凭证上加盖"收讫"或"付讫"的戳记。

（三）会计凭证的保管

会计凭证的保管,是指会计凭证记账后的整理、装订、归档和存查工作。会计凭证是记账的依据,单位在完成经济业务手续和记账后,必须将会计凭证按规定的立卷归档制度形成会计档案资料,妥善保管,防止丢失,不得任意销毁,以便日后随时查阅。其主要要求有:

（1）会计凭证应定期进行分类整理,装订成册。从外单位取得的原始凭证遗失时,应取得原签发单位盖有公章的证明,并注明原始凭证的号码、金额、内容等,由经办单位会计机构负责人（会计主管人员）和单位负责人批准后,才能代作原始凭证。

原始凭证遗失后确实无法取得证明的,如车票丢失,应由当事人写明详细情况,由经办单位会计机构负责人、会计主管人员和单位负责人批准后,代作原始凭证。

（2）会计凭证应加贴封条,防止抽换凭证。原始凭证不得外借,其他单位如有特殊原因确实需要使用时,经本单位会计机构负责人、会计主管人员批准,可以复制。

（3）原始凭证较多时,可单独装订,但应在凭证封面注明所属记账凭证的日期、编号和种类,同时在所属的记账凭证上应注明"附件另订"及原始凭证的名称和编号,以便查阅。

（4）每年装订成册的会计凭证,在年度终了时可暂由单位会计机构保管一年,期满后应当移交本单位档案机构统一保管;未设立档案机构的,应当在会计机构内部指定专人保管。

出纳人员不得兼管会计档案。

（5）严格遵守会计凭证的保管期限要求,期满前不得任意销毁。

▶ 二、会计账簿

（一）会计账簿的定义

会计账簿,是指由一定格式账页组成的,以经过审核的会计凭证为依据,全面、系统、连续地记录各项经济业务的簿籍。

（二）会计账簿的基本内容

1．封面

封面主要用来标明账簿的名称,如总分类账、各种明细分类账、库存现金日记账、银行存款日记账等。

2. 扉页

扉页主要用来列明会计账簿的使用信息,如科目索引、账簿启用和经管人员一览表等。

3. 账页

账页是账簿用来记录经济业务的主要载体,包括账户的名称、日期栏、凭证种类和编号栏、摘要栏、金额栏,以及总页次和分户页次等基本内容。

(三)会计账簿的种类

1. 按用途分类

(1)序时账簿。序时账簿又称日记账,是按照经济业务发生时间的先后顺序逐日、逐笔登记的账簿。

(2)分类账簿。账簿按其反映经济业务的详略程度,可分为总分类账簿和明细分类账簿。

总分类账簿主要为编制财务报表提供直接数据资料,通常采用三栏式;明细分类账簿,简称明细账,是根据明细分类账户开设的,用来提供明细的核算资料,采用的格式主要有三栏式明细账、多栏式明细账、数量金额式明细账等。

分类账簿是会计账簿的主体,也是编制财务报表的主要依据。

(3)备查账簿。备查账簿又称辅助登记簿或补充登记簿,是对某些在序时账簿和分类账簿中未能记载或记载不全的经济业务进行补充登记的账簿。

备查账簿根据企业的实际需要设置。

2. 按账页格式分类

(1)三栏式账簿。三栏式账簿是设有借方、贷方和余额三个金额栏目的账簿。各种日记账、总账以及资本、债权、债务明细账都可采用三栏式账簿。

(2)多栏式账簿。多栏式账簿是在账簿的两个金额栏目(借方和贷方)按需要分设若干专栏的账簿。收入、成本、费用明细账一般采用多栏式账簿。

(3)数量金额式账簿。数量金额式账簿是在账簿的借方、贷方和余额三个栏目内,每个栏目再分设数量、单价和金额三小栏,借以反映财产物资的实物数量和价值量的账簿。原材料、库存商品等明细账一般采用数量金额式账簿。

3. 按外形特征分类

(1)订本式账簿(订本账)。订本式账簿是在启用前将编有顺序页码的一定数量账页装订成册的账簿。

订本式账簿一般适用于重要的和具有统驭性的总分类账、库存现金日记账和银行存款日记账。优点是能避免账页散失和防止抽换账页;缺点是不能准确为各账户预留账页。

(2)活页式账簿(活页账)。活页式账簿是将一定数量的账页置于活页夹内,可根据记账内容的变化随时增加或减少部分账页的账簿。活页式账簿一般适用于明细分类账。优点是记账时可以根据实际需要随时将空白账页装入账簿,或抽去不需要的账页,便于分工记账;缺点是如果管理不善,可能会造成账页散失或故意抽换账页。

(3)卡片式账簿(卡片账)。卡片式账簿是将一定数量的卡片式账页存放于专设的卡片箱中,可以根据需要随时增添账页的账簿。多用于固定资产的核算,也有少数企业在材料核算中使用材料卡片。

（四）会计账簿的启用与登记要求

1. 会计账簿的启用

启用会计账簿时,应当在账簿封面上写明单位名称和账簿名称,并在账簿扉页上附启用表。启用订本式账簿应当从第一页到最后一页按顺序编定页数,不得跳页、缺号。使用活页式账页应当按账户顺序编号,并须定期装订成册,装订后再按实际使用的账页顺序编定页码,另加目录以便于记明每个账户的名称和页次。

2. 会计账簿的登记要求

（1）登记会计账簿时,应当将会计凭证日期、编号、业务内容摘要、金额和其他有关资料逐项记入账内。

（2）为了保持账簿记录的持久性,防止涂改,登记账簿必须使用蓝黑墨水或碳素墨水书写,不得使用圆珠笔（银行的复写账簿除外）或者铅笔书写。

下列情况可以使用红墨水记账:按照红字冲账的记账凭证,冲销错误记录;在不设借贷等栏的多栏式账页中,登记减少数;在三栏式账户的余额栏,如未印明余额方向的,在余额栏内登记负数余额;根据国家规定可以用红字登记的其他会计记录。

（3）会计账簿应当按照连续编号的页码顺序登记。

（4）凡需要结出余额的账户,结出余额后,应当在"借或贷"栏目内注明"借"或"贷"字样,以示余额的方向;对于没有余额的账户,应在"借或贷"栏内写"平"字,并在"余额"栏"元"位处用"θ"表示。

（5）每一账页登记完毕时,应当结出本页发生额合计及余额,在该账页最末一行"摘要"栏注明"转次页"或"过次页",并将这一金额记入下一页第一行有关金额栏内,在该行"摘要"栏注明"承前页",以保持账簿记录的连续性,便于对账和结账。

（6）账簿记录发生错误时,不得刮擦、挖补或用褪色药水更改字迹,而应采用规定的方法更正。

（五）会计账簿的格式与登记方法

1. 日记账的格式与登记方法

日记账是按照经济业务发生或完成的时间先后顺序逐日逐笔进行登记的账簿。在我国,大多数企业一般只设库存现金日记账和银行存款日记账。日记账的格式与登记方法见表1.7。

表1.7　日记账的格式与登记方法

日记账	格式	登记方法					
		依据	日期栏	凭证栏	摘要栏	对方科目栏	收入、支出栏
库存现金日记账	三栏式	出纳人员根据与库存现金或银行存款收付有关的记账凭证,按经济业务发生时间的先后顺序逐日逐笔进行登记	记账凭证的日期,应与现金或银行存款实际收付日期一致	登记入账的收付款凭证的种类和编号	登记入账的经济业务的内容	登记库存现金或银行存款收入的来源科目或支出的用途科目	登记库存现金或银行存款实际收付的金额
银行存款日记账	三栏式、多栏式						

2. 总分类账和明细分类账的格式与登记方法

总分类账和明细分类账的格式与登记方法见表1.8。

表1.8 总分类账和明细分类账的格式与登记方法

总分类账	格式	三栏式	总分类账最常用的格式为三栏式,设有借方、贷方和余额三个金额栏目
	登记方法	根据记账凭证逐笔登记(经济业务少的小型单位)	
		根据记账凭证汇总表(科目汇总表)定期登记	经济业务多的大中型单位
		根据汇总记账凭证定期登记	
明细分类账	格式	三栏式	设有借方、贷方和余额三个栏目,用以分类核算各项经济业务,提供详细核算资料的账簿
		多栏式	将属于同一个总账科目的各个明细科目合并在一张账页上进行登记。适用于收入、成本、费用类科目的明细核算
		数量金额式	适用于既要进行金额核算又要进行数量核算的账户

3. 总分类账与明细分类账的平行登记

平行登记,是指对所发生的每项经济业务都要以会计凭证为依据,一方面记入有关总分类账户,另一方面记入所辖明细分类账户的方法。

总分类账户与明细分类账户平行登记的要点包括:方向相同、期间一致、金额相等。

(六)对账与结账

1. 对账

对账是对账簿记录所进行的核对,也就是核对账目。对账工作一般在记账之后结账之前,即在月末进行。

(1)账证核对。账证核对是指将账簿记录与会计凭证核对,核对账簿记录与原始凭证、记账凭证的时间、凭证字号、内容、金额等是否一致,记账方向是否相符,做到账证相符。

(2)账账核对。账账核对的内容包括:总分类账簿之间的核对;总分类账簿与所辖明细分类账簿之间的核对;总分类账簿与序时账簿之间的核对;明细分类账簿之间的核对。

(3)账实核对。账实核对,是指各项财产物资、债权债务等账面余额与实有数额之间的核对。

账实核对的内容包括:库存现金日记账账面余额与现金实际库存数逐日核对是否相符;银行存款日记账账面余额与银行对账单余额定期核对是否相符;各项财产物资明细账账面余额与财产物资实有数额定期核对是否相符;有关债权债务明细账账面余额与对方单位债权债务账面记录核对是否相符。

2. 结账

结账是将账簿记录定期结算清楚的会计工作,具体包括月结、季结和年结。

结账的内容包括:结清各种损益类账户,据以计算确定本期利润;结出各资产、负债和所有者权益账户的本期发生额合计和期末余额。

结账的要点有：

（1）对不需按月结计本期发生额的账户，每次记账以后，都要随时结出余额，每月最后一笔余额是月末余额。月末结账时，只需要在最后一笔经济业务记录下面通栏划单红线，不需要再次结计余额。

（2）库存现金、银行存款日记账和需要按月结计发生额的收入、费用等明细账，每月结账时，要在最后一笔经济业务记录下面通栏划单红线，结出本月发生额和余额，在摘要栏内注明"本月合计"字样，并在下面通栏划单红线。

（3）对于需要结计本年累计发生额的明细账户，每月结账时，应在"本月合计"行下结出自年初起至本月末止的累计发生额，登记在月份发生额下面，在摘要栏内注明"本年累计"字样，并在下面通栏划单红线。12 月末的"本年累计"就是全年累计发生额，全年累计发生额下面通栏划双红线。

（4）总账账户平时只需结出月末余额。年终结账时，为总括反映全年各项资金运动情况的全貌，核对账目，要将所有总账账户结出全年发生额和年末余额，在摘要栏内注明"本年合计"字样，并在合计数下面通栏划双红线。

（5）年度终了结账时，有余额的账户，应将其余额结转下年，并在摘要栏注明"结转下年"字样；在下一会计年度新建有关账户的第一行余额栏内填写上年结转的余额，并在摘要栏注明"上年结转"字样。

（七）错账更正的方法

1. 划线更正法

在结账前发现账簿记录有文字或数字错误，而记账凭证没有错误，应当采用划线更正法。更正时不得只划销错误数字，应将全部数字划销，并保持原有数字清晰可辨，以便审查。

2. 红字更正法

红字更正法，适用于两种情形：

（1）记账后发现记账凭证中应借、应贷会计科目有错误所引起的记账错误。

更正方法是用红字填写一张与原记账凭证完全相同的记账凭证，在摘要栏内写明"注销某月某日第 × 号记账凭证"，并据以用红字登记入账，以示注销原记账凭证，然后用蓝字填写一张正确的记账凭证，并据以用蓝字登记入账。

（2）记账后发现记账凭证和账簿记录中应借、应贷会计科目无误，只是所记金额大于应记金额所引起的记账错误。

更正方法是按多记的金额用红字编制一张与原记账凭证应借、应贷科目完全相同的记账凭证，在摘要栏内写明"冲销某月某日第 × 号记账凭证多记金额"，以冲销多记的金额，并据以用红字登记入账。

3. 补充登记法

记账后发现记账凭证和账簿记录中应借、应贷会计科目无误，只是所记金额小于应记金额时，应当采用补充登记法。

更正方法是按少记的金额用蓝字填制一张与原记账凭证应借、应贷科目完全相同的记账凭证，在摘要栏内写明"补记某月某日第 × 号记账凭证少记金额"，以补充少记的金额，并据以用蓝字登记入账。

▶ 三、账务处理程序

企业常用的账务处理程序主要有记账凭证账务处理程序、汇总记账凭证账务处理程序和科目汇总表账务处理程序,它们之间的主要区别是登记总分类账的依据和方法不同。

(一)记账凭证账务处理程序

记账凭证账务处理程序,是指对发生的经济业务,先根据原始凭证或汇总原始凭证填制记账凭证,再直接根据记账凭证登记总分类账的一种账务处理程序。适用于规模较小、经济业务量较少的单位。优点是简单明了,易于理解,总分类账可以较详细地反映经济业务的发生情况;缺点是登记总分类账的工作量较大。

记账凭证账务处理程序一般步骤:

(1)根据原始凭证填制汇总原始凭证;

(2)根据原始凭证或汇总原始凭证,填制收款凭证、付款凭证和转账凭证,也可以填制通用记账凭证;

(3)根据收款凭证和付款凭证逐笔登记库存现金日记账和银行存款日记账;

(4)根据原始凭证、汇总原始凭证和记账凭证,登记各种明细分类账;

(5)根据记账凭证逐笔登记总分类账;

(6)期末,将库存现金日记账、银行存款日记账和明细分类账的余额与有关总分类账的余额核对相符;

(7)期末,根据总分类账和明细分类账的记录,编制财务报表。

记账凭证账务处理程序见图1.6。

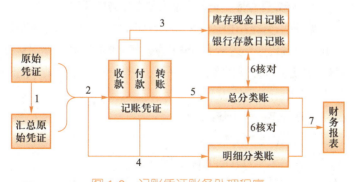

图1.6 记账凭证账务处理程序

(二)汇总记账凭证账务处理程序

汇总记账凭证账务处理程序,是指先根据原始凭证或汇总原始凭证填制记账凭证,定期根据记账凭证分类编制汇总收款凭证、汇总付款凭证和汇总转账凭证,再根据汇总记账凭证登记总分类账的一种账务处理程序。适合于规模较大、经济业务较多的单位。优点是减轻了登记总分类账的工作量;缺点是当转账凭证较多时,编制汇总转账凭证的工作量较大,并且按每一贷方账户编制汇总转账凭证,不利于会计核算的日常分工。

汇总记账凭证账务处理程序一般步骤：

（1）根据原始凭证填制汇总原始凭证；

（2）根据原始凭证或汇总原始凭证填制收款凭证、付款凭证和转账凭证，也可填制通用记账凭证；

（3）根据收款凭证、付款凭证逐笔登记库存现金日记账和银行存款日记账；

（4）根据原始凭证、汇总原始凭证和记账凭证，登记各种明细分类账；

（5）根据各种记账凭证编制有关汇总记账凭证；

（6）根据汇总记账凭证登记总分类账；

（7）期末，将库存现金日记账、银行存款日记账和明细分类账的余额同有关总分类账的余额核对相符；

（8）期末，根据总分类账和明细分类账的记录编制财务报表。

汇总记账凭证账务处理程序见图1.7。

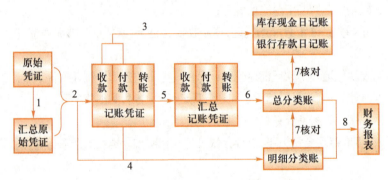

图 1.7   汇总记账凭证账务处理程序

（三）科目汇总表账务处理程序（记账凭证汇总表账务处理程序）

科目汇总表账务处理程序，是指根据记账凭证定期编制科目汇总表，再根据科目汇总表登记总分类账的一种账务处理程序。适用于经济业务较多的单位。优点是减轻了登记总分类账的工作量，易于理解，方便学习，并可做到试算平衡；缺点是科目汇总表不能反映各个账户之间的对应关系，不利于对账目进行检查。

科目汇总表账务处理程序一般步骤：

（1）根据原始凭证填制汇总原始凭证；

（2）根据原始凭证或汇总原始凭证填制记账凭证；

（3）根据收款凭证、付款凭证逐笔登记库存现金日记账和银行存款日记账；

（4）根据原始凭证、汇总原始凭证和记账凭证，登记各种明细分类账；

（5）根据各种记账凭证编制科目汇总表；

（6）根据科目汇总表登记总分类账；

（7）期末，将库存现金日记账、银行存款日记账和明细分类账的余额同有关总分类账的余额核对相符；

（8）期末，根据总分类账和明细分类账的记录，编制财务报表。

科目汇总表账务处理程序见图1.8。

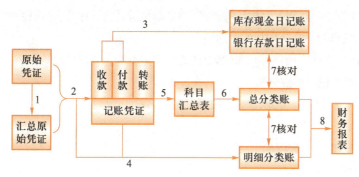

图 1.8 科目汇总表账务处理程序

▶ 第六节 财产清查

▶ 一、财产清查概述

财产清查,是指通过对货币资金、实物资产和往来款项等财产物资进行盘点或核对,确定其实存数,查明账存数与实存数是否相符的一种专门方法。

(一)财产清查的种类

1. 按照清查范围分类

财产清查按照清查范围,可分为全面清查和局部清查。

全面清查,是指对所有的财产进行全面的盘点和核对。需要进行全面清查的情况通常有:① 年终决算前;② 企业在合并、撤销或改变隶属关系前;③ 中外合资、国内合资前;④ 企业股份制改造前;⑤ 开展全面的资产评估、清产核资前;⑥ 单位主要领导调离工作前等。

局部清查,是指根据需要只对部分财产进行盘点和核对。一般而言,对于流动性较大的财产物资,如原材料、在产品、产成品,应根据需要随时轮流盘点或重点抽查;对于贵重财产物资,每月都要进行清查盘点;对于库存现金,每日终了,应由出纳人员进行清点核对;对于银行存款,企业至少每月同银行核对一次;对债权、债务,企业应每年至少同债权人、债务人核对一至两次。

2. 按照清查的时间分类

按照清查的时间,可分为定期清查和不定期清查。

定期清查,是指按照预先计划安排的时间对财产进行的盘点和核对。定期清查一般在年末、季末、月末进行。

不定期清查,是指事前不规定清查日期,而是根据特殊需要临时进行的盘点和核对。

不定期清查主要在以下情况下进行:

(1)财产物资、库存现金保管人员更换时,要对有关人员保管的财产物资、库存现金进行清查,以分清经济责任,便于办理交接手续。

(2)发生自然灾害和意外损失时,要对受损的财产进行清查,以查明损失情况。

（3）上级主管、财政、审计和银行等部门,对本单位进行会计检查,应按检查的要求和范围对财产进行清查,以验证会计资料的可靠性。

（4）进行临时性清产核资时,要对本单位的财产进行清查,以便摸清家底。

3. 按照清查的执行系统分类

按照清查的执行系统,可分为内部清查和外部清查。

（二）财产清查的一般程序

（1）建立财产清查组织。

（2）组织清查人员学习有关政策规定,掌握有关法律、法规和相关业务知识,以提高财产清查工作的质量。

（3）确定清查对象、范围,明确清查任务。

（4）制定清查方案,具体安排清查内容、时间、步骤、方法,以及必要的清查前准备。

（5）清查时,本着先清查数量、核对有关账簿记录等,后认定质量的原则进行。

（6）填制盘存清单。

（7）根据盘存清单,填制实物、往来账项清查结果报告表。

▶ 二、财产清查的方法与处理

（一）财产清查的方法

1. 货币资金的清查方法

（1）库存现金的清查。库存现金的清查是采用实地盘点法确定库存现金的实存数,然后与库存现金日记账的账面余额相核对,确定账实是否相符。

对库存现金进行盘点时,出纳人员必须在场,有关业务必须在库存现金日记账中全部登记完毕。盘点时,一方面要注意账实是否相符,另一方面还要检查现金管理制度的遵守情况,如库存现金有无超过其限额,或者有无白条抵库、挪用舞弊等情况。

盘点结束后,应填制"库存现金盘点报告表",作为重要原始凭证。

（2）银行存款的清查。银行存款的清查是采用与开户银行核对账目的方法进行的,即将本单位银行存款日记账的账簿记录与开户银行转来的对账单逐笔进行核对,来查明银行存款的实有数额。银行存款的清查一般在月末进行。将截止到清查日所有银行存款的收付业务都登记入账后,对发生的错账、漏账应及时查清更正,再与银行的对账单逐笔核对。如果二者余额相符,通常说明没有错误;如果二者余额不相符,则可能是企业或银行一方或双方记账过程有错误或者存在未达账项。

所谓未达账项,是由于结算凭证在企业与银行之间或收付款银行之间传递需要时间,造成企业与银行之间入账的时间差,一方收到凭证并已入账,另一方未收到凭证因而未能入账由此形成的账款。未达账项一般分为以下四种情况:① 企业已收款记账,银行未收款未记账的款项。例如,企业已将收到的购货单位开出的转账支票送存银行并且入账,但是,因银行尚未办妥转账收款手续而没有入账。② 企业已付款记账,银行未付款未记账的款项。例如,企业开出的转账支票已经入账,但是,因收款单位尚未到银行办理转账手续或银行尚未办妥转账付款手续而没有入账。③ 银行已收款记账,企业未收款未记账的款项。例如,企业委托银行代收的款项,银行已经办妥收款手续并且入账,但是,因收款通知尚未到达企业而使企业没有入账。④ 银行已付款记账,企业未付款未记账的款项。例如,企业应付给银行的借款利息,银行已经办妥付款手续并且入账,但是,因付款通知尚未到达企业而使企业没有入账。

如果存在未达账项,就应当编制"银行存款余额调节表",据以调节双方的账面余额,确定企业银行存款实有数。

银行存款的清查按以下步骤进行:

① 逐日逐笔核对银行存款日记账与银行对账单。凡双方都有记录的,用铅笔在金额旁打上记号"√"。

② 找出未达账项(即银行存款日记账和银行对账单中没有打"√"的款项)。

③ 将日记账和对账单的月末余额及找出的未达账项填入"银行存款余额调节表",并计算出调整后的余额。

④ 将调整平衡的"银行存款余额调节表",经主管会计签章后,呈报开户银行。

银行存款余额调节表的编制,以双方账面余额为基础。其计算公式如下:

企业银行存款日记账余额 + 银行已收企业未收款 − 银行已付企业未付款

= 银行对账单存款余额 + 企业已收银行未收款 − 企业已付银行未付款

2. 实物资产的清查方法

实物资产主要包括固定资产、存货等。实物资产的清查就是对实物资产在数量和质量上进行的清查。常用的清查方法主要包括以下两种:

(1)实地盘点法。通过点数、过磅、量尺等方法来确定实物资产的实有数量。实地盘点法适用范围较广,在多数财产物资清查中都可以采用。

(2)技术推算法。利用技术方法对财产物资的实存数进行推算,故又称估推法。采用这种方法,对于财产物资不是逐一清点计数,而是通过量方、计尺等技术推算财产物资的结存数量。技术推算法只适用于成堆量大而价值不高,难以逐一清点的财产物资的清查。例如,露天堆放的煤炭等。

对于实物的质量,应根据不同的实物采用不同的检查方法,例如有的采用物理方法,有的采用化学方法,来检查实物的质量。

实物清查过程中,实物保管人员和盘点人员必须同时在场。对于盘点结果,应如实登记盘存单,并由盘点人和实物保管人签字或盖章,以明确经济责任。

盘存单既是记录盘点结果的书面证明,也是反映财产物资实存数的原始凭证。

为了查明实存数与账存数是否一致,确定盘盈或盘亏情况,应根据盘存单和有关账簿记录,编制实存账存对比表。实存账存对比表是用以调整账簿记录的重要原始凭证,也是分析产生差异的原因,明确经济责任的依据。

3. 往来款项的清查方法

往来款项主要包括应收、应付款项和预收、预付款项等。往来款项的清查一般采用发函询证的方法进行核对。清查单位应在其各种往来款项记录准确的基础上,按每一个经济往来单位填制"往来款项对账单"一式两联,其中一联送交对方单位核对账目,另一联作为回单联。

往来款项清查以后,将清查结果编制"往来款项清查报告单",填列各项债权、债务的余额。

(二)财产清查结果的处理

对于财产清查中发现的问题,如财产物资的盘盈、盘亏、毁损或其他各种损失,应核实情况,调查分析产生的原因,根据"清查结果报告表""盘点报告表"等已经查实的数据资料,填制记账凭证,记入有关账簿,使账簿记录与实际盘存数相符,同时根据管理权限,将处理建议报股东大会或董事会,或经理(厂长)会议或类似机构批准。

财产清查产生的损溢,企业应于期末前查明原因,并根据企业的管理权限,经股东大会或董事会,或经理(厂长)会议或类似机构批准后,在期末结账前处理完毕。如果在期末结账前尚未经批准,在对外提供财务报表时,先按上述规定进行处理,并在附注中作出说明;其后批准处理的金额与已处理金额不一致的,调整财务报表相关项目的期初数。

▶ 第七节　财务报告

▶ 一、财务报告及其目标

财务报告,是指企业对外提供的反映企业某一特定日期的财务状况和某一会计期间的经营成果、现金流量等会计信息的文件。财务报告包括财务报表和其他应当在财务报告中披露的相关信息和资料。

财务报告的目标,是向财务报告使用者提供与企业财务状况、经营成果和现金流量等有关的会计信息,反映企业管理层受托责任履行情况,有助于财务报告使用者作出经济决策。

财务报告的使用者通常包括投资者、债权人、政府及其有关部门、社会公众等。

▶ 二、财务报表的组成

一套完整的财务报表至少应当包括资产负债表、利润表、现金流量表、所有者权益(或股东权益)变动表以及附注。

资产负债表,是反映企业在某一特定日期的财务状况的会计报表。

利润表,是反映企业在一定会计期间的经营成果的会计报表。

现金流量表,是反映企业在一定会计期间的现金和现金等价物流入和流出的会计报表。

所有者权益变动表,是反映构成所有者权益各组成部分当期增减变动情况的会计报表。

附注是财务报表不可或缺的组成部分,是对在资产负债表、利润表、现金流量表和所有者权益变动表等报表中列示项目的文字描述或明细资料,以及对未能在这些报表中列示项目的说明等。

▶ 本章知识回顾

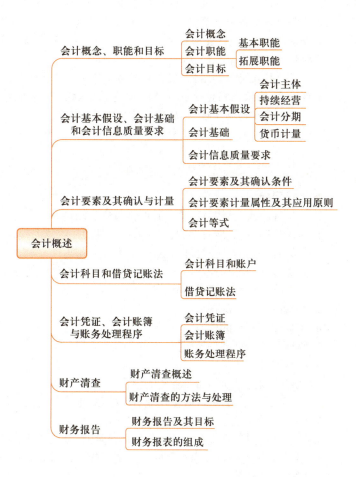

第二章　资产

本章
→导读

　　资产是六大会计要素之一,与负债、所有者权益共同构成会计等式,成为财务会计的基础。资产是指企业过去的交易或者事项形成的、由企业拥有或者控制的、预期会给企业带来经济利益的资源。简单来说,资产就是能把钱放进你口袋里的东西。

　　资产按流动性的不同,划分为流动资产和非流动资产。本章主要介绍货币资金、应收及预付款项、存货和交易性金融资产、固定资产、无形资产、长期待摊费用的初始计量、后续计量及处置的核算。

　　通过本章的学习,要求学生掌握各项资产的完整账务处理。

教学
→目标

▶ **考核目标**

1. 掌握库存现金、银行存款和其他货币资金的核算
2. 掌握应收账款、应收票据、预付账款和其他应收款的核算
3. 掌握坏账的确认及处理方法
4. 掌握原材料和委托加工物资的核算,熟悉周转材料的核算
5. 掌握交易性金融资产的核算
6. 掌握固定资产的核算
7. 掌握无形资产的核算
8. 掌握长期待摊费用的核算

▶ **实践目标**

1. 能够熟练进行货币资金业务的核算
2. 能够熟练进行各种应收款项业务的核算,采用备抵法进行坏账处理
3. 能够定期与往来单位对账,确保往来款项清楚
4. 能够熟练进行各类存货业务的核算,运用计划成本法计算存货成本
5. 能够准确甄别划分为交易性金融资产核算的投资,熟练进行交易性金融资产的核算
6. 能够熟练进行固定资产、无形资产的核算
7. 能够熟练进行长期待摊费用的核算

▶ 第一节　资产概述

▶ 一、资产的定义和特征

资产是指企业过去的交易或者事项形成的、由企业拥有或者控制的、预期会给企业带来经济利益的资源。资产具有以下几个特征：

（一）资产预期能给企业带来经济利益

资产能够给企业带来经济利益，是指该资源能够直接或间接地导致现金或现金等价物流入企业。比如，企业购买的机器设备和原材料，原材料经过机器设备的加工后转化为产成品，产成品对外出售后取得的出售价款就是企业获得的经济利益。

（二）资产是企业拥有或控制的

拥有或控制，是指企业享有该项资源的所有权，或者虽不享有所有权但该资源能被企业所控制。比如，只有甲企业能从该资源中获取经济利益，其他企业都不能从该资源中获取经济利益，这就说明甲企业能够控制该资源，即获取经济利益具有排他性。

（三）资产是由过去的交易或事项形成的

企业计划未来要购买的东西，是企业在未来发生的交易或事项，不形成资产，即资产是企业现时已经存在的而非预期的。

▶ 二、资产的确认条件

将一项资源确认为资产，需要符合资产的定义，并同时满足以下两个条件：

（1）与该项资源有关的经济利益很可能流入企业。

（2）该资源的成本或者价值能够可靠地计量。

符合资产定义和确认条件的项目应当作为资产负债表项目列入表内；对于只符合资产定义，而不符合确认条件的资产，则不能列入资产负债表。

▶ 三、资产的分类

资产按照不同的标准可以作不同的分类。

按是否具有实物形态，可以将资产划分为有形资产和无形资产。比如，办公楼、生产车间、计算机等都是有形的资产；企业申请的专利技术、商标权等，属于无形的资产。

按流动性的不同，可以将资产划分为流动资产和非流动资产。

《企业会计准则第 30 号——财务报表列报》规定，资产满足下列条件之一的，应当归类为流动资产：

（1）预计在一个正常营业周期中变现、出售或耗用。这主要包括存货、应收账款等资产。需要指出的是，"变现"一般针对应收账款等而言，指将资产变为现金；"出售"一般针对产品等存货而言；"耗用"一般指将存货（如原材料）转变成另一种形态（如产成品）。

（2）主要为交易目的而持有。

（3）预计在资产负债表日起一年内（含一年，下同）变现。

（4）自资产负债表日起一年内，交换其他资产或清偿负债的能力不受限制的现金或现金等价物。

流动资产以外的资产应当归类为非流动资产。

库存现金、银行存款、应收款项、预付款项、存货、交易性金融资产等都属于流动资产。固定资产、无形资产、投资性房地产、债权投资、其他债权投资、其他权益工具投资、长期股权投资等都属于非流动资产。

▶ 第二节 货币资金

货币资金是指企业生产经营过程中处于货币形态的资产，包括库存现金、银行存款和其他货币资金。

▶ 一、库存现金

（一）库存现金的概念

库存现金是指单位为了满足经营过程中零星支付需要而保留的现金。它是企业流动性最强的一项资产，对于维持企业正常的生产经营管理具有重要作用，但库存现金也是企业资产中最容易流失的资产，加强库存现金管理对于企业和国家都具有重要的意义。

（二）现金管理制度

单位应当按照《现金管理暂行条例》规定的范围使用现金，遵守有关库存现金限额的规定，并加强现金收支管理。

1. 现金的使用范围

《现金管理暂行条例》规定，开户单位之间的经济往来，除本条例规定的范围可以使用现金外，其他款项应当通过开户银行进行转账结算。各级人民银行严格履行金融主管机关的职责，负责对开户银行的现金管理进行监督和稽核。开户银行负责现金管理的具体实施，对开户单位收支、使用现金进行监督管理。

企业可以在下列范围内使用现金：

（1）职工工资、津贴。

（2）个人劳务报酬。

（3）根据国家规定颁发给个人的科学技术、文化艺术、体育比赛等各种奖金。

（4）各种劳保、福利费用以及国家规定的对个人的其他支出。

（5）向个人收购农副产品和其他物资的价款。

（6）出差人员必须随身携带的差旅费。

（7）结算起点为 1 000 元以下的零星支出。

（8）中国人民银行确定需要支付现金的其他支出。

除企业可以使用现金支付的款项中的第（5）、第（6）项外，开户单位支付给个人的款项，超过使用现金限额的部分，应当以支票或者银行本票等方式支付；确需全额支付现金的，经开户银行审核后，可予以支付现金。

2. 库存现金限额

开户银行应当按照实际情况核定单位的现金限额，一般按照核定企业 3~5 天的日常零星开支所需的库存现金为限额。

边远地区和交通不便地区的企业的库存现金限额，可以按多于 5 天，但不得超过 15 天的日常零星开支的需要确定。

经核定的库存现金限额，企业必须严格遵守，不能任意超出，超过限额的现金应及时存入银行。如果需要增加或者减少库存现金限额的，应当向开户银行提出申请，由开户银行核定。

3. 库存现金收支的规定

企业在办理有关现金收支业务时，应遵守以下规定：

（1）企业现金收入应当于当日送存开户银行。当日送存确有困难的，由开户银行确定送存时间。

（2）企业支付现金，可以从本企业库存现金限额中支付或者从开户银行提取，不得从本企业的现金收入中直接支付，即不得坐支现金。因特殊情况需要坐支现金的，应当事先报经开户银行审查批准，并由开户银行核定坐支范围和限额。企业应当定期向开户银行报送坐支金额和使用情况。

（3）企业从开户银行提取现金，应当写明用途，由本单位财会部门负责人签字盖章，经开户银行审核后，予以支付现金。

（4）因采购地点不固定、交通不便、生产或者市场急需、抢险救灾以及其他特殊情况必须使用现金的，企业应当向开户银行提出申请，由本单位财会部门负责人签字盖章，经开户银行审核后，予以支付现金。

（5）不准用不符合国家统一会计制度的凭证顶替库存现金，即不得"白条抵库"；不准谎报用途"套取现金"；不准用银行账户代替其他单位和个人存入或支取现金，即不得"出租出借"账户；不准将单位收入的现金以个人名义存储，不准保留账外公款，即不得"公款私存"，不得私设"小金库"等。

（三）库存现金的核算

企业应当设置库存现金总账和库存现金日记账，分别进行库存现金的总分类核算和明细分类核算。

企业应当设置"库存现金"账户，反映企业库存现金的收入、支出和结存情况。该账户借方登记库存现金的增加，贷方登记库存现金的减少，期末借方余额表示企业实际持有的库存现金余额。企业增加库存现金时,应借记"库存现金"账户,贷记相关账户;企业减少库存现金时,做相反的会计分录。企业内部各部门周转使用的备用金,可以单独设置"备用金"账户进行核算。

库存现金日记账由出纳人员根据收付款凭证,按照业务发生顺序逐笔登记。每日终了,应当在库存现金日记账上计算出当日的现金收入合计额、现金支出合计额和结余额,并将库存现金日记账的账面余额与实际库存现金余额相核对,保证账实相符。月度终了,库存现金日记账的余额应当与库存现金总账的余额核对,做到账账相符。

边学边做 2.1

1. 训练目的

根据情境案例,完成甲公司职工预借差旅费的账务处理。

2. 案例设计

甲公司于202×年3月派出职工王某外出谈合作,王某预借差旅费5 000元。

3. 分析过程

该公司应根据支出凭证所记载的金额,编制如下会计分录:

借:其他应收款——王某　　　　　　　　　　　　　　5 000
　　贷:库存现金　　　　　　　　　　　　　　　　　　　　5 000

情景案例 2.1

北京东大股份有限公司的出纳202×年3月9日提取现金3 000元备用。

【案例分析】

1. 编制会计分录

借:库存现金　　　　　　　　　　　　　　　　　　　3 000
　　贷:银行存款　　　　　　　　　　　　　　　　　　　　3 000

2. 实训操作

持支票办理完手续后,根据支票存根,编制记账凭证。支票存根与记账凭证略。

(四)库存现金的清查

为了保证现金的安全完整,企业应当按规定对库存现金进行定期和不定期的清查,一般采用实地盘点法,对于清查的结果应当编制现金盘点报告表。如果有挪用现金、白条抵库的情况,应及时予以纠正;对于超限额留存的现金应及时送存银行。

为了核算企业在清查财产过程中查明的各种财产盘盈、盘亏和毁损的价值,应设置"待处理财产损溢"账户,借方登记尚待处理的盘亏、毁损的财产净损失,以及经批准后处理的盘盈的财产净溢余;贷方登记尚待处理的盘盈的财产净溢余,以及经批准后处理的盘亏、毁损的财产净损失。该账户可按盘盈、盘亏的资产种类和项目进行明细核算。企业的财产损溢应查明原因,在期末结账前处理完毕,处理后本账户应无余额。

库存现金的盘盈、盘亏应按表2.1的情况分别处理。

表 2.1 库存现金盘盈、盘亏的会计处理

清查	审批前	审批后
盘盈	借:库存现金 　　贷:待处理财产损溢	借:待处理财产损溢 　　贷:其他应付款(应支付) 　　　　营业外收入(无法查明原因)
盘亏	借:待处理财产损溢 　　贷:库存现金	借:其他应收款(责任人赔偿) 　　管理费用(无法查明原因) 　　贷:待处理财产损溢

相关链接

待处理财产损溢期末余额的处理

　　企业清查的各种财产的损溢,应于期末前查明原因,经股东大会、董事会或类似权力机构批准后,在期末结账前处理完毕。如果清查的各种财产的损溢在期末结账前尚未批准处理,在对外提供财务报告时应先按规定处理,并在会计报表附注中说明;如果其后批准处理的金额与之前处理的金额不一致,则调整相关项目的年初数。

**边学边做 2.2**

库存现金的
清查

1. 训练目的

根据情境案例,完成甲公司现金短款的账务处理。

2. 案例设计

甲公司在现金清查中发现现金短缺 200 元,经查,上述现金短缺系出纳员李天失职造成,应由其赔偿。

3. 分析过程

(1)在批准处理前,甲公司应编制如下会计分录:

借:待处理财产损溢——待处理流动资产损溢　　　　　　200

　　贷:库存现金　　　　　　　　　　　　　　　　　　　　200

(2)在报经批准后,应编制如下会计分录:

借:其他应收款——李天　　　　　　　　　　　　　　200

　　贷:待处理财产损溢——待处理流动资产损溢　　　　　200

情景案例 2.2

202× 年 3 月 31 日,甲公司出纳员在对企业库存现金的清查过程中发现现金长款 280 元。经查,属于少付张兰的电话费补助。

【案例分析】

1. 编制会计分录

发生现金长款时:

借：库存现金　　　　　　　　　　　　　　　　　　　　　280

　　贷：待处理财产损溢——待处理流动资产损溢　　　　　　　280

批准处理时：

借：待处理财产损溢——待处理流动资产损溢　　　　　　　280

　　贷：其他应付款——张兰　　　　　　　　　　　　　　　280

2. 实训操作

（1）出纳员将清点的库存现金与当日库存现金日记账余额核对，发现现金长款280元，编制"库存现金盘点报告表"，如表2.2所示。

表 2.2　库存现金盘点报告表

实存金额	账存金额	对比结果		备注
		盘盈	盘亏	
560	280	280		
批准处理意见：属于少付张兰的电话费补助，由出纳补付给张兰。 　　　　　　　　　　　　　　　　　　　　　　　　　　　　　　　王五				

审核人：王华　　　　　　　　　　　　　　　　　　　　　　　　出纳员：马叶

（2）将"库存现金盘点报告表"转给总账报表会计填制记账凭证（略）。

（3）出纳员根据审核无误的记账凭证登记库存现金日记账。

▶ 二、银行存款

（一）银行存款的概念

银行存款是指企业存放在银行和其他金融机构的货币资金。企业应当根据业务需要，按规定开立银行账户，用来办理存款、取款和转账业务的结算。

（二）银行存款的核算

企业应当设置银行存款总账和银行存款日记账，分别进行银行存款的总分类核算和明细分类核算。

企业应设置"银行存款"账户，借方登记银行存款的增加数，贷方登记银行存款的减少数，期末余额在借方，反映银行存款的实际结存数。

企业可按开户银行和其他金融机构、存款种类等设置"银行存款日记账"，根据收付款凭证，按照业务的发生顺序逐笔登记。每日终了，应结出余额。

（三）银行存款的核对

"银行存款日记账"应定期与"银行对账单"核对，至少每月核对一次。如果二者余额相符，一般说明无错误；如果发现二者余额不相符，原因可能是双方或一方记账有错误，也可能是存在未达账项。

企业银行存款账面余额与银行对账单余额之间如有差额,且存在未达账项的,应编制"银行存款余额调节表"调节,如没有记账错误,调节后的双方余额应相等。需要注意的是,"银行存款余额调节表"只是为了核对账目,不能作为调整企业银行存款账面记录的记账依据。

1. 未达账项

未达账项,是由于结算凭证在企业与银行之间或收付款银行之间传递需要时间,造成企业与银行之间入账的时间差,一方收到凭证并已入账,另一方未收到凭证因而未能入账而形成的款项。未达账项是银行存款收付结算业务中的正常现象,主要有以下4种情况:

(1)银行已经收款入账,而企业尚未收到银行的收款通知因而未收入账的款项,如委托银行收款时会发生这类未达账项。

(2)银行已经付款入账,而企业尚未收到银行的付款通知因而未付款入账的款项,如借款利息扣付时会发生这类未达账项。

(3)企业已经收款入账,而银行尚未办理完转账手续因而未收款入账的款项,如收到外单位的转账支票时会发生这类未达账项。

(4)企业已经付款入账,而银行尚未办理完转账手续因而未付款入账的款项,如企业已开出支票而持票人尚未向银行提现或转账时会发生这类未达账项。

2. 银行存款余额调节表的编制

银行存款余额调节表,是在银行对账单余额和企业账面余额的基础上,各自加上对方已收、本单位未收账项数额,减去对方已付、本单位未付账项数额,以调整双方余额使其一致的一种调节方法。

银行存款余额调节表的编制步骤如图2.1所示。

图 2.1 银行存款余额调节表的编制步骤

(1)编制范围的要求。要求一个银行账户编制一张银行存款余额调节表,没有未达账款也一样要编制。也就是说,有几个银行账户就要编制几张银行存款余额调节表。

(2)编制所需资料的要求:

① 结账应以自然月份结账,这样有利于和银行对账单的时点统一。实际工作中,如果单位有自己的结账日(比如25日),那么相应的银行对账单要用上月26日到本月25日止的银行对账单。

② 企业银行存款日记账要求每一个银行账户设置一本明细账,并且所有应入账凭证都要入账。对银行存款日记账要求每一张银行原始单据做一行记录。

③ 上月对平的银行存款余额调节表。

（3）银行存款余额调节表的基本格式如表2.3所示。

表2.3　银行存款余额调节表

单位名称：　　　　　　　　　　年　月　日至　　年　月　日

开户行：　　　　　　　　　　　账户：　　　　　　　　　　单位：元

项目	金额	项目	金额
银行存款日记账余额 加：银行已收、企业未收款 减：银行已付、企业未付款		银行对账单余额 加：企业已收、银行未收款 减：企业已付、银行未付款	
调节后的存款余额		调节后的存款余额	

边学边做 2.3

1. 训练目的

根据案例，编制甲公司的银行存款余额调节表。

2. 案例设计

甲公司202×年3月31日银行存款日记账的余额为5 400 000元，银行转来对账单的余额为8 300 000元。经逐笔核对，发现以下未达账项：

（1）企业送存转账支票6 000 000元，并已登记银行存款增加，但银行尚未记账。

（2）企业开出转账支票4 500 000元，并已登记银行存款减少，但持票单位尚未到银行办理转账，银行尚未记账。

（3）企业委托银行代某公司购货款4 800 000元，银行已收妥并登记入账，但企业尚未收到收款通知，尚未记账。

（4）银行代企业支付电话费400 000元，银行已登记企业银行存款减少，但企业未收到银行付款通知，尚未记账。

3. 分析过程（见表2.4）

表2.4　银行存款余额调节表

单位名称：甲公司　　　　　　　202×年3月1日至3月31日

开户行：招商银行北京五道口支行　　账户：6225880139825427　　　　单位：元

项目	金额	项目	金额
企业银行存款 日记账余额	5 400 000	银行对账单余额	8 300 000
加：银行已收，企业未收款	4 800 000	加：企业已收，银行未收款	6 000 000
减：银行已付，企业未付款	400 000	减：企业已付，银行未付款	4 500 000
调节后的存款余额	9 800 000	调节后的存款余额	9 800 000

▶ 三、其他货币资金

（一）其他货币资金的内容

其他货币资金是指企业除库存现金、银行存款以外的其他各种货币资金，即存放地点和用途均与库存现金和银行存款不同的货币资金，包括外埠存款、银行汇票存款、银行本票存款、信用卡存款、信用证保证金存款以及存出投资款等。

（二）其他货币资金的核算

企业应设置"其他货币资金"账户，反映企业其他货币资金的增减变化和结存情况。企业其他货币资金增加时，借记本账户，贷记"银行存款"账户；其他货币资金减少时，借记有关账户，贷记本账户。本账户分设"外埠存款""银行汇票""银行本票""信用卡""信用证保证金""存出投资款"等明细账户进行核算。本账户期末借方余额，反映企业持有的其他货币资金。

1. 外埠存款

外埠存款是指企业到外地进行临时或零星采购时，汇往采购地银行并开立采购专户的款项。采购资金存款不计利息，除采购员差旅费可以支取少量库存现金外，一律转账。采购专户只付不收，付完结束账户。

（1）企业将款项委托当地银行汇往采购地开立专户时：

借：其他货币资金——外埠存款

　　贷：银行存款

（2）企业收到采购员交来发票账单等报销凭证时，应作如下分录：

借：材料采购（或原材料、在途物资等）

　　应交税费——应交增值税（进项税额）

　　贷：其他货币资金——外埠存款

（3）采购地银行将多余款项转回当地银行结算账户时：

借：银行存款

　　贷：其他货币资金——外埠存款

2. 银行汇票存款

银行汇票存款是指企业为了取得银行汇票，按照规定存入银行的款项。

（1）银行汇票的含义。银行汇票是汇款人将款项交存当地出票银行，由出票银行签发的，由其在见票时按照实际结算金额无条件付给收款人或者持票人的票据。

银行汇票的出票银行为银行汇票的付款人。单位和个人各种款项的结算，均可使用银行汇票。

（2）银行汇票的一般规定。

① 银行汇票可以用于转账,填明"现金"字样的银行汇票也可以用于支取现金。申请人或者收款人为单位的,不得在"银行汇票申请书"上填明"现金"字样。

② 银行汇票的签发和解付。银行汇票的签发和解付,只能由参加"全国联行往来"的银行机构办理。在不能签发银行汇票的银行开户的汇款人需要使用银行汇票时,应将款项转交附近能签发银行汇票的银行办理。

③ 银行汇票一律记名。

④ 银行汇票无起点金额限制。

⑤ 银行汇票的付款期为 1 个月。

与其他银行结算方式相比,银行汇票结算方式具有使用方便灵活、兑付性强、适用范围广泛、信用度高、安全可靠等特点。银行汇票一式四联,基本格式如图 2.2 所示。

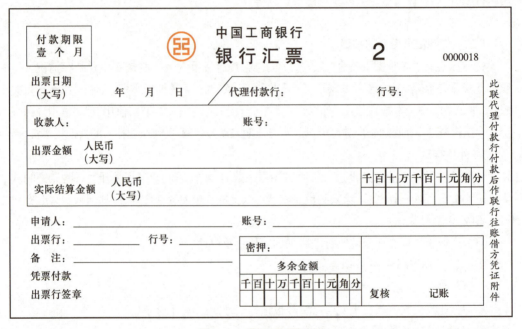

图 2.2　银行汇票票样

（3）银行汇票结算的程序。银行汇票结算要经过承汇、结算、兑付和结清余额四个步骤,具体结算程序如下:

① 汇款人委托银行办理汇票;

② 银行签发汇票;

③ 汇款人使用汇票结算;

④ 收款人持汇票进账或取款;

⑤ 通知汇票已解付;

⑥ 结算划款;

⑦ 结算汇票、退还余额。

具体流程如图 2.3 所示。

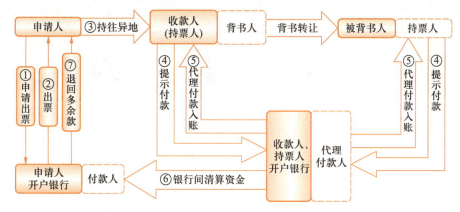

图 2.3　银行汇票结算流程

（4）银行汇票的账务处理。

① 企业取得银行汇票后，根据银行盖章退回的委托书存根联作分录如下：

借：其他货币资金——银行汇票

　　贷：银行存款

② 企业用银行汇票与销货单位结算购货款：

借：材料采购（或原材料、在途物资等）

　　应交税费——应交增值税（进项税额）

　　　　贷：其他货币资金——银行汇票

③ 若有多余款项退回时：

借：银行存款

　　贷：其他货币资金——银行汇票

3. 银行本票存款

银行本票存款是企业为了取得银行本票按规定存入银行的款项。

（1）银行本票的含义。银行本票是申请人将款项交存银行，由银行签发的承诺自己在见票时无条件支付确定的金额给收款人或者持票人的票据。

（2）银行本票的一般规定。

① 单位和个人在同一票据交换区域需要支付各种款项时，均可以使用银行本票。

② 银行本票可以用于转账，注明"现金"字样的银行本票可以用于支取现金。

③ 银行本票可分为定额本票和不定额本票两种，定额银行本票的面额分为 1 000 元、5 000 元、10 000 元和 50 000 元四种。不定额银行本票签发时根据实际需要填写金额，并用压数机压印金额；定额银行本票在凭证上会预先印有固定面额。

④ 银行本票的提示付款期限自出票日起不得超过 2 个月。持票人超过付款期限提示付款的，代理付款人不予受理。

⑤ 银行本票一律记名，可以背书转让，填明"现金"字样的银行本票不能背书转让。

与其他银行结算方式相比，银行本票结算具有使用方便、信誉度高、支付能力强的特点。银行本票由银行签发，并于指定到期日由签发银行无条件支付，因而信誉度很高，一般不存在得不到正常支付的问题。银行本票的格式如图 2.4、图 2.5 所示。

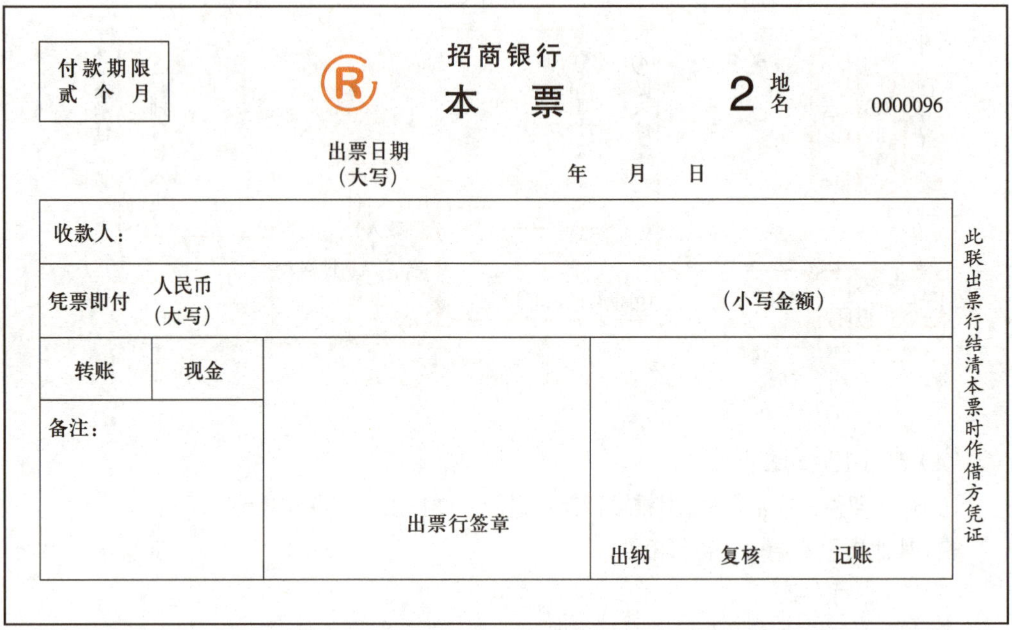

付款期限 贰个月	Ⓡ	招商银行 本　票	2 地名	0000096

出票日期
（大写）　　　　年　月　日

收款人：

凭票即付　人民币
（大写）　　　　　　　　　　　　　　（小写金额）

转账	现金

备注：

出票行签章

出纳　　　复核　　　记账

此联出票行结清本票时作借方凭证

图 2.4　银行本票第二联正面

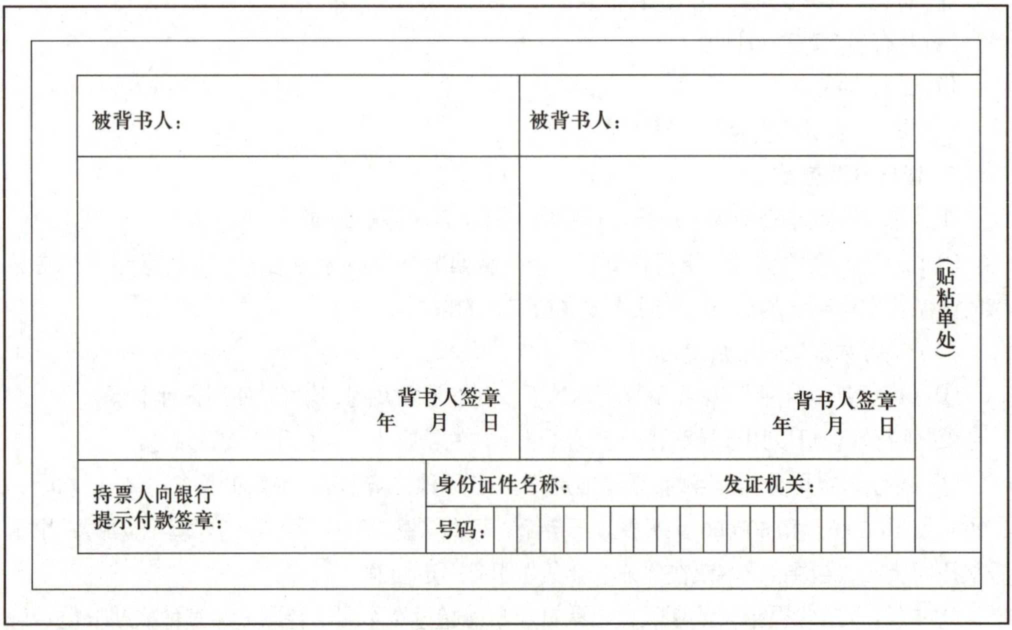

被背书人：　　　　　　　　　被背书人：

背书人签章　　　　　　　　背书人签章
年　月　日　　　　　　　　年　月　日

（贴粘单处）

持票人向银行
提示付款签章：

身份证件名称：　　　　发证机关：

号码：

图 2.5　银行本票第二联背面

（3）银行本票的结算程序。

① 申请人先向银行存入款项,填写"银行本票申请书",申请签发银行本票;

② 银行向申请人签发银行本票;

③ 申请人持票在同城范围内办理结算;

④ 收款人持银行本票、进账单到开户银行办理收款;

⑤ 收款人开户银行将进账单回单退给收款人,收妥入账。

⑥ 银行间传递凭证,划转款项。

银行本票处理流程如图 2.6 所示。

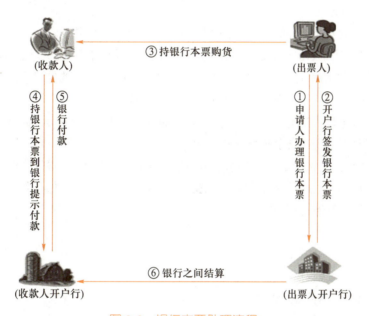

图 2.6　银行本票处理流程

边学边做 2.4

1. 训练目的

根据情境案例,完成甲公司有关银行本票业务的账务处理。

2. 案例设计

（1）202× 年 5 月 5 日,甲公司申请办理银行本票 45 200 元,公司向银行提交银行本票申请书,并将款项交存银行取得银行本票。

（2）公司使用该本票采购原材料一批,价款 40 000 元,增值税 5 200 元,材料已入库。

3. 分析过程

（1）该公司应根据银行盖章的申请书存根,编制如下会计分录:

借:其他货币资金——银行本票　　　　　　　　　　　45 200

　　贷:银行存款　　　　　　　　　　　　　　　　　　　45 200

（2）使用银行本票采购原材料,材料入库时,应编制如下会计分录:

借:原材料　　　　　　　　　　　　　　　　　　　　40 000

　　应交税费——应交增值税（进项税额）　　　　　　　　　5 200
　　贷：其他货币资金——银行本票　　　　　　　　　　　　45 200

边学边思

银行本票与银行汇票有何区别？

4. 信用卡存款

信用卡存款是指企业为取得信用卡而存入银行信用卡专户的款项。

信用卡按是否向发卡银行交存备用金分为贷记卡、准贷记卡两类。贷记卡是指发卡银行给予持卡人一定的信用额度，持卡人可在信用额度内先消费、后还款的信用卡。准贷记卡是指持卡人须先按发卡银行要求交存一定金额的备用金，当备用金账户余额不足支付时，可在发卡银行规定的信用额度内透支的信用卡。准贷记卡的透支期限最长为 60 天，贷记卡的首月最低还款额不得低于其当月透支余额的 10%。

企业申领信用卡，按规定填制申请表，并按银行要求交存备用金。银行开立信用卡存款账户，发给信用卡。企业根据银行盖章退回的交存备用金的进账单，编制如下会计分录：

借：其他货币资金——信用卡
　　贷：银行存款

企业用信用卡购物或支付相关费用，在收到开户银行转来的信用卡存款的付款凭证及所附发票账单，经核对无误后应进行如下账务处理：

借：管理费用（相关费用账户）
　　贷：其他货币资金——信用卡

5. 信用证保证金存款

（1）信用证保证金存款的含义。信用证保证金存款是指采用信用证结算方式的企业为开具信用证而存入银行信用证保证金专户的款项。

企业向银行申请开立信用证时，应按规定向银行提交信用证申请书、信用证申请人承诺书和购销合同。

（2）信用证保证金存款的账务处理。

① 根据开户银行盖章退回的"信用证申请书"回单，编制如下会计分录：

借：其他货币资金——信用证保证金
　　贷：银行存款

② 企业在收到供货单位信用证结算凭证及所附发票账单，并经核对无误后进行如下账务处理：

借：原材料等
　　应交税费——应交增值税（进项税额）
　　贷：其他货币资金——信用证保证金

③ 将未用完的信用证保证金存款余额转回开户银行时，应编制如下会计分录：

借：银行存款

　　贷：其他货币资金——信用证保证金

6. 存出投资款

存出投资款是指企业已存入证券公司等机构开立的资金账户准备进行投资的款项。

（1）企业向证券公司划出资金时：

借：其他货币资金——存出投资款

　　贷：银行存款

（2）企业购入股票、债券等时：

借：交易性金融资产等

　　贷：其他货币资金——存出投资款

▶ 第三节　应收及预付款项

▶ 一、应收票据

（一）应收票据概述

1. 应收票据的概念

应收票据是指企业因销售商品、提供劳务等而收到的商业汇票。商业汇票是一种由出票人签发的，委托付款人在指定日期无条件支付确定金额给收款人或者持票人的票据。适用于企业之间订有合同的、延期付款的商品交易和劳务供应，同城、异地均可使用。

2. 商业汇票的分类

商业汇票可以按不同的标准进行分类。

（1）按照票据是否带息，商业汇票分为带息票据和不带息票据两种。

带息票据是指商业汇票到期时，承兑人除向收款人或被背书人支付票面金额款项外，还应按票面金额和票据规定的利息率支付自票据生效日起至票据到期日止的利息的商业汇票。

不带息票据是指商业汇票到期时，承兑人只按票面金额向收款人或被背书人支付票面款项的票据。

（2）按照票据承兑人的不同，商业汇票分为银行承兑汇票和商业承兑汇票两种。

① 银行承兑汇票是指由在承兑银行开立存款账户的存款人（这里也是出票人）签发，由承兑银行承兑的票据。

银行承兑汇票的承兑人是承兑申请人的开户银行。银行按照有关规定审查后，与付款人签订"银行承兑协议"，并按面额收取万分之五的承兑手续费。银行承兑汇票的出票人应于汇票到期前将票款足额交存其开户银行，承兑银行应在汇票到期日或到期日后的见票当日支付票款。银行承兑汇票的出票人于汇票到期前未能足额交存票款时，承兑银行除凭票向持票人无条件付款外，对出票人尚未支付的汇票金额按照每天万分之五计收利息。

银行承兑汇票的正面和背面如图 2.7、图 2.8 所示。

银行承兑汇票　　2

出票日期（大写）　　　年　月　日

出票人全称		收款人	全　称	
出票人账号			账　号	
付款行全称			开户银行	
出票金额	人民币（大写）			亿 千 百 十 万 千 百 十 元 角 分
汇票到期日（大写）		付款行	行号	
承兑协议编号			地址	
本汇票请你行承兑，到期无条件付款。 出票人签章	本汇票已经承兑，到期日由本行付款。 承兑行签章 承兑日期　年　月　日 备注：		密押 复核　记账	

此联收款人开户行随托收凭证寄付款行作借方凭证附件

图 2.7　银行承兑汇票正面

被背书人	被背书人
背书人签章 年　月　日	背书人签章 年　月　日

（贴粘单处）

图 2.8　银行承兑汇票背面

② 商业承兑汇票是指由付款人签发并承兑，或由收款人签发交由付款人承兑的汇票。商业承兑汇票由银行以外的付款人承兑。付款人收到开户银行的付款通知后，应在当日通知银行付款。付款人在接到通知日的次日起三日内（法定休假日顺延）未通知银行付款的，视同付款人承诺付款。付款人若提前收到由其承兑的商业汇票，应通知银行于汇票到期日付款。在汇票到期时，若付款人账户余额不足支付，银行应填制付款人未付票款通知书，连同商业承兑

汇票邮寄持票人开户银行转交给持票人，由购销双方自行处理。

商业承兑汇票如图 2.9 所示。

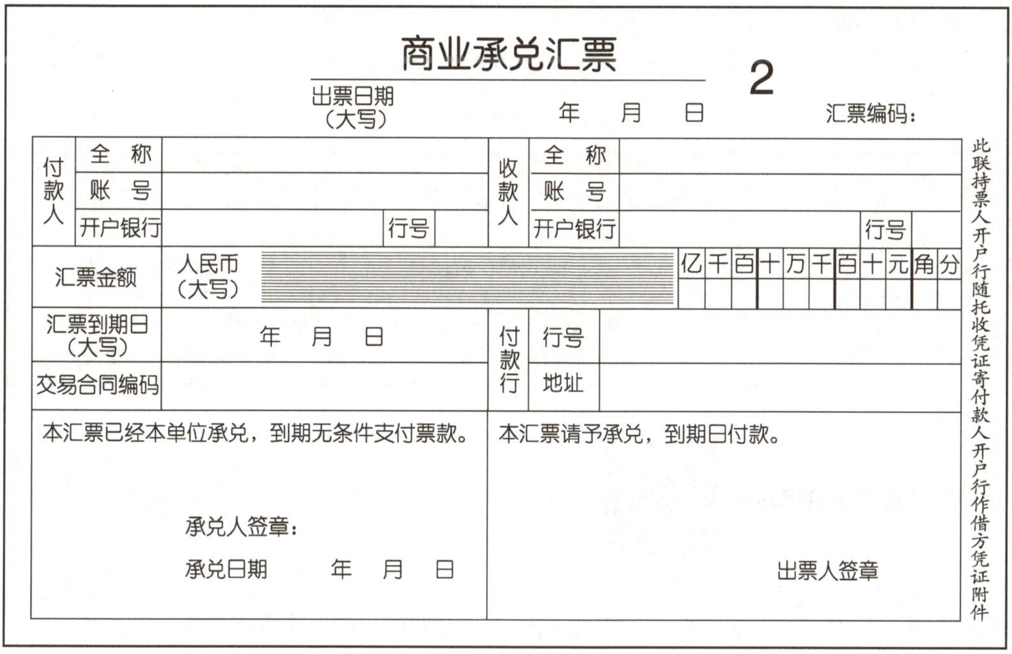
商业承兑汇票　2

出票日期（大写）　年　月　日　汇票编码：

付款人	全　称		收款人	全　称	
	账　号			账　号	
	开户银行	行号		开户银行	行号
汇票金额	人民币（大写）		亿 千 百 十 万 千 百 十 元 角 分		
汇票到期日（大写）	年　月　日		付款行	行号	
交易合同编码				地址	

本汇票已经本单位承兑，到期无条件支付票款。

承兑人签章：

承兑日期　年　月　日

本汇票请予承兑，到期日付款。

出票人签章

此联持票人开户行随托收凭证寄付款人开户行作借方凭证附件

图 2.9　商业承兑汇票

（二）应收票据的账务处理

企业应当设置“应收票据”账户，反映和监督应收票据取得、票款收回等情况。该账户属于资产类账户，借方登记取得的应收票据的面值，贷方登记到期收回票款或到期前向银行贴现的应收票据的票面余额，期末余额在借方，反映企业持有的商业汇票的票面余额。

本账户应按照开出、承兑商业汇票的单位进行明细核算，并设置“应收票据备查簿”，逐笔登记商业汇票的种类、号数和出票日、票面金额、交易合同号和付款人、承兑人、背书人的姓名或单位名称、到期日、背书转让日、贴现日、贴现率和贴现净额以及收款日和收回金额、退票情况等资料。商业汇票到期结清票款或退票后，在备查簿中应予注销。

1. 取得应收票据

（1）因债务人抵偿前欠货款而取得的应收票据，应编制如下会计分录：

借：应收票据

　　贷：应收账款

（2）因企业销售商品、提供劳务等而收到开出、承兑的商业汇票，应编制如下会计分录：

借：应收票据（面值）

　　贷：主营业务收入

　　　　应交税费——应交增值税（销项税额）

2. 带息应收票据计提利息

带息应收票据与不带息应收票据核算的不同之处是期末要计提利息，计提利息的会计分

录为:

借:应收票据

　　贷:财务费用

3. 票据到期

票据到期时,应区分对方企业能否按时支付票款,分别编制相关的会计分录(见表2.5)。

表2.5　票据到期的账务处理

项目	不带息票据	带息票据
对方企业按时支付票款	借:银行存款 　　贷:应收票据(面值)	借:银行存款 　　贷:应收票据(面值+利息)
对方企业无力支付票款	借:应收账款 　　贷:应收票据(面值)	借:应收账款 　　贷:应收票据(面值+利息)

4. 应收票据背书转让

实务中,企业可以将自己持有的商业汇票背书转让。背书是指票据的持有人在票据转让时,在票据背面签字。签字人被称为背书人,背书人对票据到期付款负有连带责任。

企业将持有的商业汇票背书转让以取得所需物资时,会计分录如下:

借:材料采购(或原材料、库存商品)(按应计入取得物资成本的金额)

　　应交税费——应交增值税(进项税额)

　　贷:应收票据(按商业汇票的票面金额)

如有差额,借记或贷记"银行存款"等账户。

边学边做2.5

1. 训练目的

根据案例,完成甲公司商业汇票背书转让的账务处理。

2. 案例设计

甲公司因销售商品于202×年6月1日取得购货方承兑的期限为6个月,面值为113 000元的不带息商业承兑汇票,增值税税率为13%。该公司于202×年7月4日,因采购材料将该票据背书转让,材料价款100 000元。

3. 分析过程

(1)202×年6月1日收到票据时,应编制如下会计分录:

因销售商品确认的收入 = 113 000 ÷ (1+13%) = 100 000(元)。

借:应收票据　　　　　　　　　　　　　　　　　　　　　　113 000

　　贷:主营业务收入　　　　　　　　　　　　　　　　　　　100 000

　　　　应交税费——应交增值税(销项税额)　　　　　　　　　13 000

（2）202×年7月4日将票据背书转让取得原材料时，应编制如下会计分录：

借：原材料 100 000

应交税费——应交增值税（进项税额） 13 000

贷：应收票据 113 000

【拓展】（1）假定上例中，甲公司采购材料的价款为 110 000 元，则应收票据背书转让的会计分录应为：

借：原材料 110 000

应交税费——应交增值税（进项税额） 14 300

贷：应收票据 113 000

银行存款 11 300

（2）假定上例中，甲公司采购材料的价款为 90 000 元，则应收票据背书转让的会计分录应为：

借：原材料 90 000

应交税费——应交增值税（进项税额） 11 700

银行存款 11 300

贷：应收票据 113 000

5. 应收票据贴现

应收票据贴现是指持票人因急需资金，将未到期的商业汇票背书后转让给银行，银行在扣除按照贴现利率计算的贴现息后，将其差额支付给贴现企业的行为，实际上是一种融资活动。

应收票据贴现要计算到期值、贴现息、贴现净额，公式如下：

$$到期值 = 票据面值 + 票面利息$$
$$贴现息 = 票据到期值 \times 日贴现率 \times 贴现期$$
$$贴现净额 = 票据到期值 - 贴现息$$

式中，贴现期是指从贴现日起至到期日止的实际天数，即票据提前支取的天数采用"算头不算尾"或"算尾不算头"的计算方法。

票据贴现的会计分录为：

借：银行存款（按实际收到的金额）

财务费用（贴现息）

贷：应收票据（应收票据的到期值）

边学边做 2.6

1. 训练目的

根据案例，完成甲公司应收票据贴现的账务处理。

2. 案例设计

甲公司 202×年3月1日销售一批产品给乙公司，价税合计为 580 000 元，同日乙公司交来一张面值为 580 000 元、期限为 6 个月的商业承兑无息票据。甲公司 202×年6月1日将应收票据向银行申请贴现，贴现率为 6%。另外发生手续费 120 元。假定每月按 30 天计算。

3. 分析过程

票据到期值 = 票据面值 = 580 000（元）

贴现息 = 580 000 × 6% × 90/360 = 8 700（元）

贴现额 = 580 000 - 8 700 = 571 300（元）

企业实际收到的银行存款 = 571 300 - 120 = 571 180（元）

借：银行存款   571 180

  财务费用   8 820

   贷：应收票据   580 000

▶ 二、应收账款

（一）应收账款的内容

应收账款是指企业因销售商品、提供劳务等经营活动,应向购货单位或接受劳务单位收取的款项,主要包括应收的货款或劳务价款、应收的增值税销项税额、代垫的包装费、运杂费等。

应收账款是基于商业信用而产生的,回收期比较短（一般在 1 年内收回）。在资产负债表上,应收账款应列为流动资产项目。

（二）应收账款的计价

一般来说,应收账款应按买卖双方成交时的实际发生额入账。但企业为了增加销售,或为了及时回笼货款,在销售时往往实行折扣政策,会不同程度地影响应收账款的计价。

商业折扣和现金折扣是两种不同形式的折扣,其对应收账款入账金额的影响也不同。

1. 商业折扣

商业折扣是指对商品价目单中所列的商品价格,根据批发、零售、特约经销等不同销售对象,给予一定的折扣优惠。商业折扣通常用百分数来表示,如 5%、10%、15% 等。扣减商业折扣后的价格才是商品的实际销售价格。商业折扣通常作为促销的手段,目的是增加销量。一般情况下,商业折扣都直接从商品价目单价格中扣减,购买单位应付的货款和销售单位所应收的货款,都根据扣减商业折扣后的价格来计算。比如,商场里销售的某品牌羊绒大衣标价2 000 元,值国庆期间搞促销活动,该品牌全场 7 折,即给予 30% 的商业折扣,该品牌羊绒大衣的实际售价为 1 400（2 000 - 2 000 × 30%）元。

2. 现金折扣

现金折扣是指企业为了鼓励客户在一定期限内早日偿还货款而给予客户的折扣优惠。现金折扣一般表示为"2/10, 1/20, N/30"等。这说明,销售方允许客户最长的付款期限为 30天,2/10 表示如果客户在 10 天内偿付货款,给予 2% 的折扣;1/20 表示如果客户在 20 天内偿付货款,给予 1% 的折扣;N/30 表示如果客户在 30 天内付款,则没有现金折扣。

在实务中,现金折扣的处理有总价法和净价法两种。

（1）总价法。总价法是在销售业务发生时,应收账款和销售收入以未扣减现金折扣前的实际售价作为入账价值,实际发生的现金折扣作为对客户提前付款的鼓励性支出,计入财务费用。我国会计实务中规定采用总价法核算现金折扣。

（2）净价法。净价法是假定客户一般会提前还款,享受现金折扣。企业销售时,应收账款和销售收入均按照扣减现金折扣后的金额入账。客户过了折扣期以后的丧失折扣的款项,视作销售企业提供信贷所获得的收入,作为财务费用的减项,同时增加应收账款。

边学边做 2.7

1. 训练目的

掌握涉及现金折扣情况下应收账款的计价。

2. 案例设计

某企业在202×年5月8日销售商品100件,增值税专用发票上注明的价款为10 000元,增值税税额为1 300元。企业为了及早收回货款而在合同中规定的现金折扣条件为: 2/10, 1/20, N/30(假定计算现金折扣时不考虑增值税)。买方于202×年5月24日付清货款,该企业实际收款金额应为多少?

3. 分析过程

如买方在20天内付清货款,可享受1%的现金折扣,因此,该企业实际收款金额= 10 000 ×(1 − 1%)+ 1 300 = 11 200(元),相关的会计分录为:

（1）202×年5月8日销售商品时:

借:应收账款	11 300
贷:主营业务收入	10 000
应交税费——应交增值税(销项税额)	1 300

（2）202×年5月24日买方付清货款时:

借:银行存款	11 200
财务费用	100
贷:应收账款	11 300

边学边思

商业折扣与现金折扣有什么区别?会不会影响应收账款的入账价值?

（三）应收账款的账务处理

为了反映和监督应收账款的增减变动及其结存情况,企业应设置“应收账款”账户,不单独设置“预收账款”账户的企业,预收的账款也在“应收账款”账户核算。“应收账款”账户的借方登记应收账款的增加,贷方登记应收账款的收回及确认的坏账损失,期末余额一般在借方,反映企业尚未收回的应收账款;如果期末余额在贷方,一般则反映企业预收的账款。

1. 取得应收账款时

借:应收账款

　　贷:主营业务收入

应交税费——应交增值税（销项税额）

银行存款（垫付包装费、运杂费等）

2. 收回应收账款时

借：银行存款／应收票据

贷：应收账款

边学边做2.8

1. 训练目的

根据案例，完成甲公司取得应收账款的账务处理。

2. 案例设计

甲公司采用托收承付结算方式向乙公司销售商品一批，价款100 000元，增值税销项税额13 000元，以银行存款代垫运杂费2 000元，已办理托收手续。

3. 分析过程

（1）甲公司取得应收账款时：

借：应收账款   115 000

贷：主营业务收入   100 000

应交税费——应交增值税（销项税额）   13 000

银行存款   2 000

（2）甲公司实际收到款项时：

借：银行存款   115 000

贷：应收账款   115 000

若甲公司收到乙公司交来的商业承兑汇票一张，面值115 000元，用以偿还其前欠价款。甲公司应编制如下会计分录：

借：应收票据   115 000

贷：应收账款   115 000

相关链接

如何设置应收账款明细账

（1）明细账户的设置。如果企业的往来账不多，在应收账款总账账户下设置二级明细账户就可以，比如：应收账款——甲公司、应收账款——乙公司等等。

如果企业的往来账很多，此时可以根据企业的实际情况来设置明细账。比如某跨国企业在世界各地都有往来业务，则可以按照"洲—国家—客户"来设置明细账，如：

应收账款——欧洲——英国（××客户）

——法国（××客户）

——美洲——美国（××客户）

——亚洲——日本（××客户）

　　某企业在全国各地都有往来业务,则可以按照"地区—省市—客户"来设置明细账,如:

　　应收账款——华南地区——海南省(××客户)

　　　　　　——华北地区——北京市(××客户)

　　　　　　——东北地区——辽宁省(××客户)

　　有的企业还可以根据其涉及的各个项目设置明细账,如:

　　应收账款——商品销售款(××客户)

　　　　　　——提供劳务款(××客户)

　　(2)明细账的格式。应收账款明细账是用来记录每个客户各项赊销、还款、销售退回及折让的明细账。各应收账款明细账的余额合计数应与应收账款总账的余额相等。

　　应收账款明细账一般采用活页账,按不同的购货单位或接受劳务的单位设置三栏式明细账进行明细分类核算。

▶ 三、预付账款

(一)预付账款的含义

　　预付账款是指企业按照购货合同规定预付给供应单位的款项。企业进行在建工程预付的工程价款,也属于"预付账款"账户核算的内容。

(二)预付账款的账务处理

　　对于预付款业务较多的企业,应设置"预付账款"账户核算。该账户属于资产类账户,应按供货单位设置明细账,进行明细核算。借方登记按合同约定预付的购货款和为在建工程预付的工程价款,贷方登记因收到货物和工程交付使用而结转的预付款。期末余额在借方,反映企业实际预付的款项;期末余额在贷方,则反映企业应付或应补付的款项。

　　预付款项不多的企业,可以不设置"预付账款"账户,将预付的款项直接记入"应付账款"账户的借方。

1. 企业预付款项时

借:预付账款

　　贷:银行存款

2. 收到所购物资时

借:材料采购(或原材料、库存商品)(按应计入购入物资成本的金额)

　　应交税费——应交增值税(进项税额)

　　贷:预付账款

3. 当预付账款小于采购货物所需支付的款项时

借:预付账款

　　贷:银行存款(按补付的款项)

4. 当预付账款大于采购货物所需支付的款项时

借:银行存款(按退回的多余款项)

  贷:预付账款

边学边做 2.9

1. 训练目的

根据案例,完成甲公司预付款业务的相关账务处理。

2. 案例设计

202×年5月1日,甲公司向乙公司采购原材料1 000千克,单价50元/千克,所需支付的款项总额为50 000元。按照合同规定,甲公司应向乙公司预付40%的货款,货物验收后补付余款。202×年8月10日,甲公司收到乙公司发来的1 000千克原材料,经验收无误。发票上记载的货款为50 000元,增值税税额为6 500元。

3. 分析过程

(1)202×年5月1日,向乙公司预付40%的货款:

借:预付账款——乙公司   20 000

  贷:银行存款   20 000

(2)202×年8月10日,收到原材料并补足款项:

借:原材料   50 000

  应交税费——应交增值税(进项税额)   6 500

    贷:预付账款——乙公司   56 500

借:预付账款——乙公司   36 500

  贷:银行存款   36 500

 边学边思

预付账款与应收账款都是企业的债权,两者有什么区别?

▶ 四、应收股利和应收利息

(一)应收股利

1. 应收股利的内容

应收股利是指企业因股权投资而应收取的现金股利以及应收其他单位的利润,包括企业购入股票实际支付的款项中所包括的已宣告但尚未发放的现金股利和企业对外投资应分得的现金股利或利润等,但不包括应收的股票股利。

2. 应收股利的账务处理

被投资单位宣告分配现金股利时,投资方应根据分得的现金股利或利润,编制如下会计分录：

借：应收股利

　　贷：投资收益

投资方实际收到现金股利时，应编制如下会计分录：

借：银行存款

　　贷：应收股利

（二）应收利息

1. 应收利息的内容

应收利息是指企业因债权投资而应收取的一年内到期收回的利息，它主要包括如下情况：

（1）购入分期付息到期还本的债券时，在会计结算日，企业按规定所计提的应收利息；

（2）购入分期付息到期还本的债券时，实际支付款项中所包含的已到期而尚未领取的债券利息。

2. 应收利息的账务处理

企业分期计息时，应编制如下会计分录：

借：应收利息

　　贷：投资收益等

企业实际收到利息时，应编制如下会计分录：

借：银行存款

　　贷：应收利息

▶ **五、其他应收款**

其他应收款

（一）其他应收款的内容

其他应收款是指企业除应收票据、应收账款、预付账款以外的其他各种应收、暂付款项。其主要内容包括：

（1）应收利息；

（2）应收股利；

（3）应收的各种赔款、罚款，如因企业财产等遭受意外损失而应向有关保险公司收取的赔款等；

（4）应收的出租包装物租金；

（5）应向职工收取的各种垫付款项，如为职工垫付的水电费、应由职工负担的医药费、房租费等；

（6）存出保证金，如租入包装物支付的押金；

（7）其他各种应收、暂付款项。

企业各部门使用的备用金、预付职工的差旅费通常也在"其他应收款"账户下核算。

（二）其他应收款的账务处理

企业应当设置"其他应收款"账户，核算其他应收账款的增减变动及其结存情况。"其他应收款"账户的借方登记其他应收款的增加，贷方登记其他应收款的收回，期末余额一般在借方，反映企业尚未收回的其他应收款项。

边学边做 2.10

1. 训练目的

根据案例，完成甲公司其他应收款业务的账务处理。

2. 案例设计

202×年3月1日，甲公司向丁公司租入包装物一批，以银行存款向丁公司支付押金10 000元。202×年5月20日，甲公司按期如数向丁公司退回所租包装物，并收到丁公司退还的押金10 000元，已存入银行。

3. 分析过程

（1）202×年3月1日，甲公司支付押金时：

借：其他应收款——丁公司　　　　　　　　　　　　　　　　10 000
　　贷：银行存款　　　　　　　　　　　　　　　　　　　　　　　10 000

（2）202×年5月20日，甲公司收到退还的押金：

借：银行存款　　　　　　　　　　　　　　　　　　　　　　10 000
　　贷：其他应收款——丁公司　　　　　　　　　　　　　　　　　10 000

▶ 六、应收款项减值

（一）应收款项减值损失的确认

企业的各项应收款项，可能会因购货人破产、死亡等原因而无法收回或极小可能收回。这类无法收回或极小可能收回的应收款项就是坏账。由于发生坏账而产生的损失称为坏账损失。

一般来说，应收款项符合下列条件之一的，应将其确认为坏账：

（1）债务人死亡，以其遗产清偿后仍然无法收回。

（2）债务人破产，以其破产财产清偿后仍然无法收回。

（3）债务人较长时期内未履行其偿债义务，并有足够的证据表明无法收回或收回可能性极小。

企业应当在资产负债表日对应收款项的账面价值进行检查，有客观证据表明应收款项发生减值的，应当将减记的金额确认为减值损失，同时计提坏账准备。

确定应收款项减值有两种方法，即直接转销法和备抵法，我国企业会计准则规定确定应收款项的减值只能采用备抵法，不得采用直接转销法。

备抵法是指在各会计期末采用一定的方法按期估计坏账损失，计入当期损益，同时形成坏账准备，待坏账实际发生时，冲销已提的坏账准备和相应的应收款项的方法。

（二）应收款项减值的核算

1. 账户设置

（1）坏账准备。为了核算应收款项的坏账准备计提、转销等情况,企业应当设置"坏账准备"账户。"坏账准备"账户属于资产类账户,是"应收票据""应收账款""预付账款""其他应收款"等账户的备抵账户。该账户可按应收款项的类别进行明细核算,贷方登记当期计提的坏账准备或确认了坏账又收回的坏账准备,借方登记实际发生的坏账损失和冲减的坏账准备,期末余额在贷方,反映企业已计提但尚未转销的坏账准备。

（2）信用减值损失。"信用减值损失"账户属于损益类账户,核算企业计提应收款项减值准备所形成的损失。该账户借方登记确定应收款项发生的减值应减记的金额,贷方登记应收款项减值恢复增加的金额。期末,该账户余额转入"本年利润"账户,结转后无余额。

企业的应收款项预计发生减值的,应编制如下会计分录:

借:信用减值损失

　　贷:坏账准备

企业计提了坏账准备,相关应收款项的价值又得以恢复的,应在原已计提的减值准备金额内,按恢复增加的金额,编制如下会计分录:

借:坏账准备

　　贷:信用减值损失

2. 坏账准备的计提

在会计实务中,我国企业应采用备抵法核算发生的坏账损失。在备抵法下,企业应当根据实际情况合理估计当期坏账损失金额。估计坏账损失的方法有应收款项余额百分比法、账龄分析法、个别认定法等。我国现行企业会计制度规定,坏账准备的计提方法和计提比例由企业根据实际情况自行决定。

（1）应收款项余额百分比法。应收款项余额百分比法就是按应收款项余额的一定比例计算提取坏账准备。至于计提比例,则由企业根据以往的资料或经验自行确定。按应收款项余额的一定比例计算出来的坏账损失额是指会计期末"坏账准备"账户的余额,而不是会计期末应计提的坏账准备数额。在应收款项余额百分比法下,企业应在每个会计期末根据期末"坏账准备"账户应有的余额,与调整前"坏账准备"账户已有余额的差额,确定当期应计提的坏账准备金额,计算公式如下:

当期应计提的坏账准备 = 当期期末应收款项余额 × 坏账准备计提百分比 − 当期计提坏账准备前"坏账准备"账户已有的余额

边学边做 2.11

1. 训练目的

掌握应收款项余额百分比法下坏账准备的计算。

2. 案例设计

甲公司 2020 年年末应收账款余额为 800 000 元,公司根据风险特征估计坏账准备的提取比例为应收账款余额的 0.4%。2021 年发生坏账 4 000 元,该年年末应收账款余额为 980 000

元。2022 年发生坏账损失 3 000 元，上年冲销的账款中有 2 000 元本年度又收回。该年度末应收账款余额为 600 000 元。假设坏账准备账户在 2019 年年初余额为 0。甲公司 2020 年、2021 年和 2022 年年末应计提的坏账准备分别为多少？

3. 分析过程

（1）2020 年年末应计提的坏账准备 $= 800\,000 \times 0.4\% = 3\,200$（元）（贷方）

（2）2021 年年末计提坏账前"坏账准备"账户的余额 $= 3\,200 - 4\,000 = -800$（元）（借方）

2021 年年末应计提的坏账准备 $= 980\,000 \times 0.4\% - (-800) = 4\,720$（元）（贷方）

（3）2022 年年末计提坏账前"坏账准备"账户的金额 $= -800 + 4\,720 - 3\,000 + 2\,000 = 2\,920$（元）（贷方）

2022 年年末应计提的坏账准备 $= 600\,000 \times 0.4\% - 2\,920 = -520$（元）（借方），即应冲销坏账准备 520 元。

（2）账龄分析法。账龄是指债务人所欠账款的时间。一般来说，应收款项的账龄越长，收不回来的可能性越大，即发生坏账的可能性越大。账龄分析法就是根据应收款项账龄的长短来计算提取坏账准备。采用账龄分析法时，将不同账龄的应收款项进行分组，并根据前期坏账实际发生的有关资料，确定各账龄组的估计坏账损失百分比。与应收款项余额百分比法一样，按各账龄组应收款项余额乘以相应的计提百分比得到的也是"坏账准备"账户期末应有的余额，而不是期末应计提的坏账准备金额。账龄分析法下，计提坏账准备的计算公式如下：

$$当期应计提的坏账准备 = \sum（当期期末各账龄组应收款项余额 \times 各账龄组坏账准备计提百分比）- 当期计提坏账准备前"坏账准备"账户已有的余额$$

边学边做 2.12

1. 训练目的

掌握账龄分析法下坏账准备的计算。

2. 案例设计

202× 年年末乙公司的应收账款账龄及估计坏账损失如表 2.6 所示。

表 2.6　202× 年年末乙公司的应收账款账龄及估计坏账损失表

金额单位：元

应收账款账龄	应收账款金额	估计损失 /%	估计损失金额
未到期	20 000	1	200
过期 6 个月以下	10 000	3	300
过期 6 个月以上	6 000	5	300
合计	36 000	—	800

假设乙公司202×年年初"坏账准备"账户余额为贷方100元。乙公司202×年年末应计提的坏账准备为多少?

3. 分析过程

202×年年末"坏账准备"账户余额应为800元,202×年年初有"坏账准备"贷方余额100元,因此乙公司202×年年末应计提的坏账准备＝800－100＝700(元)。

> **提示**
>
> 如果应收账款某明细账为贷方余额,实际表示预收的款项,不需要考虑计提坏账准备。

3. 坏账准备的账务处理

(1)企业在计提坏账准备时,按应减记的金额,编制如下会计分录:

借:信用减值损失

　　贷:坏账准备

如果冲减多计提的坏账准备,则编制相反的会计分录。

(2)企业确实无法收回的应收款项按管理权限报经批准后作为坏账转销时,应编制如下会计分录:

借:坏账准备

　　贷:应收账款／其他应收款等

(3)已确认转销的坏账以后期间又收回的,应编制如下会计分录:

借:应收账款／其他应收款等

　　贷:坏账准备

借:银行存款

　　贷:应收账款／其他应收款等

边学边做2.13

1. 训练目的

根据案例,完成甲公司与坏账准备相关的账务处理。

2. 案例设计

(1)2019年12月31日,甲公司对应收丁公司的账款进行减值测试,确定按应收款项余额的5%计提坏账准备。当年年末应收账款余额合计为1 000 000元。

(2)2020年甲公司对丁公司的应收账款实际发生坏账损失30 000元。

(3)2021年12月31日,甲公司应收丁公司的账款余额为1 200 000元。

(4)2022年4月20日,甲公司收回2020年已作坏账转销的应收账款20 000元,已存入银行。

3. 分析过程

（1）2019 年 12 月 31 日应计提的坏账准备 = 1 000 000 × 5% = 50 000（元）。

借：信用减值损失——计提的坏账准备　　　　　　　　　　50 000

　　贷：坏账准备　　　　　　　　　　　　　　　　　　　　　50 000

（2）2020 年确认坏账损失时：

借：坏账准备　　　　　　　　　　　　　　　　　　　　　30 000

　　贷：应收账款　　　　　　　　　　　　　　　　　　　　　30 000

（3）2021 年 12 月 31 日应计提的坏账准备 = 1 200 000 × 5% − （50 000 − 30 000）= 40 000（元）。

借：信用减值损失——计提的坏账准备　　　　　　　　　　40 000

　　贷：坏账准备　　　　　　　　　　　　　　　　　　　　　40 000

（4）2022 年 4 月 20 日收回已转销的坏账时：

借：应收账款　　　　　　　　　　　　　　　　　　　　　20 000

　　贷：坏账准备　　　　　　　　　　　　　　　　　　　　　20 000

借：银行存款　　　　　　　　　　　　　　　　　　　　　20 000

　　贷：应收账款　　　　　　　　　　　　　　　　　　　　　20 000

▶ 第四节　存货

▶ 一、存货概述

（一）存货的概念

存货是指企业在日常活动中持有以备出售的产成品或商品、处在生产过程中的在产品、在生产过程或提供劳务过程中耗用的材料或物料等，它是企业重要的流动资产之一。

（二）存货的特点

与其他资产相比，存货具有以下特点：

（1）存货是有形资产。存货必须有实物形态，这一点有别于无形资产。

（2）存货具有较强的流动性。存货会在企业的日常经营活动中不断被销售、生产、购买或耗用，变现能力较强。

（3）存货是企业为了销售或耗用而储备的资产。企业持有存货的目的是满足其日常生产经营活动的需要。在生产经营过程中企业将存货出售或耗用，从而获取相应的货币资产或其他资产。

（三）存货的分类

存货可以按照不同的标准进行分类。

1. 按经济用途分类

按照经济用途的不同,存货分为原材料、在产品、半成品、产成品、商品、周转材料、委托代销商品等。

（1）原材料是指企业在生产过程中经加工改变其形态或性质并构成产品主要实体的各种原料及主要材料、辅助材料、燃料、修理用备件（备品备件）、包装材料、外购半成品（外购件）等。

（2）在产品是指企业正在制造尚未完工的生产物,包括正在各个生产工序加工的产品和已加工完毕但尚未检验或已检验但尚未办理入库手续的产品。

（3）半成品是指经过一定生产过程并已检验合格交付半成品仓库保管,但尚未制造完工成为产成品,仍需进一步加工的中间产品。

（4）产成品是指工业企业已经完成全部生产过程并已验收入库,可以按照合同规定的条件送交订货单位,或者可以作为商品对外销售的产品。企业接受来料加工制造的代制品和为外单位加工修理的代修品,制造和修理完成验收入库后,应视同企业的产成品。

（5）商品是指商品流通企业外购或委托加工完成验收入库用于销售的各种商品。

（6）周转材料是指企业能够多次使用,逐渐转移其价值但仍保持原有形态,不确认为固定资产的材料,主要包括包装物和低值易耗品。

包装物是指为了包装本企业的商品而储备的各种包装容器,如桶、箱、瓶、坛、袋等。其主要作用是盛装、装潢产品或商品。

低值易耗品是指不能作为固定资产核算的各种用具物品,如工具、管理用具、玻璃器皿、劳动保护用品以及在经营过程中周转使用的容器等。其特点是单位价值较低,或使用期限相对于固定资产较短,在使用过程中保持其原有实物形态基本不变。

（7）委托代销商品是指企业委托其他单位代销的商品。

2. 按存放地点分类

按照存放地点的不同,存货可分为库存存货、在途存货、加工中存货、委托代销商品等。

3. 按取得方式分类

按照取得方式的不同,存货可分为外购存货、自制存货、委托加工存货、投资者投入的存货、接受捐赠取得的存货、债务重组取得的存货、盘盈的存货、非货币性资产交换取得的存货等。

（四）存货的确认条件

在满足存货定义的前提下,同时满足下列两个条件才能予以确认:

（1）与该存货有关的经济利益很可能流入企业;

（2）该存货的成本能够可靠计量。

▶ 二、存货的初始计量及发出计价

（一）存货的初始计量

存货应当按照成本进行初始计量。存货成本由采购成本、加工成本和其他成本3个部分组成。

1. 存货的采购成本

存货的采购成本,包括购买价款、相关税费、运输费、装卸费、保险费以及其他可归属于存货采购成本的费用。

其中,存货的购买价款是指企业购入的材料或商品的发票账单上列明的价款,但不包括按照规定可以抵扣的增值税进项税额。

存货的相关税费是指企业购买存货发生的进口关税、消费税、资源税和不能抵扣的增值税进项税额以及相应的教育费附加等应计入存货采购成本的税费。

> **提示**
>
> 　　一般纳税人采购过程中发生的增值税,可以抵扣的,记入"应交税费——应交增值税(进项税额)"进行抵扣。对于运费,根据规定,自 2019 年 4 月 1 日起,若取得由一般纳税人开具的运费增值税专用发票,那么增值税进项税额按照 9% 抵扣。

其他可归属于存货采购成本的费用是指采购成本中除上述各项以外的可归属于存货采购的费用,如在存货采购过程中发生的仓储费、包装费、运输途中的合理损耗、入库前的挑选整理费用等。

商品流通企业在采购商品过程中发生的运输费、装卸费、保险费以及其他可归属于存货采购成本的费用等进货费用,应当计入存货采购成本,也可以先进行归集,期末根据所购商品的存销情况进行分摊。对于已售商品的进货费用,计入当期损益;对于未售商品的进货费用,计入期末存货成本。企业采购商品的进货费用金额较小的,可以在发生时直接计入当期损益。

2. 存货的加工成本

存货的加工成本是指在存货的进一步加工过程中发生的费用,包括直接人工以及按照一定方法分配的制造费用。

直接人工是指企业在生产产品过程中发生的直接从事产品生产人员的职工薪酬。

制造费用是指企业为生产产品而发生的各项间接费用,包括生产部门管理人员的职工薪酬、折旧费、办公费、水电费等。

3. 存货的其他成本

存货的其他成本是指除采购成本、加工成本以外的,使存货达到目前场所和状态所发生的其他支出。如为特定客户设计产品所发生的、可直接确定的设计费用,应计入存货的成本。

存货的来源不同,其成本的构成内容也不同。原材料、商品、低值易耗品等通过购买而取得的存货的成本由采购成本构成;产成品、在产品、半成品等自制或需委托外单位加工完成的存货的成本由采购成本、加工成本以及使存货达到目前场所和状态所发生的其他支出构成;其他方式取得的存货,按照相关准则的规定确定成本。

在存货成本的确定过程中,应注意下列费用不应计入存货成本,而应在其发生时计入当期损益：

（1）非正常消耗的直接材料、直接人工和制造费用，应在发生时计入当期损益，不应计入存货成本。例如，由于自然灾害而发生的直接材料、直接人工和制造费用，由于这些费用的发生无助于使该存货达到目前场所和状态，不应计入存货成本，而应确认为当期损益。

（2）仓储费用指企业在存货采购入库后发生的储存费用，应在发生时计入当期损益。但是，在生产过程中为达到下一个生产阶段所必需的仓储费用应计入存货成本。例如，某种酒类产品生产企业为使生产的酒达到规定的产品质量标准而必须发生的仓储费用，应计入酒的成本，而不应计入当期损益。

（3）不能归属于使存货达到目前场所和状态的其他支出，应在发生时计入当期损益，不得计入存货成本。

边学边做 2.14

1. 训练目的

掌握存货初始成本的确定。

2. 案例设计

甲公司为增值税一般纳税人，增值税税率为 13%。202× 年 9 月 9 日甲公司购入 A 材料 1 000 千克，每千克的含税价格为 56.5 元，取得了增值税专用发票，另支付运输费用 2 000 元，保险费 1 000 元，材料入库前的挑选整理费为 200 元，入库后的仓储费 500 元。材料已验收入库。甲公司取得的 A 材料的入账成本应为多少？

3. 分析过程

一般纳税人购入材料支付的增值税进项税额可以抵扣，不计入材料成本，入库后的仓储费也不计入材料成本，所以 A 材料的入账成本 =（1 000×56.5）/（1+13%）+2 000+1 000+200 = 53 200（元）。

（二）存货的发出计价

实务中，企业发出的存货可以按实际成本核算，也可以按计划成本核算。如采用计划成本核算，会计期末应调整为实际成本。

按实际成本核算时，企业可以采用先进先出法、月末一次加权平均法、移动加权平均法和个别计价法等核算发出存货的成本。企业应当根据各类存货的实物流转方式、企业管理的要求、存货的性质等实际情况，合理地确定发出存货成本的计算方法。

1. 先进先出法

先进先出法是假定先购入的存货先发出（销售或耗用），对发出存货进行计价的一种方法。这种核算方法是以先购入的存货先发出这样一种实物流转假设为前提，先购入的存货成本在后购入存货成本之前转出，据此确定发出存货和期末存货的成本。

具体来说，在收入存货时，逐笔登记收入存货的数量、单价和金额；发出存货时，按照先进先出的原则逐笔登记存货的发出成本和结存金额。

边学边做 2.15

1. 训练目的

根据案例,采用先进先出法计算甲公司 W 材料的发出成本和月末结存成本。

2. 案例设计

甲公司采用先进先出法进行原材料成本核算。202×年 5 月 1 日,结存 W 材料 60 kg,每千克实际成本为 50 元。5 月 10 日、15 日、22 日分别购入该材料 180 kg、120 kg、40 kg,单价分别为 60 元、70 元、80 元;5 月 13 日、20 日分别发出该材料 160 kg。

3. 分析过程

按先进先出法核算时,发出和结存材料的成本如表 2.7 所示。

表 2.7　原材料明细账

存货类别:　　　　　　　　　　　　　　　　计量单位:kg

存货编号:　　　　　　　　　　　　　　　　最高存量:

存货名称及规格:W 材料　　　　　　　　　　最低存量:

202×年		凭证号数	摘要	收入			发出			结存		
月	日			数量	单价/元	金额/元	数量	单价/元	金额/元	数量	单价/元	金额/元
5	1	略	期初结存							60	50	3 000
	10		购入	180	60	10 800				60 180	50 60	3 000 10 800
	13		发出				60 100	50 60	3 000 6 000	80	60	4 800
	15		购入	120	70	8 400				80 120	60 70	4 800 8 400
	20		发出				80 80	60 70	4 800 5 600	40	70	2 800
	22		购入	40	80	3 200				40 40	70 80	2 800 3 200
	31		合计	340		22 400	320		19 400	40 40	70 80	2 800 3 200

所以,本月发出 W 材料的实际成本为 19 400 元,月末结存 W 材料的成本＝2 800＋3 200＝6 000(元)。

采用先进先出法计算发出存货成本,优点是成本流转顺序与存货的实物流转顺序比较接近,期末结存存货成本比较接近于现行存货的市场价值。缺点是在存货收发业务比较频繁的企业工作量较大,且物价上涨时会<u>高估企业资产和利润</u>。

边学边思

先进先出法下,当物价上涨时,利润为何高估?

2. 月末一次加权平均法

月末一次加权平均法是指以本月全部进货数量加上月初存货数量作为权数,去除本月全部进货成本加上月初存货成本,计算出存货的加权平均单位成本,以此为基础,计算出本月发出存货的成本和期末存货成本的一种方法。其计算公式如下:

存货加权平均单位成本 = [月初库存存货的实际成本 +

∑(本月各批进货的实际单位成本 × 本月各批进货的数量)]/

(月初库存存货数量 + 本月各批进货数量之和)

本月发出存货成本 = 本月发出存货的数量 × 存货加权平均单位成本

本月月末库存存货成本 = 月末库存存货的数量 × 存货加权平均单位成本

边学边做 2.16

1. 训练目的

根据案例,采用月末一次加权平均法计算甲公司 W 材料的发出成本和月末结存成本。

2. 案例设计

承接边学边做 2.15,甲公司采用月末一次加权平均法进行原材料成本核算。

3. 分析过程

W 材料的加权平均单位成本 = (3 000 + 10 800 + 8 400 + 3 200)/(60 + 180 + 120 + 40)

= 25 400/400 = 63.5(元)

本月发出 W 材料的成本 = 320 × 63.5 = 20 320(元)

本月结存 W 材料的成本 = 80 × 63.5 = 5 080(元)

根据上述计算结果,发出和结存材料的成本如表 2.8 所示。

表 2.8 原材料明细账

存货类别：　　　　　　　　　　　　　　　　计量单位：kg
存货编号：　　　　　　　　　　　　　　　　最高存量：
存货名称及规格：W 材料　　　　　　　　　　最低存量：

202×年		凭证号数	摘要	收入			发出			结存		
月	日			数量	单价/元	金额/元	数量	单价/元	金额/元	数量	单价/元	金额/元
5	1	略	期初结存							60	50	3 000
	10		购入	180	60	10 800				240		
	13		发出				160			80		

续表

202×年		凭证号数	摘要	收入			发出			结存		
月	日			数量	单价/元	金额/元	数量	单价/元	金额/元	数量	单价/元	金额/元
	15		购入	120	70	8 400				200		
	20		发出				160			40		
	22		购入	40	80	3 200				80		
	31		合计	340		22 400	320	63.5	20 320	80	63.5	5 080

采用月末一次加权平均法计算发出存货成本,优点是成本计算工作比较简单,只在月末一次计算加权平均单位成本;在物价上涨或下跌时所计算出来的单位成本平均化,对存货成本的分摊较折中。缺点是这种方法无法从账面上提供发出存货和结存存货的单价及金额,不利于加强存货的日常管理。

3. 移动加权平均法

移动加权平均法与月末一次加权平均法的计算原理基本相同,不同的是月末一次加权平均法一个月只计算一次加权平均单位成本,而移动加权平均法每购进一次存货就要计算一次加权平均单位成本。

移动加权平均法是指以每次进货的成本加上原有库存存货的成本的合计额,除以每次进货数量加上原有库存存货数量的合计数,据以计算加权平均单位成本,作为在下次进货前计算各次发出存货成本依据的一种方法。计算公式如下:

$$存货单位成本 = (原有库存存货实际成本 + 本次进货的实际成本)/$$
$$(原有库存存货数量 + 本次进货数量)$$
$$本次发出存货的成本 = 本次发出存货数量 × 本次发货前的存货单位成本$$
$$本月月末库存存货成本 = 月末库存存货数量 × 本月月末存货单位成本$$

边学边做 2.17

1. 训练目的

根据案例,采用移动加权平均法计算甲公司 W 材料的发出成本和月末结存成本。

2. 案例设计

承接边学边做 2.15,甲公司采用移动加权平均法进行原材料成本核算。

3. 分析过程

第一批收货后的平均单位成本 = (3 000 + 10 800)/(60 + 180) = 57.5(元)

第一批发出存货的成本 = 160 × 57.5 = 9 200(元)

此时结存的存货成本 = 80 × 57.5 = 4 600(元)

第二批收货后的平均单位成本 = (4 600 + 8 400)/(80 + 120) = 65(元)

第二批发出存货的成本 = 160 × 65 = 10 400(元)

此时结存的存货成本 $=40\times65=2\,600(元)$

第三批收货后的平均单位成本 $=(2\,600+3\,200)/(40+40)=72.5(元)$

此时结存的存货成本 $=80\times72.5=5\,800(元)$

本月发出存货的成本 $=9\,200+10\,400=19\,600(元)$

根据上述计算结果,发出和结存材料的成本如表2.9所示。

表2.9 原材料明细账

存货类别：   计量单位：kg
存货编号：   最高存量：
存货名称及规格：W 材料   最低存量：

202×年		凭证号数	摘要	收入			发出			结存		
月	日			数量	单价/元	金额/元	数量	单价/元	金额/元	数量	单价/元	金额/元
5	1	略	期初结存							60	50	3 000
	10		购入	180	60	10 800				240	57.5	13 800
	13		发出				160	57.5	9 200	80	57.5	4 600
	15		购入	120	70	8 400				200	65	13 000
	20		发出				160	65	10 400	40	65	2 600
	22		购入	40	80	3 200				80	72.5	5 800
	31		合计	340		22 400	320		19 600	80	72.5	5 800

采用移动加权平均法计算发出存货成本,优点是能够使企业管理层及时了解存货的结存情况,计算的平均单位成本以及发出和结存的存货成本比较客观。缺点是每次收货都要计算一次平均单位成本,计算工作量较大,对收发货较频繁的企业不适用。

4. 个别计价法

个别计价法,亦称个别认定法、具体辨认法、分批实际法,采用这一方法是假设存货具体项目的实物流转与成本流转相一致,按照各种存货逐一辨认各批发出存货和期末存货所属的购进批别或生产批别,分别按其购入或生产时所确定的单位成本计算各批发出存货和期末存货成本的方法。在这种方法下,把每一种存货的实际成本作为计算发出存货成本和期末存货成本的基础。

采用个别计价法计算发出存货成本,优点是成本计算准确,符合实际情况。缺点是对发出和结存存货的批次辨认工作量较大。因此,这种方法适用于一般不能替代使用的存货、为特定项目专门购入或制造的存货以及提供的劳务,如珠宝、名画等贵重物品。

发出存货实际成本的确定,可以由企业从上述先进先出法、月末一次加权平均法、移动加权平均法、个别计价法等方法中选择。计价方法一经确定,不得随意变更。如需变更,应在财务报表附注中予以说明。

▶ 三、原材料核算

（一）原材料的内容

原材料是指企业在生产过程中经过加工改变其形态或性质并构成产品主要实体的各种原料、主要材料和外购半成品，以及不构成产品实体但有助于产品形成的辅助材料。原材料具体包括原料及主要材料、辅助材料、外购半成品（外购件）、修理用备件（备品备件）、包装材料、燃料等。

原材料的日常收发及结存可以采用实际成本法或计划成本法核算。

（二）采用实际成本法核算

1. 应设置的会计账户

实际成本法是指材料的收发及结存，无论总分类核算还是明细分类核算，均按照实际成本计价。在实际成本法下，企业应设置"原材料""在途物资"等账户。实际成本法不存在成本差异的计算与结转问题，适用于存货品种简单、材料收发业务较少的企业。

（1）原材料。为了反映和监督原材料的收入、发出和结存情况，企业应设置"原材料"账户进行核算。该账户属于资产类账户，应按材料的类别、品种、规格设置材料明细账，借方登记入库材料的实际成本，贷方登记发出材料的实际成本，期末余额在借方，反映企业库存材料的实际成本。

（2）在途物资。"在途物资"账户核算企业已经付款但尚未到达或尚未验收入库的各种原材料的采购成本，本账户应当按照供应单位和物资品种进行明细核算。"在途物资"账户的借方登记企业购入原材料的实际成本，贷方登记验收入库的原材料的实际成本，期末余额在借方，反映企业已经付款但尚未验收入库的在途物资的实际成本。

（3）应付账款。"应付账款"账户核算企业因购买材料、商品和接受劳务等经营活动应支付的款项。该账户属于负债类账户，贷方登记企业因购入材料、商品和接受劳务等尚未支付的款项，借方登记支付的应付账款，期末余额一般在贷方，反映企业尚未支付的应付账款。

（4）预付账款。"预付账款"账户核算企业因购买材料、商品和接受劳务等经营活动应预付的款项。该账户属于资产类账户，借方登记预付的款项和补付的款项，贷方登记收到所购物资时根据有关发票记入"原材料"等账户的金额及多付的款项，期末余额一般在借方，反映企业预付的款项。

（5）应交税费——应交增值税（进项税额）。该账户核算企业购入货物时向供货单位支付的可以抵扣的增值税税额。

2. 原材料的账务处理

（1）购入材料。由于支付方式不同，原材料入库的时间与付款的时间可能一致，也可能不一致，在账务处理上也有所不同。

① 发票账单与材料同时到达。这种情况下，企业应按确定的材料采购成本，借记"原材料"账户，根据增值税专用发票上注明的可抵扣的进项税额，借记"应交税费——应交增值税（进项税额）"账户，按照实际支付的金额，贷记"银行存款""其他货币资金"等账户。

边学边做 2.18

1. 训练目的

根据案例,完成 A 公司购入原材料的账务处理。

2. 案例设计

A 公司为增值税一般纳税企业,采用实际成本法进行存货的日常核算。202×年5月8日购入一批原材料,取得的增值税专用发票上记载的货款是 200 万元,增值税税额为 26 万元,全部款项已用银行存款支付,材料已验收入库。

3. 分析过程

A 公司验收入库的材料成本为 200 万元,记入"原材料"账户,可以抵扣的进项税额为 26 万元,记入"应交税费"账户,会计分录应为:

借:原材料   2 000 000

  应交税费——应交增值税(进项税额)   260 000

  贷:银行存款   2 260 000

② 发票账单已到,材料尚未到达或尚未验收入库。这种情况下,企业应根据发票账单确定的在途材料的采购成本,借记"在途物资"账户;根据增值税专用发票上注明的可抵扣的进项税额,借记"应交税费——应交增值税(进项税额)"账户;根据结算凭证,贷记"银行存款""应付票据"等账户。

边学边做 2.19

1. 训练目的

根据案例,完成甲公司购入原材料的账务处理。

2. 案例设计

甲公司为增值税一般纳税人,增值税税率为 13%。原材料采用实际成本法核算。202×年5月8日,购入 A 材料 3 000 千克,发票账单已收到,取得的增值税专用发票上记载的货款是 36 000 元,增值税税额为 4 680 元,支付保险费 1 000 元。材料尚未到达,款项已由银行存款支付。

3. 分析过程

甲公司 A 材料的采购成本 = 36 000 + 1 000 = 37 000(元),材料尚未到达,记入"在途物资"账户,会计分录应为:

借:在途物资   37 000

  应交税费——应交增值税(进项税额)   4 680

  贷:银行存款   41 680

③ 发票账单未到,货款未付,材料已经验收入库。期末,若发票账单仍未到达,因无法确

定实际成本,应先按照暂估价值入账,借记"原材料"账户,贷记"应付账款——暂估应付账款"账户。下月月初用红字冲销原暂估入账金额,等收到发票账单后再按照发票账单的金额记账,借记"原材料"和"应交税费——应交增值税(进项税额)"账户,贷记"银行存款"或"应付票据"等账户。

边学边做 2.20

1. 训练目的

根据案例,完成甲公司购入原材料的账务处理。

2. 案例设计

202×年6月,甲公司购入Y材料一批,材料已验收入库,月末发票账单尚未收到也无法确定其实际成本,暂估价值为30 000元。

上述购入的Y材料于次月收到发票账单,增值税专用发票上注明的价款为31 000元,增值税税额4 030元,对方代垫保险费2 000元,已用银行存款付讫。

3. 分析过程

(1)202×年6月购入Y材料,月末按暂估价入账:

借:原材料——Y材料　　　　　　　　　　　　　　　　　　30 000
　　贷:应付账款——暂估应付账款　　　　　　　　　　　　　　30 000

(2)202×年7月初,用红字冲销原暂估入账金额:

借:原材料——Y材料　　　　　　　　　　　　　　　　　　30 000
　　贷:应付账款——暂估应付账款　　　　　　　　　　　　　　30 000

收到发票账单时:

借:原材料——Y材料　　　　　　　　　　　　　　　　　　33 000
　　应交税费——应交增值税(进项税额)　　　　　　　　　　4 030
　　贷:银行存款　　　　　　　　　　　　　　　　　　　　　37 030

④ 货款已经预付,材料尚未验收入库。在预付货款时,按照实际支付的金额,借记"预付账款"账户,贷记"银行存款"等账户。在收到材料时,借记"原材料"等账户,贷记"预付账款"账户。

边学边做 2.21

1. 训练目的

根据案例,完成甲公司购入原材料的账务处理。

2. 案例设计

202×年8月8日,根据与ABC工厂的购销合同规定,甲公司为购买S材料向ABC工厂预付300 000元价款的80%,即240 000元,已通过汇兑方式汇出。

202×年8月20日,甲公司收到ABC工厂发运来的S材料,已验收入库。增值税专用发票上注明该批货物的价款 300 000 元,增值税税额 39 000 元,对方代垫包装费 9 000 元,所欠款项以银行存款付讫。

3. 分析过程

(1)202× 年 8 月 8 日,甲公司应编制如下会计分录:

借:预付账款——ABC 工厂　　　　　　　　　　　　　　240 000
　　贷:银行存款　　　　　　　　　　　　　　　　　　　　　240 000

(2)202× 年 8 月 20 日,甲公司应编制如下会计分录:

借:原材料——S 材料　　　　　　　　　　　　　　　　309 000
　　应交税费——应交增值税(进项税额)　　　　　　　　39 000
　　贷:预付账款　　　　　　　　　　　　　　　　　　　　240 000
　　　　银行存款　　　　　　　　　　　　　　　　　　　　108 000

(2)发出材料。工业企业在生产过程中的日常领用、发出材料业务比较频繁,为了简化核算,平时根据领料凭证一般只登记材料明细分类账,以反映各种材料的收发和结存余额。月末根据"领料单"或"限额领料单",按领用部门和用途进行归类汇总,编制"发料凭证汇总表",据以编制记账凭证并登记总分类账,进行材料发出的总分类核算。

情景案例2.3

甲公司在 202× 年 5 月份根据发料单汇总本月发出材料,编制"发料凭证汇总表",如表2.10 所示,据以进行本月发出材料的总分类核算。

表 2.10　甲公司 202× 年 5 月份发料凭证汇总表

应借科目		应贷科目			
		原料及主要材料	辅助材料	燃料	合计
生产成本——基本生产成本	1-15 日	46 580	4 560	1 830	52 970
	16-31 日	53 260	1 832	2 860	57 952
	小计	99 840	6 392	4 690	110 922
生产成本——辅助生产成本	1-15 日	13 860	530	850	15 240
	16-31 日	2 480	320	451	3 251
	小计	16 340	850	1 301	18 491
制造费用	1-15 日	5 460	720	307	6 487
	16-31 日	3 790	416		4 206
	小计	9 250	1 136	307	10 693
管理费用	1-15 日	3 208	123	200	3 531
	16-31 日	2 640	66		2 706
	小计	5 848	189	200	6 237

续表

应借科目		应贷科目			
		原料及主要材料	辅助材料	燃料	合计
销售费用	1～15日	880		100	980
	16～31日	700		60	760
	小计	1 580		160	1 740
合计		132 858	8 567	6 658	148 083

1. 编制会计分录

借：生产成本——基本生产成本　　　　　　　　　　　　　110 922
　　　　　　——辅助生产成本　　　　　　　　　　　　　 18 491
　　制造费用　　　　　　　　　　　　　　　　　　　　　 10 693
　　管理费用　　　　　　　　　　　　　　　　　　　　　　6 237
　　销售费用　　　　　　　　　　　　　　　　　　　　　　1 740
　　贷：原材料——原料及主要材料　　　　　　　　　　　　132 858
　　　　　　　——辅助材料　　　　　　　　　　　　　　　 8 567
　　　　　　　——燃料　　　　　　　　　　　　　　　　　 6 658

2. 实训操作

该业务办理流程如下：

（1）财产物资核算岗位会计根据日常每笔材料入库单，登记原材料明细账。

（2）月末编制发料凭证汇总表，填制记账凭证。

（3）填制记账凭证后，转给总账报表会计登记总账。

采用实际成本法核算，日常反映不出材料成本是节约还是超支，从而不能反映和考核物资采购业务的经营成果。在实务工作中，对于材料收发业务较多并且计划成本资料较为健全、准确的企业，一般可以采用计划成本法进行材料收发的核算。

（三）采用计划成本法核算

1. 应设置的会计账户

材料采用计划成本法核算时，材料的收发及结存，无论总分类核算还是明细分类核算，均按照计划成本计价。在计划成本法下，企业应设置"原材料""材料采购""材料成本差异"等账户。材料实际成本与计划成本的差异，单独通过"材料成本差异"账户进行核算。月末，计算本月发出材料应负担的成本差异并进行分摊，根据领用材料的用途计入相关资产的成本或者当期损益，从而将发出材料的计划成本调整为实际成本。

（1）"原材料"账户。在计划成本法下，"原材料"账户借方登记入库材料的计划成本，贷方登记发出材料的计划成本，期末余额在借方，反映企业库存材料的计划成本。

（2）"材料采购"账户。"材料采购"账户核算采用计划成本进行材料日常核算的企业所购入各种材料的采购成本，借方登记采购材料的实际成本，贷方登记入库材料的计划成本。该账户借方大于贷方表示超支,从本账户贷方转入"材料成本差异"账户的借方;贷方大于借方表示节约,从本账户借方转入"材料成本差异"账户的贷方;期末余额在借方,反映企业在途材料的采购成本。

(3)"材料成本差异"账户。"材料成本差异"账户核算企业已入库各种材料的实际成本与计划成本的差异,借方登记超支差异及发出材料应负担的节约差异,贷方登记节约差异及发出材料应负担的超支差异。若期末余额在借方,反映企业库存材料的实际成本大于计划成本的差异(即超支差异);若期末余额在贷方,反映企业库存材料实际成本小于计划成本的差异(即节约差异)。

2. 原材料的账务处理

(1)购入材料。

① 发票账单与材料同时到达。购入材料时,企业应根据发票账单上注明的实际采购成本,借记"材料采购"账户,根据可抵扣的进项税额,借记"应交税费——应交增值税(进项税额)"账户;根据收到的相关结算凭证,贷记"银行存款""应付票据""应付账款"等账户。

材料入库时,企业应按照计划成本借记"原材料"账户,同时冲销"材料采购"账户中记载的实际采购成本,差额记入"材料成本差异"账户。

边学边做 2.22

1. 训练目的

根据案例,完成甲公司计划成本法下购入原材料的账务处理。

2. 案例设计

202× 年 6 月 6 日,甲公司购入 W 材料一批,增值税专用发票上注明的价款为 3 000 000 元,增值税税额 390 000 元,发票账单已收到,计划成本为 3 200 000 元,已验收入库,全部款项以银行存款支付。

3. 分析过程

(1)购入材料时,甲公司应编制如下会计分录:

借:材料采购——W 材料	3 000 000
应交税费——应交增值税(进项税额)	390 000
贷:银行存款	3 390 000

(2)材料入库时,甲公司应编制如下会计分录:

借:原材料——W 材料	3 200 000
贷:材料采购——W 材料	3 000 000
材料成本差异	200 000

提示

在计划成本法下,购入的材料无论是否验收入库,都要先通过"材料采购"账户进行核算,以反映企业所购材料的实际成本,从而与"原材料"账户相比较,计算确定材料成本差异。

② 发票账单已到,材料尚未到达或尚未验收入库。这种情况下,企业应根据发票账单确定的材料实际成本,借记"材料采购"账户;根据增值税专用发票上注明的可抵扣的进项税额,借记"应交税费——应交增值税(进项税额)"账户;根据结算凭证,贷记"银行存款""应付票据""应付账款"等账户。

③ 发票账单未到,材料已经验收入库。期末,若发票账单未到达,因无法确定实际成本,应先按照计划成本暂估入账,借记"原材料"等账户,贷记"应付账款——暂估应付账款"账户。下月月初用红字冲销原暂估入账金额,等收到发票账单后再按照实际金额记账,借记"材料采购""应交税费——应交增值税(进项税额)"账户,贷记"银行存款"或"应付票据"等账户。

边学边做 2.23

1. 训练目的

根据案例,完成甲公司计划成本法下购入原材料的账务处理。

2. 案例设计

202×年5月28日,甲公司购入N材料一批,材料已验收入库,发票账单未到,月末应按照计划成本600 000元估价入账。

3. 分析过程

202×年5月31日,甲公司应编制如下会计分录:

借:原材料　　　　　　　　　　　　　　　　　　　600 000
　　贷:应付账款——暂估应付账款　　　　　　　　　　　600 000

下月初用红字冲销原暂估入账金额:

借:原材料　　　　　　　　　　　　　　　　　　　600 000
　　贷:应付账款——暂估应付账款　　　　　　　　　　　600 000

（2）发出材料。按照《企业会计准则第1号——存货》的规定,企业日常采用计划成本核算的,发出的材料应由计划成本调整为实际成本,以便能正确计算产品的生产成本和当期损益。

① 结转计划成本。月末,企业根据领料单等编制"发料凭证汇总表"结转发出材料的计划成本。根据所发出材料的不同用途,按计划成本分别借记"生产成本""制造费用""销售费用""管理费用"等账户,贷记"原材料"账户。

② 发出材料的成本差异分摊。分摊发出材料的成本差异,计算发出材料的实际成本,首先要计算材料成本差异率,然后根据发出材料计划成本和材料成本差异率,计算发出材料应负担的成本差异和发出材料的实际成本。其计算公式如下。

本月材料成本差异率 =（ 月初结存材料的成本差异 + 本月验收入库材料的成本差异 ）/
　　　　　　　　　　　（ 月初结存材料的计划成本 + 本月验收入库材料的计划成本 ）×100%

发出材料应负担的成本差异 = 发出材料的计划成本 × 材料成本差异率

发出材料的实际成本 = 发出材料的计划成本 ± 发出材料应负担的成本差异

材料成本差异率大于 0，表示成本超支；材料成本差异率小于 0，表示成本节约。计算出来的材料成本差异如为正数表示超支差异；如为负数表示节约差异。

月末，在结转发出材料应负担的超支差异时，借记"生产成本""管理费用""销售费用"等账户，贷记"材料成本差异"账户；在结转发出材料应负担的节约差异时，借记"材料成本差异"账户，贷记"生产成本""管理费用""销售费用"等账户。

需要说明的是，发出材料应负担的成本差异应当按期（月）分摊，不得在季末或年末一次计算。如果企业的材料成本差异率各期之间是比较均衡的，也可以采用期初材料成本差异率分摊本期的材料成本差异。年度终了，应对材料成本差异率进行核实调整。

边学边做 2.24

1. 训练目的

根据案例，计算甲公司发出材料应负担的成本差异及发出材料的实际成本，并完成相关的账务处理。

2. 案例设计

202× 年 6 月，甲公司月初结存 W 材料的计划成本为 200 000 元，成本差异为超支 6 148 元；当月入库 W 材料的计划成本 640 000 元，成本差异为节约 40 000 元。甲公司根据"发料凭证汇总表"的记录，当月 W 材料的消耗（计划成本）为：基本生产车间领用 400 000 元，辅助生产车间领用 120 000 元，车间管理部门领用 50 000 元，企业行政管理部门领用 10 000 元。

3. 分析过程

202× 年 6 月材料成本差异率 =（6 148 - 40 000）/（200 000 + 640 000）× 100%

$$= -4.03\%$$

基本生产车间领用 W 材料应分摊的材料成本差异 = 400 000 ×（-4.03%）= -16 120（元）

辅助生产车间领用 W 材料应分摊的材料成本差异 = 120 000 ×（-4.03%）= -4 836（元）

车间管理部门领用 W 材料应分摊的材料成本差异 = 50 000 ×（-4.03%）= -2 015（元）

行政管理部门领用 W 材料应分摊的材料成本差异 = 10 000 ×（-4.03%）= -403（元）

发出材料应负担的成本差异合计 = -16 120 - 4 836 - 2 015 - 403 = -23 374（元）

发出材料的实际成本 = 发出材料的计划成本 ± 发出材料应负担的成本差异

$$=（400 000 + 120 000 + 50 000 + 10 000）- 23 374$$

$$= 556 626（元）$$

结转发出材料应负担的成本差异，应编制如下会计分录：

借：材料成本差异——W 材料	23 374
贷：生产成本——基本生产成本	16 120
——辅助生产成本	4 836
制造费用	2 015
管理费用	403

边学边思

计划成本法与实际成本法在核算上有何区别?

▶ 四、周转材料核算

（一）周转材料概述

周转材料,是指企业能够多次使用,逐渐转移其价值但仍保持原有形态,不确认为固定资产的材料,主要包括包装物和低值易耗品。

1. 包装物

包装物,是指为了包装本企业商品而储备的各种包装容器,如桶、箱、瓶、坛、袋等。其核算内容包括:

（1）生产过程中用于包装产品作为产品组成部分的包装物;

（2）随同商品出售而不单独计价的包装物;

（3）随同商品出售单独计价的包装物;

（4）出租或出借给购买单位使用的包装物。

2. 低值易耗品

低值易耗品,是指单位价值较低,使用年限较短,不能作为固定资产的各种用具、设备,如工具、管理用具、玻璃器皿以及在经营过程中周转使用的包装容器等。

（二）周转材料的核算

1. 核算方法

周转材料可以采用实际成本计价核算,也可以采用计划成本计价核算。采用计划成本进行日常核算的,领用周转材料时,应同时结转应分摊的成本差异。

2. 摊销方法

与固定资产折旧类似,周转材料在多次使用的过程中也应考虑摊销的问题。按照现行会计制度规定,周转材料的摊销可以采用一次摊销法,也可以采用五五摊销法或分次摊销法。

（1）一次摊销法。一次摊销法是指在领用周转材料时,将其价值在领用时一次计入有关资产成本或当期损益的摊销方法,适用于价值较低或极易损耗的周转材料。为加强实物管理,企业应当在备查簿上进行登记。企业应当在领用周转材料时,按用途不同,将其全部价值借记"生产成本""管理费用""销售费用"等账户,贷记"周转材料"账户。

（2）五五摊销法。五五摊销法是指在周转材料领用时摊销其一半价值,在报废时再摊销其另一半价值的方法,适用于使用期限较长、单位价值较高或一次领用数量较大的周转材料。五五摊销法下,企业应分设"周转材料——在库""周转材料——在用""周转材料——摊销"等明细账户进行核算,具体会计分录如下。

购入周转材料时:

借:周转材料——在库**（按购买成本）**

贷：银行存款等

领用周转材料时：

借：周转材料——在用

　　贷：周转材料——在库

借：销售费用、管理费用、生产成本等（按摊销一半的账面价值）

　　贷：周转材料——摊销

周转材料报废时：

借：销售费用、管理费用、生产成本等（按摊销另一半的账面价值）

　　贷：周转材料——摊销

借：周转材料——摊销（转销全部的在用周转材料已计提的摊销额）

　　贷：周转材料——在用

（3）分次摊销法。分次摊销法是指根据周转材料的预计使用次数平均分摊其账面价值的方法，适用于可供多次反复使用的周转材料。在这种方法下，企业应分设"周转材料——在库""周转材料——在用""周转材料——摊销"等明细账户进行核算。比如周转材料预计使用5次，那么每次领用周转材料时，都按周转材料1/5的账面价值进行摊销。

3. 包装物的账务处理

为了反映和监督包装物的增减变动及其价值损耗、结存等情况，企业应当设置"周转材料——包装物"账户进行核算。该账户属于资产类账户，借方登记包装物的增加，贷方登记包装物的减少，期末余额在借方，通常反映企业期末结存包装物的金额。

对于生产领用的包装物，应根据领用包装物的实际成本或计划成本，借记"生产成本"账户，贷记"周转材料——包装物""材料成本差异"等账户。

随同商品出售而单独计价的包装物，一方面应反映其销售收入，计入其他业务收入；另一方面应反映其实际销售成本，计入其他业务成本。多次使用的包装物应当根据使用次数分次进行摊销。

随同商品出售而不单独计价的包装物，采用计划成本法核算时，应按其实际成本计入销售费用，借记"销售费用"账户，按其计划成本，贷记"周转材料——包装物"账户，按其差额，借记或贷记"材料成本差异"账户。

企业出租或出借包装物时，向客户收取的押金，借记"库存现金""银行存款"等账户，贷记"其他应付款——存入保证金"账户；退还押金时，编制相反的会计分录。出租或出借期间，其出租收入应计入其他业务收入，摊销成本计入其他业务成本（出租）或销售费用（出借）。

 **边学边做 2.25**

1. 训练目的

根据案例，完成计划成本法下生产领用包装物的账务处理。

2. 案例设计

甲公司对包装物采用计划成本核算，某月生产产品领用包装物的计划成本为 400 000 元，材料成本差异率为 −3%。

3. 分析过程

包装物的计划成本为 400 000 元,材料成本差异率 −3%,表示成本节约,所以实际成本 = 400 000 ×(1 − 3%)= 388 000(元)。按照领用包装物的实际成本,记入"生产成本"账户,按照计划成本冲减"周转材料——包装物"账户,差额记入"材料成本差异"账户,应编制如下会计分录:

借:生产成本　　　　　　　　　　　　　　　　　　　388 000
　　材料成本差异　　　　　　　　　　　　　　　　　　 12 000
　　　贷:周转材料——包装物　　　　　　　　　　　　　　　400 000

4. 低值易耗品的账务处理

为了反映和监督低值易耗品的增减变动及其结存情况,企业应当设置"周转材料——低值易耗品"账户。该账户属于资产类账户,借方登记低值易耗品的增加,贷方登记低值易耗品的减少,期末余额在借方,通常反映企业期末结存低值易耗品的金额。

边学边做 2.26

1. 训练目的

根据案例,完成实际成本法下低值易耗品分次摊销的账务处理。

2. 案例设计

甲公司的基本生产车间领用专用工具一批,实际成本为 100 000 元,不符合固定资产定义,采用分次摊销法进行摊销。该专用工具的估计使用次数为 4 次。

3. 分析过程

(1)领用专用工具时:

借:周转材料——低值易耗品——在用　　　　　　　　　100 000
　　　贷:周转材料——低值易耗品——在库　　　　　　　　　100 000

(2)第一次领用时摊销其价值的 1/4:

借:制造费用　　　　　　　　　　　　　　　　　　　　25 000
　　　贷:周转材料——低值易耗品——摊销　　　　　　　　　25 000

(3)第二次领用时摊销其价值的 1/4:

借:制造费用　　　　　　　　　　　　　　　　　　　　25 000
　　　贷:周转材料——低值易耗品——摊销　　　　　　　　　25 000

(4)第三次领用时摊销其价值的 1/4:

借:制造费用　　　　　　　　　　　　　　　　　　　　25 000
　　　贷:周转材料——低值易耗品——摊销　　　　　　　　　25 000

(5)第四次领用(报废)时摊销其价值的 1/4:

借:制造费用　　　　　　　　　　　　　　　　　　　　25 000
　　　贷:周转材料——低值易耗品——摊销　　　　　　　　　25 000

同时：

借：周转材料——低值易耗品——摊销　　　　　　　　　　　　100 000

　　贷：周转材料——低值易耗品——在用　　　　　　　　　　　100 000

▶ 五、委托加工物资核算

（一）委托加工物资的内容

委托加工物资是指企业委托外单位加工的各种材料、商品等物资。

企业委托外单位加工物资的成本包括加工中耗用物资的成本、支付的加工费及应负担的运杂费、支付的相关税费等。

（二）委托加工物资的核算

企业应当设置"委托加工物资"账户，用以反映和监督委托加工物资增减变动及其结存情况。该账户属于资产类账户，借方登记委托加工物资的实际成本，贷方登记加工完成验收入库的物资的实际成本和剩余物资的实际成本，期末余额在借方，反映企业尚未完工的委托加工物资的实际成本等。委托加工物资也可以采用计划成本或售价进行核算。

1. 发出物资

采用实际成本法核算的企业，在发出物资时，按照物资的实际成本，借记"委托加工物资"账户，贷记"原材料"账户。

采用计划成本或售价核算的企业，在发出物资时，按照物资的实际成本，借记"委托加工物资"账户，按照发出物资的计划成本，贷记"原材料"账户，同时结转材料成本差异或商品进销差价，贷记或借记"材料成本差异"或"商品进销差价"账户。

2. 发生加工费、运杂费等

企业实际发生加工费、运杂费等费用支出时，借记"委托加工物资"账户，贷记"银行存款"等账户。

3. 支付相关税费

（1）消费税。委托加工应税消费品，消费税由受托方代收代缴。受托方代收代缴的消费税是否可以抵扣需视不同情况而定。

企业委托加工的物资收回后对外出售（售价不高于受托方的计税价格）的，所支付的消费税计入委托加工物资的成本，借记"委托加工物资"账户，贷记"银行存款"等账户。

企业委托加工的物资收回后用于对外出售（售价高于受托方的计税价格）的，所支付的消费税可以抵扣，借记"应交税费——应交消费税"账户，贷记"银行存款"等账户。

企业委托加工的物资收回后继续生产应税消费品的，所支付的消费税可以抵扣，借记"应交税费——应交消费税"账户，贷记"银行存款"等账户。

企业委托加工的物资收回后继续生产非应税消费品的，所支付的消费税计入委托加工物资的成本，借记"委托加工物资"账户，贷记"银行存款"等账户。

（2）增值税。委托加工物资应负担的增值税，凡属于加工物资用于增值税应税项目并取得增值税专用发票的一般纳税人，其进项税额可以抵扣，借记"应交税费——应交增值税（进项税额）"账户，不计入委托加工物资的成本；否则，进项税额应计入委托加工物资的成本。

4. 加工完成验收入库

采用实际成本法核算的企业，委托加工物资加工完成验收入库时，按照实际成本借记"原材料"或"库存商品"账户，贷记"委托加工物资"账户。

采用计划成本或售价核算的企业，委托加工物资加工完成验收入库时，按照计划成本或售价借记"原材料"或"库存商品"账户，按实际成本，贷记"委托加工物资"账户，实际成本与计划成本或售价之间的差额，借记或贷记"材料成本差异"或"商品进销差价"账户。

边学边做 2.27

1. 训练目的

根据案例，完成实际成本法下委托加工物资的账务处理。

2. 案例设计

甲公司为一般纳税人，202×年5月委托乙公司加工一批商品（属于应税消费品），共计60件，甲公司对材料采用实际成本法核算，发出材料的实际总成本为12 000元，加工费为2 400元，增值税税率为13%，消费税税率为10%。该公司将委托加工物资收回后直接用于销售（售价不高于受托方计税价格）。加工费、乙单位代收代缴的消费税均未结算。

3. 分析过程

甲公司的会计分录如下：

（1）发出材料时：

借：委托加工物资　　　　　　　　　　　　　　　　　　　　　　　　12 000

　　贷：原材料　　　　　　　　　　　　　　　　　　　　　　　　　　　12 000

（2）计算增值税和消费税：

委托加工物资的增值税 = $2\,400 \times 13\% = 312$（元）

委托加工物资的消费税 = $(12\,000 + 2\,400)/(1 - 10\%) \times 10\% = 1\,600$（元）

借：委托加工物资　　　　　　　　　　　　　　　　　　　　　　　　　4 000

应交税费——应交增值税（进项税额）	312
贷：应付账款	4 312

（3）收回委托加工物资时：

借：原材料	16 000
贷：委托加工物资	16 000

▶ 六、库存商品核算

（一）库存商品的内容

库存商品是指企业已完成全部生产过程并已验收入库、合乎标准规格和技术条件，可以按照合同规定的条件送交订货单位，或可以作为商品对外销售的产品以及外购或委托加工完成验收入库用于销售的各种商品。

库存商品具体包括库存产成品、外购商品、存放在门市部准备出售的商品、发出展览的商品、寄存在外的商品、接受来料加工制造的代制品和为外单位加工修理的代修品等。已完成销售手续但购买单位在月末未提取的产品，不应作为企业的库存商品，而应作为代管商品处理，单独设置代管商品备查簿进行登记。

（二）库存商品的核算

企业应当设置"库存商品"账户，核算库存商品的增减变动及其结存情况，借方登记验收入库的库存商品成本，贷方登记发出的库存商品成本，期末余额在借方，反映各种库存商品的成本。

库存商品可以采用实际成本核算，也可以采用计划成本核算。计划成本法下，库存商品的核算原则与原材料类似，库存商品实际成本与计划成本的差异，可单独设置"产品成本差异"账户核算。

1. 商品验收入库

采用实际成本法核算的企业，当库存商品生产完成并验收入库时，应按实际成本，借记"库存商品"账户，贷记"生产成本——基本生产成本"账户。

2. 商品销售

企业对外销售商品时，应确认商品销售收入并结转销售成本，借记"主营业务成本"账户，贷记"库存商品"账户。已经计提减值准备的，还应结转相应减值准备，借记"存货跌价准备"账户。

3. 商品流通企业的库存商品核算

商品流通企业购入的商品可以采用进价或售价核算。采用售价核算的，商品售价和进价的差额，可通过"商品进销差价"账户核算。期末，应将归集的进销差价在已售商品和期末结存商品之间进行分摊，确定已售商品应负担的进销差价，将已售商品的销售成本调整为实际成本，借记"商品进销差价"账户，贷记"主营业务成本"账户。

商品流通企业的库存商品还可以采用毛利率法和售价金额核算法进行日常核算。

（1）毛利率法。毛利率法是指根据本期销售净额乘以上期实际（或本期计划）毛利率，匡算本期销售毛利，并据以计算发出存货和期末存货成本的一种方法。计算公式如下：

$$毛利率 = （销售毛利 / 销售净额）× 100\%$$
$$销售净额 = 商品销售收入 - 销售退回与折让$$
$$销售毛利 = 销售净额 × 毛利率$$
$$销售成本 = 销售净额 - 销售毛利 = 销售净额 × （1 - 毛利率）$$
$$期末存货成本 = 期初存货成本 + 本期购货成本 - 本期销售成本$$

这一方法是商品流通企业，尤其是商业批发企业常用的计算本期商品销售成本和期末库存商品成本的方法。商品流通企业由于经营商品的品种繁多，如果分品种计算商品成本，工作量将大大增加，而且商品流通企业同类商品的毛利率大致相同，因此采用这种计价方法既能减轻工作量，也能满足对存货管理的需要。

边学边做 2.28

1. 训练目的

掌握毛利率法下销售成本与期末存货成本的计算。

2. 案例设计

某商场采用毛利率法计算期末存货成本。A 类商品 202× 年 4 月 1 日期初成本为 4 000 万元，当月购货成本为 3 000 万元，当月销售收入为 6 000 万元。A 类商品第一季度实际毛利率为 30%。该商场 202× 年 4 月 A 类商品的销售成本为多少？4 月底 A 类商品的结存成本为多少？

3. 分析过程

4 月销售毛利 = 6 000 × 30% = 1 800（万元）

4 月 A 类商品的销售成本 = 6 000 - 1 800 = 4 200（万元）

4 月底 A 类商品的结存成本 = 4 000 + 3 000 - 4 200 = 2 800（万元）

（2）**售价金额核算法**。售价金额核算法是指平时商品的购入、加工收回、销售均按售价记账，售价与进价的差额通过"商品进销差价"账户核算，期末计算进销差价率和本期已售商品应分摊的进销差价，并据以调整本期销售成本的一种方法。由于从事商业零售业务的企业（如百货公司、超市等）经营的商品种类、品种、规格等繁多，而且要求按商品零售价格标价，采用其他成本计算结转方法均较困难，因此广泛采用这一方法。计算公式如下：

$$进销差价率 = （期初库存商品进销差价 + 本期购入商品进销差价）/$$
$$（期初库存商品售价 + 本期购入商品售价）× 100\%$$
$$本期销售商品应分摊的商品进销差价 = 本期商品销售收入 × 进销差价率$$
$$本期销售商品成本 = 本期商品销售收入 - 本期销售商品应分摊的商品进销差价$$
$$期末结存商品成本 = 期初库存商品进价成本 + 本期购进商品进价成本 - 本期销售商品成本$$

企业的商品进销差价率在各期之间一般比较均衡，所以也可以采用上期商品进销差价率分摊本期的商品进销差价。年度终了，应对商品进销差价进行核实调整。

采用售价金额核算法时，购入的商品验收入库后，应按商品售价借记"库存商品"账户，按商品进价贷记"银行存款""在途物资"等账户，按商品售价与进价之差贷记"商品进销差价"

账户。对外销售的商品在结转销售成本时,按商品进价借记"主营业务成本"账户,按已售商品应分摊的商品进销差价,借记"商品进销差价"账户,按商品售价贷记"库存商品"账户。

 边学边做 2.29

1. 训练目的

根据案例,完成某商场售价金额核算法下库存商品的账务处理。

2. 案例设计

某商场采用售价金额核算法进行核算,202×年7月期初库存商品的进价成本为 5 000 000元;售价总额为 5 500 000 元;本月购进该商品的进价成本为 3 750 000 元,售价总额为 4 500 000元;本月销售收入总额为 6 000 000 元;增值税税率为 13%。

3. 分析过程

商品进销差价率 =(500 000 + 750 000)/(5 500 000 + 4 500 000)× 100% = 12.5%

已售商品应分摊的商品进销差价 = 6 000 000 × 12.5% = 750 000(元)

本期销售商品的实际成本 = 6 000 000 − 750 000 = 5 250 000(元)

期末结存商品的实际成本 = 5 000 000 + 3 750 000 − 5 250 000 = 3 500 000(元)

根据上述计算结果,编制如下会计分录:

（1）本月购入商品时：

借：在途物资	3 750 000
应交税费——应交增值税（进项税额）	487 500
贷：银行存款	4 237 500

（2）购入商品在验收入库时：

借：库存商品	4 500 000
贷：在途物资	3 750 000
商品进销差价	750 000

（3）结转销售成本和已售商品应分摊的商品进销差价时：

借：主营业务成本	5 250 000
商品进销差价	750 000
贷：库存商品	6 000 000

▶ **七、存货清查**

（一）存货清查概述

存货清查是指通过对存货的实地盘点,确定存货的实有数量,并与账面结存数核对,从而确定存货实存数与账面结存数是否相符的方法。

（二）存货清查的账务处理

企业应当设置"待处理财产损溢"账户,反映和监督企业在财产清查中查明的各种存货的盘盈、盘亏和毁损情况。该账户借方登记存货的盘亏、毁损金额及盘盈的转销金额,贷方登记存货的盘盈金额及盘亏、毁损的转销金额。

在对存货进行盘点后,发现实存数与账存数不符的,应填写存货盘点报告表(如实存账存对比表),及时上报。查明原因后,按照审批意见记入"管理费用""营业外支出"等账户。企业清查的各种存货损溢,应在期末结账前处理完毕,期末处理后,"待处理财产损溢"账户无余额。

1. 存货盘盈

存货盘盈是指存货的实存数大于账存数。企业发生存货盘盈时,借记"原材料""库存商品"等账户,贷记"待处理财产损溢"账户;在按管理权限报经批准后,借记"待处理财产损溢"账户,贷记"管理费用"账户。

边学边做 2.30

1. **训练目的**

根据案例,完成甲公司存货盘盈的账务处理。

2. **案例设计**

甲公司在财产清查中盘盈 W 材料 2 000 千克,实际单位成本 60 元,经查属于材料收发计量方面的错误。

3. **分析过程**

甲公司应编制如下会计分录:

(1)批准处理前:

借:原材料	120 000	
贷:待处理财产损溢		120 000

(2)批准处理后:

借:待处理财产损溢	120 000	
贷:管理费用		120 000

2. 存货盘亏及毁损

存货盘亏及毁损是指存货的实存数小于账存数。企业发生存货盘亏及毁损时,借记"待处理财产损溢"账户,贷记"原材料""库存商品"等账户。在按管理权限报经批准后应作如下账务处理:对于入库的残料价值,记入"原材料"等账户;对于应由保险公司和过失人的赔款,记入"其他应收款"账户;扣除残料价值和应由保险公司、过失人赔款后的净损失,属于一般经营损失的部分,记入"管理费用"账户,属于非常损失的部分,记入"营业外支出"账户。

边学边做 2.31

1. **训练目的**

根据案例,完成甲公司存货毁损的账务处理。

2. 案例设计

甲公司因台风造成一批库存材料毁损,实际成本 70 000 元,根据保险责任范围及保险合同规定,应由保险公司赔偿 50 000 元。假定不考虑相关税费。

3. 分析过程

甲公司应编制如下会计分录:

(1)批准处理前:

借:待处理财产损溢　　　　　　　　　　　　　　　　70 000

　　贷:原材料　　　　　　　　　　　　　　　　　　　　　70 000

(2)批准处理后:

借:其他应收款　　　　　　　　　　　　　　　　　　50 000

　　营业外支出——非常损失　　　　　　　　　　　　20 000

　　贷:待处理财产损溢　　　　　　　　　　　　　　　　70 000

▶ 八、存货减值

(一)期末计量原则

存货取得时虽然以成本入账,但在持有过程中可能发生毁损、陈旧或价格下跌等情况,因此,在会计期末,存货的价值并不一定按成本记录。企业会计准则规定,资产负债表日,存货应按成本与可变现净值孰低计量。即当存货成本低于可变现净值时,期末存货按成本计价;当存货成本高于可变现净值时,期末存货按可变现净值计价。

成本是指存货的实际成本,即企业以历史成本取得存货后,根据购入、生产领用或销售等增减变动计算出来的期末存货成本。

可变现净值是指在日常生产经营活动中,存货的估计售价减去至完工时估计将要发生的成本、估计的销售费用以及估计的相关税费后的金额。

可变现净值表现为存货的预计未来净现金流量,而不是存货的市场售价或合同价格。具体计算如下:

1. 直接出售的存货

可变现净值 = 估计售价 – 估计的销售费用及相关税费

2. 加工后出售的材料存货

可变现净值 = 加工完毕产成品的估计售价 – 加工成本 – 估计的销售费用及相关税费

因为材料存货需要加工完毕后才能出售,其售价无法直接确定,所以这里的估计售价要采用加工完成的产成品的估计售价,而不能用材料存货的估计售价。

(二)存货跌价准备的会计处理

企业应当设置"存货跌价准备"账户,核算存货减值损失。该账户属于资产类账户的备抵账户,贷方登记计提的存货跌价准备,借方登记实际发生的存货跌价损失金额和冲减的存货跌价准备金额,期末余额一般在贷方,反映企业已计提但尚未转销的存货跌价准备。

1. 计提和转回

当存货成本高于其可变现净值时,表明存货发生减值,应计提存货跌价准备,借记"资产减值损失"账户,贷记"存货跌价准备"账户。

需要注意的是,在确定本期应计提的存货跌价准备金额时,应考虑以前是否已经计提过存货跌价准备。具体计算如下:

(1)以前未计提存货跌价准备。

本期计提的存货跌价准备=本期期末存货的成本-可变现净值

(2)以前已计提存货跌价准备。

本期计提的存货跌价准备=本期期末存货跌价准备的应有余额-

计提准备前存货跌价准备的已有余额

=(本期期末存货的成本-可变现净值)-

计提准备前存货跌价准备的已有余额

或者　　　　　　　　　　=本期期末存货的账面价值-可变现净值

当以前减记存货价值的影响因素消失时,减记的金额应予以恢复,并在原已计提的存货跌价准备金额内转回,转回的金额计入当期损益。转回存货跌价准备时,借记"存货跌价准备"账户,贷记"资产减值损失"账户。

边学边做 2.32

1. 训练目的

根据案例,完成甲公司存货跌价准备相关的账务处理。

2. 案例设计

2021年12月31日,甲公司W材料的账面余额(成本)为200 000元。由于市场价格下跌,预计可变现净值为160 000元。2022年6月30日,由于市场价格有所上升,使得W材料的预计可变现净值为190 000元。不考虑其他因素。

3. 分析过程

(1)2021年12月31日,应计提的存货跌价准备=200 000-160 000=40 000(元)。

借:资产减值损失——计提的存货跌价准备　　　　　　　40 000

　　贷:存货跌价准备　　　　　　　　　　　　　　　　　　　40 000

(2)2022年6月30日,应计提的存货跌价准备=(200 000-190 000)-40 000=
-30 000(元),即转回存货跌价准备30 000元。

借:存货跌价准备　　　　　　　　　　　　　　　　　　30 000

　　贷:资产减值损失——计提的存货跌价准备　　　　　　　30 000

2. 结转

企业销售已计提跌价准备的存货时,在结转销售成本的同时还应结转出售存货已计提的跌价准备,借记"存货跌价准备"账户,贷记"主营业务成本"等账户。

▶ 第五节 交易性金融资产

金融资产属于企业资产的重要组成部分。所谓金融,就是资金融通,就是筹资和投资,金融资产就是资金融通活动中形成的资产,如股票和债券。应收账款也是一项金融资产。应收账款是在一定信用政策下产生的,"信用"这个词就代表一种金融行为。金融资产的最大特征是能够在市场交易中为其所有者提供即期或远期的货币收入流量。

▶ 一、交易性金融资产概述

(一)交易性金融资产的内容

交易性金融资产主要是指企业为了近期内出售而持有的金融资产,如企业以赚取差价为目的从二级市场购入的股票、债券、基金等。

(二)交易性金融资产的特点

交易性金融资产具有以下四个特征:

(1)企业持有的时间较短。在初始确认时即确定其持有目的是短期获利。企业可利用暂时闲置的资金,进行短期投资获取一定收益,并计划在短期内出售,此处的短期一般不超过一年(包括一年)。

(2)变现能力强。交易性金融资产能够在公开市场上交易并且有明确的市价,持有目的决定了其随时可能出售,变现能力较强。

(3)持有目的具有投机性。交易性金融资产以赚取差价为目的,并不以控制被投资单位为目的。

(4)可以是权益性投资,也可以是债权性投资等。

▶ 二、交易性金融资产核算的账户设置

任何资产都存在"取得—持有期间—处置"这样一个过程,为了对交易性金融资产的取得、收取现金股利或利息、公允价值变动、出售等情况进行完整的核算和监督,企业应设置以下账户:

(一)"交易性金融资产"账户

该账户属于资产类账户,核算企业为交易目的所持有的债券投资、股票投资、基金投资等交易性金融资产的公允价值。按交易性金融资产的类别和品种,本账户应分别"成本""公允价值变动"进行明细核算。

"交易性金融资产——成本"明细账户借方核算企业取得交易性金融资产的成本,贷方核算企业出售交易性金融资产时结转的成本。

"交易性金融资产——公允价值变动"明细账户借方核算资产负债表日交易性金融资产的公允价值高于账面余额的差额,以及交易性金融资产出售时结转的公允价值变动(损失);贷方核算资产负债表日交易性金融资产的公允价值低于账面余额的差额,以及交易性金融资产出售时结转的公允价值变动(收益)。

本账户期末借方余额,反映企业持有的交易性金融资产的公允价值。

(二)"公允价值变动损益"账户

该账户属于损益类账户,核算交易性金融资产等因公允价值变动而形成的应计入当期损益的利得或损失,核算时常与"交易性金融资产——公允价值变动"账户一起出现。

"公允价值变动损益"账户借方核算资产负债表日交易性金融资产的公允价值低于账面余额的差额,贷方核算资产负债表日交易性金融资产的公允价值高于账面余额的差额。

(三)"应收股利(应收利息)"账户

该账户属于资产类账户,核算企业因股权投资(债权投资)而产生的现金股利(利息),以及已宣告但尚未发放的现金股利(已到付息期但尚未领取的债券利息)。

"应收股利(应收利息)"账户借方核算企业应收的现金股利(利息),贷方核算企业实际收回的现金股利(利息)。

(四)"投资收益"账户

该账户属于损益类账户,核算企业在持有交易性金融资产期间内取得的投资收益或发生的投资损失,以及处置交易性金融资产等实现的投资收益或发生的投资损失。

"投资收益"账户借方核算企业从取得到处置交易性金融资产过程中发生的投资损失,贷方核算企业从取得到处置交易性金融资产过程中实现的投资收益。

期末,"投资收益"账户余额结转至本年利润,结转后该账户无余额。

▶ 三、交易性金融资产的取得

企业在取得交易性金融资产时,应按该交易性金融资产取得时的公允价值作为其初始确认金额,借记"交易性金融资产——成本"账户;按发生的交易费用,借记"投资收益"账户;取得增值税专用发票的,进项税额经认证后可在当月销项税额中扣除,已宣告但尚未发放的现金股利或已到付息期但尚未领取的债券利息,应单独确认为应收项目,不应构成交易性金融资产的初始入账金额;按实际支付的金额,贷记"其他货币资金"等账户。

交易费用是指可直接归属于购买、发行或处置金融工具新增的外部费用,包括支付给代理机构、咨询公司、券商等的手续费和佣金及其他必要支出。

 边学边思

为什么取得交易性金融资产时支付的交易费用不计入交易性金融资产的初始入账金额,而作为一项投资损失?

企业取得交易性金融资产的会计处理如下：

借：交易性金融资产——成本（按取得时的公允价值）

  投资收益（按发生的交易费用）

  应交税费——应交增值税（进项税额）

  应收股利或应收利息（已宣告但尚未发放的现金股利或已到付息期但尚未领取的债券利息）

 贷：其他货币资金——存出投资款等（实际支付的款项）

 边学边做2.33

1. 训练目的

熟悉取得交易性金融资产时入账价值的确定。

2. 案例设计

甲公司通过证券公司购入某上市公司股票，将其划分为交易性金融资产，共支付款项为60万元，其中包含已宣告但尚未发放的现金股利3万元和交易费用1万元。该项交易性金融资产的入账价值为多少？

3. 分析过程

支付的交易费用计入投资收益，购买价款中包含的已宣告但尚未发放的现金股利不构成交易性金融资产的初始入账金额。计入交易性金融资产的金额 $= 60 - 3 - 1 = 56$（万元）。

 边学边做2.34

1. 训练目的

根据案例，完成甲公司取得交易性金融资产的账务处理。

2. 案例设计

202×年4月5日，甲公司从证券市场上购入B公司发行在外的股票100万股作为交易性金融资产，每股支付价款5元（含已宣告但尚未发放的现金股利1元），另支付相关费用2万元。

3. 分析过程

借：交易性金融资产——成本   4 000 000

  应收股利   1 000 000

  投资收益   20 000

 贷：其他货币资金——存出投资款   5 020 000

▶ 四、交易性金融资产的后续计量

（一）现金股利和利息的核算

企业持有交易性金融资产期间，对于被投资单位宣告发放的现金股利或在资产负债表日

按分期付息、一次还本债券投资的票面利率计算的利息,应确认为应收项目,借记"应收股利"或"应收利息"账户,贷记"投资收益"账户。收到上述现金股利或债券利息时,借记"其他货币资金"或"银行存款"账户,贷记"应收股利"或"应收利息"账户,会计分录如下:

借:应收股利(被投资单位宣告发放的现金股利 × 持股比例)

　　应收利息(债券面值 × 票面利率 × 持有期间)

　　　贷:投资收益

 **边学边做 2.35**

1. 训练目的

根据案例,完成甲公司取得交易性金融资产、收回及确认现金股利(利息)的账务处理。

2. 案例设计

甲公司202×年7月1日购入乙公司202×年1月1日发行的债券,支付价款为2 100万元(含已到付息期但尚未领取的债券利息40万元),另支付交易费用20万元(取得的增值税专用发票上注明的增值税税额为1.2万元)。7月5日收到上述40万元利息。该债券面值为2 000万元,票面年利率为4%(票面利率等于实际利率),每年的1月5日和7月5日付息一次,甲公司将其划分为交易性金融资产。

3. 分析过程

(1)1月7日取得交易性金融资产时:

借:交易性金融资产——成本　　　　　　　　　　　　　20 600 000

　　应收利息　　　　　　　　　　　　　　　　　　　　400 000

　　投资收益　　　　　　　　　　　　　　　　　　　　200 000

　　应交税费——应交增值税(进项税额)　　　　　　　　12 000

　　　贷:其他货币资金——存出投资款　　　　　　　　　21 212 000

(2)7月5日实际收到上半年利息时:

借:其他货币资金——存出投资款　　　　　　　　　　　400 000

　　　贷:应收利息(20 000 000×4%×6/12)　　　　　　400 000

(3)12月31日确认利息收入时:

借:应收利息　　　　　　　　　　　　　　　　　　　　400 000

　　　贷:投资收益　　　　　　　　　　　　　　　　　　400 000

(二)公允价值变动的核算

资产负债表日,交易性金融资产应按公允价值计量,公允价值与账面余额之差计入当期损益。

资产负债表日,交易性金融资产的公允价值高于账面余额时,应按差额借记"交易性金融资产——公允价值变动"账户,贷记"公允价值变动损益"账户。若公允价值低于账面余额,做相反的会计分录。

边学边做 2.36

1. 训练目的

根据案例,完成甲公司确认交易性金融资产公允价值变动的账务处理。

2. 案例设计

(1)承接边学边做 2.35,假定 202× 年 12 月 31 日该交易性金融资产的公允价值为 2 140 万元。

(2)承接边学边做 2.35,假定 202× 年 12 月 31 日该交易性金融资产的公允价值为 2 040 万元。

3. 分析过程

(1)202× 年 7 月 1 日交易性金融资产的初始成本为 2 060 万元,202× 年年末公允价值上升至 2 140 万元。

202× 年 12 月 31 日该交易性金融资产的公允价值变动 = 2 140 - 2 060 = 80(万元)

借:交易性金融资产——公允价值变动　　　　　　　　800 000

　　贷:公允价值变动损益　　　　　　　　　　　　　　　800 000

(2)202× 年 7 月 1 日交易性金融资产的初始成本为 2 060 万元,202× 年年末公允价值下降至 2 040 万元。

202× 年 12 月 31 日该交易性金融资产的公允价值变动 = 2 040 - 2 060 = -20(万元)

借:公允价值变动损益　　　　　　　　　　　　　　　200 000

　　贷:交易性金融资产——公允价值变动　　　　　　　200 000

▶ 五、交易性金融资产的处置

企业出售交易性金融资产时,应将该金融资产的出售净额与其账面价值之间的差额作为投资损益,记入"投资收益"账户。会计分录为:

借:银行存款或其他货币资金——存出投资款(按出售价款扣除手续费)

　　贷:交易性金融资产——成本

　　　　　　　　　　——公允价值变动(可能在借方)

　　投资收益(差额,也可能在借方)

边学边做 2.37

1. 训练目的

根据案例,计算甲公司出售交易性金融资产对 7 月份投资收益的影响,并编制相关的分录。

2. 案例设计

202× 年 5 月 1 日,甲公司以每股 6 元的价格购进某股票 60 万股作为交易性金融资产。6 月 30 日该股票收盘价格为每股 6.5 元。7 月 15 日甲公司以每股 7.5 元的价格将股票全部售出。

3. 分析过程

(1)甲公司出售交易性金融资产对 7 月份投资收益的影响 = 60×7.5 - 60×6.5 = 60(万元)

（2）确认交易性金融资产的处置损益时：

借：银行存款（或其他货币资金——存出投资款）（600 000×7.5）4 500 000
　　贷：交易性金融资产——成本　　　　　　　　　　　3 600 000
　　　　　　　　　　　　——公允价值变动　［（6.5−6）×600 000］300 000
　　　　投资收益　　　　　　　　　　　　　　　　　600 000

边学边思

为什么交易性金融资产不计提减值准备？

▶ 第六节　固定资产

▶ 一、固定资产概述

（一）固定资产的概念和特征

固定资产是指同时具有以下特征的有形资产：

（1）为生产商品、提供劳务、出租或经营管理而持有。

（2）使用寿命超过一个会计年度。

从这一定义可以看出，作为企业的固定资产应具备以下三个特征：

第一，固定资产是有形资产。固定资产具有实物形态，看得见、摸得着，如一台机器、一栋房屋等。这一特征将固定资产与无形资产区分开来。

第二，为生产商品、提供劳务、出租或经营管理而持有，而不是为了对外出售。这一特征将固定资产与存货等流动资产区分开来。

第三，使用寿命较长，一般超过一个会计年度。这一特征表明固定资产属于非流动资产。

（二）固定资产的分类

企业应根据不同的管理需要、核算要求以及分类标准，对固定资产进行分类，主要有以下几种分类方法：

1. 按经济用途分类

固定资产按经济用途分类，可分为生产经营用固定资产和非生产经营用固定资产。

生产经营用固定资产，是指直接服务于企业生产、经营过程的各种固定资产，如厂房、机器、设备、仓库、器具、工具等。

非生产经营用固定资产，是指不直接服务于企业生产、经营过程的各种固定资产，如职工宿舍、食堂等使用的房屋、设备和其他固定资产等。

2. 综合分类

固定资产按经济用途和使用情况等综合分类,可分为七大类:

（1）生产经营用固定资产。

（2）非生产经营用固定资产。

（3）租出固定资产（指企业在经营租赁方式下出租给外单位使用的固定资产）。

（4）不需用固定资产。

（5）未使用固定资产。

（6）土地（指过去已经估价单独入账的土地。因征地而支付的补偿费,应计入与土地有关的房屋、建筑物的价值内,不单独作为土地价值入账。企业取得的土地使用权,应作为无形资产管理和核算,不作为固定资产管理和核算）。

（7）租入固定资产（指企业除短期租赁和低价值资产租赁租入的固定资产,在租赁期内,应作为使用权资产进行核算与管理）。

由于企业的经营性质不同、经营规模各异,对固定资产的分类不可能完全一致。但实际工作中,企业大多采用综合分类的方法作为编制固定资产目录、进行固定资产核算的依据。

（三）固定资产核算的账户设置

企业一般应设置“固定资产”“累计折旧”“在建工程”“工程物资”“固定资产清理”“固定资产减值准备”账户,核算固定资产的取得、计提折旧、处置和减值等情况。

1.“固定资产”账户

“固定资产”账户核算企业持有固定资产原价的增减变动和结存情况。该账户属于资产类账户,可按固定资产类别和项目进行明细核算,借方登记固定资产原价的增加额,贷方登记固定资产原价的减少额,期末余额在借方,反映企业固定资产的原价。

2.“累计折旧”账户

“累计折旧”账户核算企业固定资产的累计折旧。它属于“固定资产”账户的备抵账户,贷方登记企业计提的固定资产折旧,借方登记处置固定资产转出的累计折旧,期末余额在贷方,反映企业固定资产的累计折旧额。

3.“固定资产减值准备”账户

“固定资产减值准备”账户核算企业固定资产的减值准备。它属于“固定资产”账户的备抵账户,贷方登记企业计提的固定资产减值准备,借方登记处置固定资产转出的减值准备,期末余额在贷方,反映企业已计提但尚未转销的固定资产减值准备。

4.“在建工程”账户

“在建工程”账户核算企业基建、更新改造等在建工程发生的支出,借方登记企业各项在建工程的实际支出,贷方登记完工工程转出的成本,期末余额在借方,反映企业尚未达到预定可使用状态的在建工程的成本。在建工程发生减值的,可以单独设置“在建工程减值准备”账户,比照“固定资产减值准备”账户进行处理。

5.“工程物资”账户

“工程物资”账户核算企业为在建工程准备的各种物资的成本,包括工程用材料、尚未安装的设备以及为生产准备的工器具等。该账户借方登记企业购入工程物资的成本,贷方登记领用工程物资的成本,期末余额在借方,反映企业为在建工程准备的各种物资的成本。工程物资发生减值的,可以单独设置"工程物资减值准备"账户,比照"固定资产减值准备"账户进行处理。

6. "固定资产清理"账户

"固定资产清理"账户核算企业因出售、报废、毁损、对外投资、非货币性资产交换、债务重组等原因转出的固定资产价值以及在清理过程中发生的费用等,可按被清理的固定资产项目进行明细核算。该账户借方登记转出的固定资产账面价值、清理过程中应支付的相关税费及其他费用,贷方登记固定资产清理完成的处理,期末借方余额,反映企业尚未清理完毕的固定资产清理净损失,期末如为贷方余额,则反映企业尚未清理完毕的固定资产清理净收益。

▶ 二、固定资产的初始计量

固定资产取得的来源包括购买、自行建造、接受投资者投入、接受捐赠等。本书主要讲解购买和自行建造固定资产成本的确定。

(一)外购固定资产

企业外购的固定资产,应按实际支付的购买价款、相关税费、使固定资产达到预定可使用状态前所发生的可归属于该项资产的运输费、装卸费、安装费和专业人员服务费等,作为固定资产的取得成本。其中,相关税费不包括按照现行增值税制度规定,可以从销项税额中抵扣的增值税进项税额。

企业作为一般纳税人,购入不需要安装的机器设备、管理设备等动产时,应按支付的购买价款、使固定资产达到预定可使用状态前所发生的可归属于该项资产的运输费、装卸费和专业人员服务费等,作为固定资产成本,借记"固定资产"账户,取得增值税专用发票、海关完税证明或公路发票等增值税扣税凭证,并经税务机关认证可以抵扣的,应按专用发票上注明的增值税进项税额,借记"应交税费——应交增值税(进项税额)"账户,贷记"银行存款""应付账款"等账户。

企业作为一般纳税人,购入需要安装的动产时,应在购入的固定资产取得成本的基础上加上安装调试成本作为入账成本。按照购入需安装的固定资产的取得成本,借记"在建工程"账户,按购入固定资产时可抵扣的增值税进项税额,借记"应交税费——应交增值税(进项税额)"账户,贷记"银行存款""应付账款"等账户;按照发生的安装调试成本,借记"在建工程"账户,按取得的外部单位提供的增值税专用发票上注明的增值税进项税额,借记"应交税费——应交增值税(进项税额)"账户,贷记"银行存款"等账户;耗用了本单位的材料或人工的,按应承担的成本金额,借记"在建工程"账户,贷记"原材料""应付职工薪酬"等账户。安装完成达到预定可使用状态时,由"在建工程"账户转入"固定资产"账户,借记"固定资产"账户,贷记"在建工程"账户。

边学边做 2.38

1. 训练目的

掌握外购固定资产成本的计算。

2. 案例设计

甲公司购入一台不需要安装即可投入使用的设备,取得的增值税专用发票上注明的价款为 10 000 元,增值税税额为 1 300 元,另支付包装费 300 元,款项以银行存款支付。假设甲公司属于增值税一般纳税人,增值税进项税额可以在销项税额中抵扣。甲公司购入设备的成本为多少?

3. 分析过程

甲公司购入设备的成本 = 固定资产买价 + 包装费 = 10 000 + 300 = 10 300(元)

企业以一笔款项购入多项没有单独标价的固定资产,应将各项资产单独确认为固定资产,并按各项固定资产公允价值的比例对总成本进行分配,分别确定各项固定资产的成本。

边学边做 2.39

1. 训练目的

根据案例,完成外购固定资产的账务处理。

2. 案例设计

甲公司向乙公司一次购进了三台不同型号且具有不同生产能力的设备 X、Y、Z,增值税专用发票上注明支付款项 20 000 000 元,增值税税额 2 600 000 元,包装费 150 000 元,全部以银行存款转账支付。假设设备 X、Y、Z 的公允价值分别为 9 000 000 元、7 700 000 元和 3 300 000 元。不考虑其他相关税费,甲公司为增值税一般纳税人,增值税进项税额可以在销项税额中抵扣,不纳入固定资产成本核算。

3. 分析过程

甲公司账务处理如下:

① 确定应计入固定资产成本的金额,包括购买价款、包装费:

应计入固定资产的成本 = 20 000 000 + 150 000 = 20 150 000(元)

② 确定设备 X、Y、Z 的价值分配比例:

X 设备应分配的固定资产价值比例 = 9 000 000/(9 000 000 + 7 700 000 + 3 300 000) × 100% = 45%

Y 设备应分配的固定资产价值比例 = 7 700 000/(9 000 000 + 7 700 000 + 3 300 000) × 100% = 38.5%

Z 设备应分配的固定资产价值比例 = 3 300 000/(9 000 000 + 7 700 000 + 3 300 000) × 100% = 16.5%

③ 确定 X、Y、Z 设备各自的成本:

X 设备的成本 = 20 150 000 × 45% = 9 067 500(元)

Y 设备的成本 = 20 150 000 × 38.5% = 7 757 750(元)

Z 设备的成本 = 20 150 000 × 16.5% = 3 324 750(元)

④ 甲公司应编制如下会计分录:

借:固定资产——X 设备　　　　　　　　　　　　　　9 067 500

——Y 设备	7 757 750
——Z 设备	3 324 750
应交税费——应交增值税（进项税额）	2 600 000
贷：银行存款	22 750 000

（二）自行建造固定资产

企业自行建造固定资产，应当按照建造该项资产达到预定可使用状态前所发生的必要支出，作为固定资产的成本。

企业自行建造固定资产包括自营和出包两种方式，由于采用的建造方式不同，其会计处理也不同。

1. 自营工程

自营工程，是指企业自行组织工程物资采购、自行组织施工人员施工的建筑工程和安装工程。自营建造固定资产的核算包括购入工程物资、工程建造和工程完工转入固定资产 3 个步骤，每个步骤的会计处理如下：

（1）购入工程物资。购入工程物资时，按已认证的增值税专用发票上注明的价款，借记"工程物资"账户，按增值税专用发票上注明的增值税进项税额，借记"应交税费——应交增值税（进项税额）"账户，按应实际支付或应付的金额，贷记"银行存款""应付账款"等账户。

（2）工程建造。在工程建造期间领用的工程物资、原材料、库存商品，应按其实际成本转入在建工程，借记"在建工程"账户，贷记"工程物资""原材料""库存商品"等账户。

自营方式建造固定资产发生的职工薪酬、其他费用等，也应计入工程项目成本，借记"在建工程"账户，贷记"应付职工薪酬""银行存款"等账户。

（3）工程完工转入固定资产。自营工程达到预定可使用状态时，按其成本，借记"固定资产"账户，贷记"在建工程"账户。

 边学边做 2.40

1. 训练目的

根据案例，完成甲公司自营建造固定资产的账务处理。

2. 案例设计

202× 年 5 月，甲公司采用自营方式自建厂房一幢，购入为工程准备的各种物资 100 000 元，支付的可以抵扣的增值税税额为 13 000 元，全部用于工程建设。领用本企业生产的水泥一批，实际成本为 16 000 元，适用的增值税税率为 13%，相关进项税额为 2 080 元。工程人员应计工资 20 000 元，支付的其他费用 6 000 元。工程完工并达到预定可使用状态。

3. 分析过程

甲公司应编制如下会计分录：

（1）购入工程物资时：

借：工程物资	100 000
应交税费——应交增值税（进项税额）	13 000

贷:银行存款	113 000

（2）工程领用工程物资时：

借:在建工程	100 000
贷:工程物资	100 000

（3）工程领用本企业生产的水泥时：

借:在建工程	16 000
贷:库存商品	16 000

（4）计提工程人员工资及支付其他费用时：

借:在建工程	26 000
贷:应付职工薪酬	20 000
银行存款	6 000

（5）工程完工时：

在建工程转入固定资产的成本 = 100 000 + 16 000 + 26 000 = 142 000（元）

借:固定资产	142 000
贷:在建工程	142 000

2. 出包工程

出包工程是指企业通过招标方式将工程项目发包给建造承包商,由建造承包商（即施工企业）组织施工的建筑工程和安装工程。在出包方式下,工程的具体支出主要由建造承包商核算,"在建工程"账户主要是反映企业与建造承包商办理工程价款结算的情况,企业支付给建造承包商的工程价款作为工程成本,计入在建工程。企业按合理估计的发包工程进度和合同规定向建造承包商结算的进度款,并由对方开具增值税专用发票,按增值税专用发票上注明的价款,借记"在建工程"账户,按增值税专用发票上注明的增值税进项税额,借记"应交税费——应交增值税（进项税额）"账户,按实际支付的金额,贷记"银行存款"账户,在工程达到预定可使用状态时,按其成本,借记"固定资产"账户,贷记"在建工程"账户。

边学边做 2.41

1. 训练目的

掌握出包建造固定资产成本的确定。

2. 案例设计

甲公司将一幢厂房的建造工程出包给丁公司承建,按合理估计的发包工程进度和合同规定向丁公司支付结算进度款 400 000 元,工程完工后,收到丁公司有关工程结算单据,补付工程款 200 000 元,最终工程完工并达到预定可使用状态。工程完工时,固定资产的入账价值为多少?

3. 分析过程

工程完工时,固定资产的入账价值 = 支付的工程结算进度款 + 补付的工程款 = 400 000 + 200 000 = 600 000（元）。

▶ 三、固定资产折旧

（一）固定资产折旧概述

1. 固定资产折旧的概念

固定资产的折旧是指固定资产在使用过程中由于各种损耗而减少的价值。折旧是由损耗决定的,固定资产的损耗价值应在其预计使用年限内进行分摊,形成各期的折旧费用。

企业应当在固定资产的使用寿命内,按照确定的方法对应计折旧额进行系统分摊。所谓应计折旧额,是指应当计提折旧的固定资产原价扣除其预计净残值后的金额,已计提减值准备的固定资产,还应当扣除已计提的固定资产减值准备累计金额。企业应当根据固定资产的性质和使用情况,合理确定固定资产的使用寿命和预计净残值。固定资产的使用寿命、预计净残值一经确定,不得随意变更。

2. 影响固定资产折旧的因素

影响固定资产折旧的因素主要有以下几个方面:

（1）固定资产原价,是指固定资产的成本。

（2）预计净残值,是指假定固定资产预计使用寿命已满并处于使用寿命终了时的预期状态,企业目前从该项资产处置中获得的扣除预计处置费用后的金额。

（3）固定资产减值准备,是指固定资产已计提的固定资产减值准备累计金额。

（4）固定资产的使用寿命,是指企业使用固定资产的预计期间,或者该固定资产所能生产产品或提供劳务的数量。企业确定固定资产使用寿命时,应当考虑该项资产预计生产能力或实物产量、该项资产预计有形损耗、该项资产预计无形损耗、法律或者类似规定对该项资产使用的限制等因素。

3. 固定资产折旧的范围

除以下情况外,企业应当对所有固定资产计提折旧:

（1）已提足折旧仍继续使用的固定资产。

（2）单独计价入账的土地。

在确定计提折旧的范围时,还应注意以下几点:

（1）固定资产应当按月计提折旧,当月增加的固定资产,当月不计提折旧,从下月起计提折旧;当月减少的固定资产,当月仍计提折旧,从下月起不再计提折旧。

（2）固定资产提足折旧后,不论能否继续使用,均不再计提折旧;提前报废的固定资产,也不再补提折旧。所谓提足折旧,是指已经提足该项固定资产的应计折旧额。

（3）已达到预定可使用状态但尚未办理竣工决算的固定资产,应当按照估计价值确定其成本,并计提折旧;待办理竣工决算后,再按实际成本调整原来的暂估价值,但不需要调整原已计提的折旧额。

企业至少应当于每年年度终了,对固定资产的使用寿命、预计净残值和折旧方法进行复核。使用寿命预计数与原先估计数有差异的,应当调整固定资产使用寿命。预计净残值预计数与原先估计数有差异的,应当调整预计净残值。与固定资产有关的经济利益预期实现方式有重大改变的,应当改变固定资产折旧方法。固定资产使用寿命、预计净残值和折旧方法的改变按照会计估计变更进行会计处理。

（二）固定资产的折旧方法

企业应当根据与固定资产有关的经济利益的预期实现方式,合理选择固定资产折旧方法。可选用的折旧方法包括年限平均法、工作量法、双倍余额递减法和年数总和法等。固定资产的折旧方法一经确定,不得随意变更。

1. 年限平均法

年限平均法又称直线法,是指将固定资产的应计折旧额均衡地分摊到固定资产预计使用寿命内的一种方法。采用这种方法计算的每期折旧额均相等。计算公式如下:

$$预计净残值率 = 预计净残值 / 原价 × 100\%$$
$$年折旧率 = (1 - 预计净残值率) ÷ 预计使用寿命(年)$$
$$年折旧额 = (固定资产原价 - 预计净残值) / 预计使用年限$$
$$月折旧率 = 年折旧率 ÷ 12$$
$$月折旧额 = 固定资产原价 × 月折旧率$$

边学边做 2.42

1. 训练目的

掌握年限平均法下固定资产折旧的计算。

2. 案例设计

甲公司有一幢厂房,原价为 8 000 000 元,预计可使用 20 年,预计报废时的净残值率为 3%。该厂房的折旧率和折旧额分别为多少?

3. 分析过程

年折旧率 = (1 - 3%)/20 = 4.85%

年折旧额 = 8 000 000 × 4.85% = 388 000(元)

月折旧率 = 4.85%/12 = 0.40%

月折旧额 = 8 000 000 × 0.40% = 32 000(元)

2. 工作量法

工作量法,是根据实际工作量计算每期应提折旧额的一种方法。基本计算公式如下:

$$单位工作量折旧额 = 固定资产原价 × (1 - 预计净残值率) / 预计总工作量$$
$$某项固定资产月折旧额 = 该项固定资产当月工作量 × 单位工作量折旧额$$
$$某项固定资产年折旧额 = 该项固定资产当年工作量 × 单位工作量折旧额$$

边学边做 2.43

1. 训练目的

掌握工作量法下固定资产折旧的计算。

2. 案例设计

甲公司有一辆运货的卡车,原价为 400 000 元,预计总行驶里程为 350 000 千米,预计报废时的净残值率为 3%,本月行驶里程 3 000 千米。该卡车的月折旧额为多少?

3. 分析过程

单位里程折旧额 = 400 000 ×（1 − 3%）/350 000 = 1.11（元 / 千米）

该卡车的月折旧额 = 3 000 × 1.11 = 3 330（元）

3. 双倍余额递减法

双倍余额递减法,是指在不考虑固定资产预计净残值的情况下,根据每期期初固定资产原价减去累计折旧后的金额（即固定资产净值）和双倍的直线法折旧率计算固定资产折旧的一种方法。计算公式如下:

$$年折旧率 = 2 ÷ 预计使用寿命（年）× 100\%$$

$$年折旧额 = 固定资产净值 × 年折旧率$$

$$月折旧率 = 年折旧率 ÷ 12$$

$$月折旧额 = 固定资产净值 × 月折旧率$$

由于每年年初固定资产净值没有扣除预计净残值,因此,在应用这种方法计算折旧额时必须注意不能使固定资产的净值降低到其预计净残值以下,即采用双倍余额递减法计提折旧的固定资产,一般在其折旧年限到期前两年内,将固定资产净值扣除预计净残值后的余额平均摊销。

边学边做 2.44

1. 训练目的

掌握双倍余额递减法下固定资产折旧的计算。

2. 案例设计

甲公司某项设备原价为 180 万元,预计使用寿命为 5 年,预计净残值率为 4%;假设甲公司没有对该机器设备计提减值准备。该设备每年应计提的折旧额为多少?

3. 分析过程

甲公司按双倍余额递减法计提折旧,每年折旧额计算如下:

年折旧率 = 2/5 × 100% = 40%

第一年应提的折旧额 = 180 × 40% = 72（万元）

第二年应提的折旧额 =（180 − 72）× 40% = 43.2（万元）

第三年应提的折旧额 =（180 − 72 − 43.2）× 40% = 25.92（万元）

从第四年起改按年限平均法（直线法）计提折旧:

第四年、第五年应提的折旧额 =（180 − 72 − 43.2 − 25.92 − 180 × 4%）÷ 2 = 15.84（万元）

4. 年数总和法

年数总和法,又称年限合计法,是将固定资产的原价减去预计净残值的余额,乘以一个以固定资产尚可使用寿命为分子、以预计使用寿命逐年数字之和为分母的逐年递减的分数计算每年的折旧额。计算公式如下：

年折旧率 = 尚可使用寿命 / 预计使用寿命的年数总和 × 100%

年折旧额 =（固定资产原价 - 预计净残值）× 年折旧率

月折旧率 = 年折旧率 ÷ 12

月折旧额 =（固定资产原价 - 预计净残值）× 月折旧率

 边学边做 2.45

1. 训练目的

掌握年数总和法下固定资产折旧的计算。

2. 案例设计

沿用边学边做 2.44 的资料。

3. 分析过程

采用年数总和法计算各年的折旧额，如表 2.11 所示。

表 2.11 年数总和法下折旧额计算表　　　　　单位：万元

年份	尚可使用年限	原价 - 净残值	变动折旧率	年折旧额	累计折旧
1	5	172.8	5/15	57.6	57.6
2	4	172.8	4/15	46.08	103.68
3	3	172.8	3/15	34.56	138.24
4	2	172.8	2/15	23.04	161.28
5	1	172.8	1/15	11.52	172.8

双倍余额递减法和年数总和法都属于加速折旧法，其特点是在固定资产使用的早期多提折旧，后期少提折旧，其递减的速度逐年加快，从而相对加快折旧的速度，目的是使固定资产成本在估计使用寿命内加快得到补偿。

 边学边思

双倍余额递减法和年数总和法的折旧计算有何不同之处？

（三）固定资产折旧的账务处理

固定资产应当按月计提折旧，计提的折旧应通过"累计折旧"账户核算，并根据用途计入相关资产的成本或者当期损益：

（1）企业基本生产车间所使用的固定资产，其计提的折旧应计入生产成本或制造费用。

（2）管理部门所使用的固定资产，其计提的折旧应计入管理费用。

（3）销售部门所使用的固定资产，其计提的折旧应计入销售费用。

（4）自行建造固定资产过程中使用的固定资产，其计提的折旧应计入在建工程成本。

（5）经营租出的固定资产，其计提的折旧应计入其他业务成本。

（6）未使用的固定资产，其计提的折旧应计入管理费用。

 **边学边做 2.46**

1. 训练目的

根据案例，完成甲公司202×年1月份计提固定资产折旧的账务处理。

2. 案例设计

甲公司202×年1月份固定资产计提折旧情况如下：

第一生产车间厂房计提折旧7.6万元，机器设备计提折旧9万元。

管理部门房屋建筑物计提折旧13万元，运输工具计提折旧4.8万元。

销售部门房屋建筑物计提折旧6.4万元，运输工具计提折旧5.26万元。

此外，本月第一生产车间新购置一台设备，原价为122万元，预计使用寿命10年，预计净残值2万元，按年限平均法计提折旧。

3. 分析过程

本例中，新购置的设备本月不提折旧，应从202×年2月开始计提折旧。甲公司202×年1月份计提折旧的账务处理如下：

借：制造费用——第一生产车间　　　　　　　　　　　166 000

　　管理费用　　　　　　　　　　　　　　　　　　178 000

　　销售费用　　　　　　　　　　　　　　　　　　116 600

　　贷：累计折旧　　　　　　　　　　　　　　　　　　460 600

▶ 四、固定资产后续支出

企业的固定资产在投入使用后，由于各个组成部分耐用程度不同或使用条件不同，往往会发生固定资产的局部损坏。为了保持固定资产的正常运转和使用，就会产生必要的后续支出。

固定资产的后续支出是指固定资产在使用过程中发生的更新改造支出、修理费用等。后续支出如果能使得流入企业的经济利益增加，比如延长固定资产的使用寿命，或固定资产生产产品的成本实质性降低，或生产产品的质量实质性提高等，则该后续支出符合固定资产的确认条件，应计入固定资产账面价值。后续支出如果不能使得流入企业的经济利益增加，则该后续支出不符合固定资产的确认条件，应计入当期损益。

固定资产的后续支出符合固定资产确认条件的，应当计入固定资产成本，被称为资本化后续支出，如有被替换的部分，同时将被替换部分的账面价值扣除；不符合固定资产确认条件的，应当在发生时计入当期损益，被称为费用化后续支出。

（一）资本化的后续支出

固定资产发生可资本化的后续支出时，企业应将该固定资产的原价、已计提的累计折旧和减值准备转销,将固定资产的账面价值转入在建工程,借记"在建工程""累计折旧""固定资产减值准备"等账户,贷记"固定资产"账户;发生的可资本化的后续支出,借记"在建工程"账户,贷记"银行存款"等账户。在固定资产发生的后续支出完工并达到预定可使用状态时,借记"固定资产"账户,贷记"在建工程"账户。

企业发生的固定资产后续支出涉及替换原固定资产某组成部分的,当发生的后续支出符合固定资产确认条件时,应将其计入固定资产成本,同时将被替换部分的账面价值扣除。

企业对固定资产进行定期检查发生的大修理费用,符合资本化条件的,可以计入固定资产成本;不符合资本化条件的,应当费用化,计入当期损益。固定资产在定期大修理间隔期间,照提折旧。

边学边做 2.47

1. 训练目的

掌握固定资产更新改造后入账价值的确定。

2. 案例设计

某企业对一条生产线进行改建。该生产线原价为 200 万元,已提折旧为 45 万元。改建过程中发生支出 40 万元,被替换部分的账面价值为 15 万元。该生产线改建后的成本为多少?

3. 分析过程

该生产线改建后的入账价值 =(200-45)+40-15=180(万元)。

边学边做 2.48

1. 训练目的

根据案例,完成甲航空公司 2022 年飞机更换部件的账务处理。

2. 案例设计

甲航空公司 2013 年 12 月份购入一架飞机总计花费 8 000 万元(含发动机),发动机当时的购价为 500 万元。甲航空公司未将发动机单独作为一项固定资产进行核算。2022 年年初,甲航空公司开辟新航线,航程增加。为延长飞机的空中飞行时间,公司决定更换一部性能更为先进的发动机。新发动机的成本为 700 万元,另支付安装费用 0.1 万元。假定飞机的年折旧率为 3%,不考虑预计净残值和相关税费的影响,替换下的老发动机报废且无残值收入。

3. 分析过程

(1)2022 年年初,飞机的累计折旧金额 =8 000×3%×8=1 920(万元)。将固定资产转入在建工程时:

借:在建工程	60 800 000	
累计折旧	19 200 000	
贷:固定资产		80 000 000

(2)安装新发动机:

借:在建工程	7 001 000

　　　　　贷：工程物资　　　　　　　　　　　　　　　　　　　　7 000 000

　　　　　　　银行存款　　　　　　　　　　　　　　　　　　　　　　1 000

　　（3）2022年年初旧发动机的账面价值＝500－500×3%×8＝380（万元），终止确认旧发动机的账面价值：

　　　　　借：营业外支出——非流动资产处置损失　　　　　　　　3 800 000

　　　　　　　贷：在建工程　　　　　　　　　　　　　　　　　　　3 800 000

　　（4）新发动机安装完毕，投入使用，固定资产的入账价值＝6 080＋700.1－380＝6 400.1（万元）：

　　　　　借：固定资产　　　　　　　　　　　　　　　　　　　　64 001 000

　　　　　　　贷：在建工程　　　　　　　　　　　　　　　　　　64 001 000

（二）费用化的后续支出

　　与固定资产有关的修理费用等后续支出，不符合固定资产确认条件的，应当根据不同情况分别在发生时计入当期管理费用或销售费用。

　　企业生产车间（部门）和行政管理部门发生的固定资产日常修理费用，借记"管理费用"账户，贷记"银行存款"等账户；企业专设销售机构发生的固定资产日常修理费用，借记"销售费用"账户，贷记"银行存款"等账户。

▶ 五、固定资产的处置

　　企业在日常的生产经营过程中，可能将不适用或不需用的固定资产对外出售转让，或因过度磨损、技术进步等原因对固定资产进行报废，或因遭受自然灾害而对毁损的固定资产进行处理，以及将固定资产进行对外投资、非货币性资产交换、债务重组等。上述事项都属于固定资产的处置，应当按照规定程序办理有关手续，结转固定资产的账面价值，计算有关的清理收入、清理费用及残料价值等。

　　固定资产处置应通过"固定资产清理"账户核算，具体会计处理包括以下几个步骤：

　　（1）固定资产转入清理。企业因出售、报废、毁损、对外投资、非货币性资产交换、债务重组等转出的固定资产，按该项固定资产的账面价值，借记"固定资产清理"账户；按已计提的累计折旧，借记"累计折旧"账户；按已计提的减值准备，借记"固定资产减值准备"账户；按其账面原价，贷记"固定资产"账户。

　　（2）发生的清理费用等。固定资产清理过程中，按应支付的清理费用及其可抵扣的增值税进项税额，借记"固定资产清理""应交税费——应交增值税（进项税额）"账户，贷记"银行存款"等账户。

　　（3）收回出售价款、残料价值和变价收入等。收回出售固定资产的价款和税款，借记"银行存款"账户，按增值税专用发票上注明的价款，贷记"固定资产清理"账户，按增值税专用发票上注明的增值税销项税额，贷记"应交税费——应交增值税（销项税额）"账户。残料入库，按残料价值，借记"原材料"等账户，贷记"固定资产清理"账户。

　　（4）保险赔偿等的处理。企业计算应由保险公司或过失人赔偿的损失，借记"其他应收款"等账户,贷记"固定资产清理"账户。

(5)清理净损益的处理。对于固定资产清理净损失或净收益,属于正常出售、转让所产生的利得或损失,借记或贷记"资产处置损益"账户,贷记或借记"固定资产清理"账户;属于已丧失使用功能正常报废所产生的利得或损失,形成利得时,借记"固定资产清理"账户,贷记"营业外收入——非流动资产处置利得"账户,形成损失时,借记"营业外支出——非流动资产报废损失"账户,贷记"固定资产清理"账户;属于自然灾害等非正常原因造成的损失,借记"营业外支出——非常损失"账户,贷记"固定资产清理"账户。

 边学边做 2.49

1. 训练目的

掌握固定资产处置净损益的计算。

2. 案例设计

乙公司现有一台设备由于性能等原因决定提前报废,原价为 500 000 元,已计提折旧 450 000 元,未计提减值准备。报废时的残值变价收入为 20 000 元,报废清理过程中发生清理费用 3 500 元。有关收入、支出均通过银行办理结算。假定不考虑相关税费的影响。该设备处置净损益为多少?

3. 分析过程

该设备处置净损益 $= 20\,000 - 3\,500 - (500\,000 - 450\,000) = -33\,500$(元),即产生处置净损失 33 500 元。

 边学边做 2.50

1. 训练目的

根据案例,完成固定资产处置的账务处理。

2. 案例设计

202× 年 5 月,甲公司出售一座建筑物,原价为 4 000 000 元,已计提折旧 2 000 000 元,未计提减值准备,实际收到的不含税价款为 2 400 000 元,应缴纳的增值税为 216 000 元(适用增值税税率为 9%,不考虑其他税费),款项已通过银行存款收回。

3. 分析过程

甲公司应编制如下会计分录:

(1)将出售固定资产转入清理时:

借:固定资产清理   2 000 000

  累计折旧   2 000 000

   贷:固定资产   4 000 000

(2)收到出售固定资产的含税价款时:

借:银行存款   2 616 000

   贷:固定资产清理   2 400 000

应交税费——应交增值税（销项税额）	216 000

（3）结转出售固定资产实现的利得时：

借：固定资产清理	400 000
贷：资产处置损益	400 000

▶ 六、固定资产的清查

企业应当定期或者至少于每年年末对固定资产进行清查盘点，以保证固定资产核算的真实性和完整性，充分挖掘企业现有固定资产的潜力。在固定资产清查过程中，如果发现盘盈、盘亏的固定资产，应当填制固定资产盘盈盘亏报告表，并及时查明原因，按照规定程序报批处理。

（一）固定资产盘盈

固定资产盘盈是指固定资产实存数量大于账面数量。企业出现的固定资产盘盈一般是以前会计期间少计、漏计而产生的，因此《企业会计准则第 28 号——会计政策、会计估计变更和差错更正》中将固定资产盘盈作为前期差错处理。企业在财产清查中盘盈的固定资产，在按管理权限报经批准处理前应先通过"以前年度损益调整"账户核算。盘盈的固定资产，应按重置成本确定其入账价值，借记"固定资产"账户，贷记"以前年度损益调整"账户，由于以前年度损益调整而增加的所得税费用，借记"以前年度损益调整"账户，贷记"应交税费——应交所得税"账户；将"以前年度损益调整"账户余额转入留存收益时，借记"以前年度损益调整"账户，贷记"盈余公积""利润分配——未分配利润"账户。

边学边做 2.51

1. 训练目的

根据案例，完成固定资产盘盈的账务处理。

2. 案例设计

2022 年 1 月 5 日，甲公司在财产清查过程中发现 2020 年 12 月份购入的一台设备尚未入账，重置成本为 60 000 元（假定与其计税基础不存在差异）。假定甲公司按净利润的 10% 提取法定盈余公积，不考虑相关税费及其他因素的影响。

3. 分析过程

甲公司应编制如下会计分录：

（1）盘盈固定资产时：

借：固定资产	60 000
贷：以前年度损益调整	60 000

（2）结转为留存收益时：

借：以前年度损益调整	60 000
贷：盈余公积——法定盈余公积	6 000
利润分配——未分配利润	54 000

（二）固定资产盘亏

固定资产盘亏是指固定资产实存数量小于账面数量。企业在财产清查中盘亏的固定资产，在未报经批准处理时，按盘亏固定资产的账面价值，借记"待处理财产损溢——待处理固定资产损溢"账户；按已计提的累计折旧，借记"累计折旧"账户；按已计提的减值准备，借记"固定资产减值准备"账户；按固定资产的账面原价，贷记"固定资产"账户。在按照管理权限报经批准后处理时，按可收回的保险赔偿或过失人赔偿，借记"其他应收款"账户，按应计入营业外支出的金额，借记"营业外支出——盘亏损失"账户，贷记"待处理财产损溢——待处理固定资产损溢"账户。

 边学边做 2.52

1. 训练目的

根据案例，完成固定资产盘亏的账务处理。

2. 案例设计

甲公司进行财产清查时发现短缺一台笔记本电脑，原价为 9 000 元，已计提折旧 6 000 元。

3. 分析过程

甲公司应编制如下会计分录：

（1）盘亏固定资产时：

借：待处理财产损溢——待处理固定资产损溢	3 000	
累计折旧	6 000	
贷：固定资产		9 000

（2）报经批准转销时：

借：营业外支出——盘亏损失	3 000	
贷：待处理财产损溢——待处理固定资产损溢		3 000

▶ 七、固定资产的减值

（一）固定资产减值的概念

固定资产减值是指固定资产的可收回金额低于其账面价值的差额。固定资产的可收回金额是指固定资产的公允价值减去处置费用后的净额与预计未来现金流量现值两者之间的较高者。

 边学边思

为什么可收回金额要按两者之间的较高者确定？

（二）固定资产减值的迹象

为了客观、真实、准确地反映期末固定资产的实际价值，若固定资产发生了减值的迹象，期末企业应对固定资产进行减值测试,以此确定固定资产的减值损失。

下列情况表明固定资产发生了减值的迹象:

(1)资产的市价在当期大幅度下跌,其跌幅明显高于因时间的推移或者正常使用而预计的下跌。

(2)企业经营所处的经济、技术或者法律等环境以及资产所处的市场在当期或者将在近期发生重大变化,从而对企业产生不利影响。

(3)市场利率或者其他市场投资报酬率在当期已经提高,从而影响企业计算资产预计未来现金流量现值的折现率,导致资产可收回金额大幅度降低。

(4)有证据表明资产已经陈旧过时或者其实体已经损坏。

(5)资产已经或者将被闲置、终止使用或者计划提前处置。

(6)企业内部报告的证据表明资产的经济绩效已经低于或者将低于预期。

(7)其他有可能表明资产发生减值的情况。

(三)固定资产减值准备的会计处理

在资产负债表日,固定资产可收回金额低于其账面价值的,企业应当将该固定资产的账面价值减记至可收回金额,减记的金额确认为减值损失,计入当期损益,同时计提相应的资产减值准备,借记"资产减值损失——计提的固定资产减值准备"账户,贷记"固定资产减值准备"账户。

固定资产减值损失一经确认,在以后会计期间不得转回。已提减值准备的固定资产,应按照固定资产的账面价值以及尚可使用寿命重新计算确定折旧率和折旧额。

边学边做 2.53

1. 训练目的

根据案例,完成甲公司固定资产减值的账务处理。

2. 案例设计

202×年12月31日,甲公司的某生产线存在可能发生减值的迹象。经计算,该机器的可收回金额合计为3 000 000元,账面价值为3 500 000元,以前年度未对该生产线计提过减值准备。

3. 分析过程

202×年12月31日,由于该生产线的可收回金额为3 000 000元,账面价值为3 500 000元。可收回金额低于账面价值,应计提固定资产减值准备500 000(3 500 000−3 000 000)元。甲公司应编制如下会计分录:

借:资产减值损失——计提的固定资产减值准备　　　　　　　　　500 000
　　贷:固定资产减值准备　　　　　　　　　　　　　　　　　　　500 000

边学边做 2.54

1. 训练目的

掌握固定资产账面价值的计算。

2. 案例设计

甲公司 2021 年 12 月 31 日购入一台设备,入账价值为 200 万元,预计使用寿命为 10 年,预计净残值为 20 万元,采用年限平均法计提折旧。2022 年 12 月 31 日该设备存在减值迹象,经测试预计可收回金额为 120 万元。2022 年 12 月 31 日该设备的账面价值应为多少?

3. 分析过程

固定资产的账面价值 = 固定资产原价 − 累计折旧 − 累计计提的固定资产减值准备。2022 年年末,确定减值之前固定资产的账面价值 = 200 − (200 − 20)/10 = 182(万元),大于可收回金额 120 万元,因此固定资产发生了减值,应计提固定资产减值准备 62 万元。因此 2022 年 12 月 31 日该设备的账面价值 = 182 − 62 = 120(万元),即减值以后固定资产应该按照可收回金额确认账面价值。

▶ 第七节 无形资产

▶ 一、无形资产概述

(一)无形资产的概念和特征

无形资产,是指企业拥有或者控制的没有实物形态的可辨认非货币性资产。相对于其他资产而言,无形资产具有以下 4 个主要特征:

1. 不具有实物形态

无形资产是不具有实物形态的非货币性资产,它不像固定资产、存货等有形资产具有实物形体。

2. 具有可辨认性

资产满足下列条件之一的,符合无形资产定义中的可辨认性标准:

(1)能够从企业中分离或者划分出来,并能单独或者与相关合同、资产或负债一起,用于出售、转让、授予许可、租赁或者交换。

(2)源自合同性权利或其他法定权利,无论这些权利是否可以从企业或其他权利和义务中转移或者分离。

商誉的存在无法与企业自身分离,不具有可辨认性,不属于本节中提到的无形资产。

3. 属于非货币性长期资产

无形资产属于非货币性资产且能够在多个会计期间为企业带来经济利益。无形资产的使用年限在一年以上,其价值将在各个受益期间逐渐摊销。

4. 持有目的是生产经营使用而非出售

企业持有无形资产的目的不是出售,而是生产经营,即利用无形资产来生产商品、提供劳务、出租或为企业经营管理服务。比如,软件公司开发的用于对外销售的计算机软件,对于购买方而言属于无形资产。

（二）无形资产的内容

无形资产主要包括专利权、非专利技术、商标权、著作权、特许权和土地使用权等。

1. 专利权

专利权是指国家专利主管机关依法授予发明创造专利申请人对其发明创造在法定期限内所享有的专有权利，包括发明专利权、实用新型专利权和外观设计专利权。

《中华人民共和国专利法》明确规定，专利人拥有的专利权受到国家法律保护，其持有者享有独家使用或控制的特权，但它并不保证一定能给持有者带来经济效益，如有的专利可能会被另外更有经济价值的专利所淘汰等。因此，企业不应将其所拥有的一切专利权都予以资本化，作为无形资产管理和核算。一般而言，只有从外单位购入的专利或者自行开发并按法律程序申请取得的专利，才能作为无形资产管理和核算。这种专利可以降低成本，或者提高产品质量，或者将其转让出去能获得转让收入。

2. 非专利技术

非专利技术，也称专有技术，它是指不为外界所知、在生产经营活动中已采用了的、不享有法律保护的、可以带来经济效益的各种技术和诀窍。非专利技术一般包括工业专有技术、商业贸易专有技术、管理专有技术等。

非专利技术并不是专利法的保护对象，非专利技术所有人依靠自我保密的方式来维持其独占权，可以用于转让和投资。

3. 商标权

商标是用来辨认特定的商品或劳务的标记。商标权指专门在某类指定的商品或产品上使用特定的名称或图案的权利。

《中华人民共和国商标法》明确规定，经商标局核准注册的商标为注册商标，商标注册人享有商标专用权，受法律的保护。

企业自创的商标并将其注册登记，所花费用一般不大，是否将其资本化并不重要。能够给拥有者带来获利能力的商标，往往是通过多年的广告宣传和其他传播商标名称的手段，以及客户的信赖等树立起来的。广告费一般不作为商标权的成本，而是在发生时直接计入当期损益。

商标可以转让。如果企业购买他人的商标，一次性支出费用较大的，可以将其资本化，作为无形资产管理。这时，应根据购入商标的价款、支付的手续费及有关费用作为商标的成本。

4. 著作权

著作权又称版权，指作者对其创作的文学、科学和艺术作品依法享有的某些特殊权利。

著作权包括两方面的权利，即精神权利（人身权利）和经济权利（财产权利）。前者指作品署名、发表作品、确认作者身份、保护作品的完整性、修改已经发表的作品等各项权利，包括作品署名权、发表权、修改权和保护作品完整权；后者指以出版、表演、广播、展览、录制唱片、摄制影片等方式使用作品以及因授权他人使用作品而获得经济利益的权利。

5. 特许权

特许权，又称经营特许权、专营权，指企业在某一地区经营或销售某种特定商品的权利或是一家企业接受另一家企业使用其商标、商号、技术秘密等的权利。通常有两种形式，一种是由政府机构授权，准许企业使用或在一定地区享有经营某种业务的特权，如水、电、邮电通信等专营权、烟草专卖权等；另一种指企业间依照签订的合同，有限期或无限期使用另一家企业的某些权利,如连锁店分店使用总店的名称等。

6. 土地使用权

土地使用权,指国家准许某企业在一定期间内对国有土地享有开发、利用、经营的权利。根据我国《土地管理法》的规定,我国土地实行公有制,任何单位和个人不得侵占、买卖或者以其他形式非法转让。土地使用权可以依法转让。企业取得土地使用权的方式大致有以下几种:行政划拨取得、外购取得及投资者投资取得。

(三)无形资产的分类

1. 按使用年限是否可确定分类

按使用年限是否可确定,无形资产可以分为使用寿命确定的无形资产和使用寿命不确定的无形资产两类。专利权、商标权、土地使用权等都属于使用寿命确定的无形资产,非专利技术属于使用寿命不确定的无形资产。

2. 按取得方式分类

按取得方式不同,无形资产可以分为外购的无形资产、自行研发的无形资产、接受投资者投入的无形资产、接受捐赠的无形资产等。

(四)无形资产核算的账户设置

为了反映和监督无形资产的取得、摊销和处置等情况,企业应当设置"无形资产""研发支出""累计摊销""无形资产减值准备"等账户进行核算。

1. "无形资产"账户

"无形资产"账户核算企业持有的无形资产成本,该账户属于资产类账户,借方登记取得无形资产的成本,贷方登记出售无形资产转出的无形资产账面余额,期末余额在借方,反映企业持有的无形资产成本。

2. "研发支出"账户

"研发支出"账户核算企业进行研究与开发无形资产过程中发生的各项支出,该账户属于成本类账户,可按研究开发项目,分"费用化支出""资本化支出"进行明细核算。该账户借方登记企业自行开发无形资产实际发生的研发支出,贷方登记研究开发项目达到预定用途形成无形资产的转出金额以及期末转出的费用化支出金额,期末余额在借方,反映企业正在进行无形资产研究开发项目满足资本化条件的支出。

3. "累计摊销"账户

"累计摊销"账户核算企业对使用寿命有限的无形资产计提的累计摊销,该账户属于无形资产的备抵账户,可按无形资产项目进行明细核算。该账户贷方登记企业按期计提的无形资产摊销额,借方登记处置无形资产时结转的累计摊销额,期末余额在贷方,反映企业无形资产的累计摊销额。

4. "无形资产减值准备"账户

"无形资产减值准备"账户核算企业无形资产的减值准备,该账户属于无形资产的备抵账户,可按无形资产项目进行明细核算。该账户贷方登记计提的无形资产减值准备,借方登记处置无形资产时结转的减值准备金额,期末余额在贷方,反映企业已计提但尚未转销的无形资产减值准备。

▶ 二、无形资产的取得

无形资产应当按照实际成本进行初始计量,即以取得无形资产并使其达到预定用途发生的全部支出作为无形资产的成本。无形资产的取得方式不同,其成本构成也不尽相同。

（一）外购的无形资产

外购的无形资产,其成本包括购买价款、相关费用以及直接归属于使该项资产达到预定用途所发生的其他支出,不包括按规定可以抵扣的增值税进项税额。其中,直接归属于使该项资产达到预定用途所发生的其他支出包括使无形资产达到预定用途所发生的专业服务费用、测试无形资产是否能够正常发挥作用的费用等,但不包括为引入新产品进行宣传发生的广告费、管理费用及其他间接费用,也不包括无形资产已经达到预定用途以后发生的费用。

边学边做 2.55

1. 训练目的

掌握外购无形资产成本的确定。

2. 案例设计

甲公司购入一项专利技术,购买价款 1 000 万元、相关费用 20 万元,为使无形资产达到预定用途所发生的专业服务费用 70 万元、测试无形资产是否能够正常发挥作用的费用 10 万元。专利技术的入账价值为多少?

3. 分析过程

专利技术的入账价值 = 1 000 + 20 + 70 + 10 = 1 100（万元）。

（二）自行研究开发的无形资产

企业内部研究开发项目所发生的支出应区分研究阶段支出和开发阶段支出。关于研究阶段与开发阶段的具体划分,企业应根据自身实际情况以及相关信息加以判断。

1. 研究阶段

研究是指为获取新的技术和知识等进行的有计划的调查,有关研究活动的例子包括:意于获取知识而进行的活动;研究成果或其他知识的应用研究、评价和最终选择;材料、设备、产品、工序、系统或服务替代品的研究;新的或经改进的材料、设备、产品、工序、系统或服务的可能替代品的配制、设计、评价和最终选择等。

研究阶段具有计划性和探索性的特点,它为进一步的开发活动进行资料及相关方面的准备,这一阶段不会形成阶段性成果,即通过开发后是否会形成无形资产均有很大的不确定性,企业也无法证明其研究活动一定能够形成带来未来经济利益的无形资产,因此,研究阶段的有关支出在发生时应当费用化计入当期损益。

2. 开发阶段

开发是指在进行商业性生产或使用前,将研究成果或其他知识应用于某项计划或设计,以生产出新的或具有实质性改进的材料、装置、产品等。有关开发活动的例子包括：生产前或使用前的原型和模型的设计、建造和测试；含新技术的工具、夹具、模具和冲模的设计；不具有商业性生产经济规模的试生产设施的设计、建造和运营；新的或经改造的材料、设备、产品、工序、系统或服务所选定的替代品的设计、建造和测试等。

相对于研究阶段而言，开发阶段对项目的开发具有针对性，形成成果的可能性较大。由于开发阶段相对于研究阶段更进一步，且很大程度上形成一项新产品或新技术的基本条件已经具备，此时如果企业能够证明满足无形资产的定义及相关确认条件，所发生的开发支出可以资本化，确认为无形资产的成本。开发阶段的支出资本化确认为无形资产，必须同时满足下列条件：

（1）完成该无形资产以使其能够使用或出售在技术上具有可行性。

（2）具有完成该无形资产并使用或出售的意图。

（3）无形资产产生经济利益的方式，包括能够证明运用该无形资产生产的产品。

（4）有足够的技术、财务资源和其他资源支持，以完成该无形资产的开发，并有能力使用或出售该无形资产。

（5）归属于该无形资产开发阶段的支出能够可靠计量。

3. 内部研发无形资产的计量

内部研发活动形成的无形资产，其成本由可直接归属于该资产的创造、生产并使该资产能够以管理层预定的方式运作的所有必要支出组成。可直接归属成本包括研发该无形资产时耗费的材料、劳务成本、注册费、在研发该无形资产过程中使用的其他专利权和特许权的摊销、按照借款费用准则规定可以资本化的利息支出，以及为使该无形资产达到预定用途前所发生的其他费用。

在研发无形资产过程中发生的，除上述可直接归属成本之外的其他销售费用、管理费用等间接费用、无形资产达到预定用途前发生的可辨认的无效和初始运作损失、为运行该无形资产发生的培训支出等不构成无形资产的研发成本。

值得强调的是，内部研发无形资产的成本仅包括在满足资本化条件的时点至无形资产达到预定用途前发生的支出总和，对于同一项无形资产在研发过程中达到资本化条件之前已经费用化计入损益的支出不再进行调整。

4. 内部研究开发费用的账务处理

企业研究阶段的支出全部费用化，计入当期损益（管理费用）；开发阶段的支出符合资本化条件的才能资本化，不符合资本化条件的计入当期损益（管理费用）。如果确实无法区分研究阶段的支出和开发阶段的支出，应将其所发生的研发支出全部费用化，计入当期损益。

企业自行开发无形资产发生的研发支出，未满足资本化条件的，借记“研发支出——费用化支出”账户；满足资本化条件的，借记“研发支出——资本化支出”账户；贷记“原材料”“银行存款”“应付职工薪酬”等账户。自行研究开发无形资产发生的支出取得增值税专用发票可抵扣的进项税额，借记“应交税费——应交增值税（进项税额）”账户。

期末，不符合资本化条件的研发支出应转入当期管理费用，借记“管理费用”账户，贷记“研发支出——费用化支出”账户；符合资本化条件但尚未完工的开发费用仍然放在“研发支出——资本化支出”账户中，待研究开发项目达到预定用途形成无形资产时，借记“无形资产”账户，贷记“研发支出——资本化支出”账户。

边学边做 2.56

1. 训练目的

根据案例，完成内部研究开发费用的账务处理。

2. 案例设计

甲公司自行研究开发一项新产品专利技术，截至 2021 年年底，发生研发支出合计 300 万元，已用银行存款支付，经测试该项研发活动完成了研究阶段，从 2022 年 1 月 1 日起进入开发阶段。2022 年发生材料费 400 万元、人工工资 100 万元，假定符合开发支出资本化的条件。2022 年 9 月 30 日，该项研发活动结束，最终开发出一项专利技术。假定不考虑相关税费。

3. 分析过程

甲公司应编制如下会计分录：

（1）2021 年发生的研发支出：

借：研发支出——费用化支出　　　　　　　　　　　　　　　3 000 000
　　贷：银行存款　　　　　　　　　　　　　　　　　　　　　　　3 000 000

（2）2021 年 12 月 31 日，发生的研发支出全部属于研究阶段的支出：

借：管理费用　　　　　　　　　　　　　　　　　　　　　　　3 000 000
　　贷：研发支出——费用化支出　　　　　　　　　　　　　　　　3 000 000

（3）2022 年，发生开发支出并满足资本化确认条件：

借：研发支出——资本化支出　　　　　　　　　　　　　　　　5 000 000
　　贷：原材料　　　　　　　　　　　　　　　　　　　　　　　　4 000 000
　　　　应付职工薪酬　　　　　　　　　　　　　　　　　　　　　1 000 000

（4）2022 年 9 月 30 日，该技术研发完成并形成无形资产：

借：无形资产　　　　　　　　　　　　　　　　　　　　　　　5 000 000
　　贷：研发支出——资本化支出　　　　　　　　　　　　　　　　5 000 000

▶ 三、无形资产摊销

（一）无形资产摊销概述

企业应当于取得无形资产时分析判断其使用寿命。使用寿命有限的无形资产应进行摊销。使用寿命不确定的无形资产不应摊销。

对于使用寿命有限的无形资产，应在其预计使用寿命内采用系统合理的方法对应摊销金额进行摊销。其中应摊销金额是指无形资产成本扣除预计净残值后的金额，无形资产的残值通常视为零。

无形资产应当自可供使用（即其达到预定用途）当月起开始摊销，终止确认时停止摊销，即当月增加的无形资产，当月开始摊销；当月减少的无形资产，当月不再摊销。

无形资产的摊销方法包括年限平均法（即直线法）、生产总量法等。企业选择的无形资产的摊销方法，应当反映与该项无形资产有关的经济利益的预期实现方式。例如，受技术陈旧因素影响较大的专利权和专有技术等无形资产,可采用类似固定资产加速折旧的方法进行摊销;有特定产量限制的特许经营权或专利权,应采用产量法进行摊销。无法可靠确定预期实现方式的,应当采用直线法摊销。

企业至少应当于每年年度终了,对无形资产的使用寿命和摊销方法进行复核,如果有证据表明无形资产的使用寿命和摊销方法不同于以前的估计,应改变其摊销年限和摊销方法。摊销年限和摊销方法的变更属于会计估计变更。

(二)无形资产摊销的账务处理

无形资产的摊销额一般应当计入当期损益。企业自用的无形资产,其摊销金额计入管理费用;出租的无形资产,其摊销金额计入其他业务成本;某项无形资产包含的经济利益通过所生产的产品或其他资产实现的,其摊销金额应当计入相关资产成本。

 边学边做 2.57

1. 训练目的

根据案例,完成无形资产摊销的账务处理。

2. 案例设计

202×年6月1日,甲公司将其自行开发完成的非专利技术出租给丁公司,该非专利技术成本为 1 800 000 元,双方约定的租赁期限为 10 年(等于预计使用寿命),采用直线法摊销,到期无残值。

3. 分析过程

甲公司每月的摊销额 = 1 800 000 ÷ 10 ÷ 12 = 15 000(元)。每月摊销时,甲公司应编制如下会计分录:

借:其他业务成本　　　　　　　　　　　　　　　　15 000
　　贷:累计摊销　　　　　　　　　　　　　　　　　　　15 000

▶ 四、无形资产的处置

无形资产的处置,主要是指无形资产出售、对外出租、对外捐赠,或者是无法为企业带来未来经济利益时,应予转销并终止确认。

(一)无形资产的出租

企业将所拥有的无形资产的使用权让渡给他人,并收取租金,属于与企业日常活动相关的其他经营活动取得的收入,在满足收入准则规定的确认标准的情况下,应确认相关的收入及成本。

出租无形资产时,取得的租金收入,借记"银行存款"等账户,贷记"其他业务收入"账户;摊销出租无形资产的成本并发生与转让有关的各种费用支出时,借记"其他业务成本"账户,贷记"累计摊销""应交税费"等账户。

1. 训练目的

根据案例,完成无形资产出租的账务处理。

2. 案例设计

甲公司将一项专利技术出租给另外一个企业使用,该专利技术账面余额为 5 000 000 元,摊销期限为 10 年,出租合同规定,承租方每销售一件用该专利生产的产品,必须付给出租方 10 元专利技术使用费。假定承租方当年销售该产品 10 万件。假定不考虑其他相关税费。

3. 分析过程

当年的租金收入 = 10 × 100 000 = 1 000 000(元)

当年应计提的摊销额 = 5 000 000/10 = 500 000(元)

甲公司(出租方)的账务处理如下:

借:银行存款   1 000 000

    贷:其他业务收入   1 000 000

借:其他业务成本   500 000

    贷:累计摊销   500 000

(二)无形资产的出售

企业出售无形资产,表明企业放弃无形资产的所有权,应按所取得的价款与该无形资产账面价值的差额,借记或贷记"资产处置损益"账户。

正常出售、转让无形资产时,应按实际收到的金额,借记"银行存款"等账户;按已摊销的累计摊销额,借记"累计摊销"账户;原已计提减值准备的,借记"无形资产减值准备"账户;按应支付的相关税费,贷记"应交税费"等账户;按其账面余额,贷记"无形资产"账户;按其差额,贷记或借记"资产处置损益"账户。

1. 训练目的

根据案例,完成无形资产出售的账务处理。

2. 案例设计

202× 年 11 月 8 日,甲公司将拥有的一项自用土地使用权出售,取得不含税价款 8 000 000 元。应缴纳的增值税为 720 000 元(适用增值税税率 9%,不考虑其他税费)。该土地使用权的账面余额为 7 000 000 元,累计摊销额为 3 500 000 元,已计提的减值准备为 2 000 000 元。

3. 分析过程

无形资产的出售净损益 = 8 000 000 −(7 000 000 − 3 500 000 − 2 000 000)= 6 500 000(元),即产生处置利得 6 500 000 元。甲公司的账务处理如下:

借:银行存款   8 720 000

累计摊销	3 500 000
无形资产减值准备	2 000 000
贷：无形资产	7 000 000
应交税费——应交增值税（销项税额）	720 000
资产处置损益	6 500 000

（三）无形资产的报废

如果无形资产预期不能为企业带来未来经济利益，例如该无形资产已被其他新技术所替代或不再受到法律保护，不能再给企业带来经济利益，则不再符合无形资产的定义，应将其转销。转销时，应按已摊销的累计摊销额，借记"累计摊销"账户；原已计提减值准备的，借记"无形资产减值准备"账户；按其账面余额，贷记"无形资产"账户；按其差额，借记"营业外支出"账户。

▶ 五、无形资产的减值

企业在资产负债表日应判断无形资产是否存在可能发生减值的迹象，如果有确凿证据表明无形资产存在减值迹象，则应当进行减值测试，用以确定无形资产是否发生减值。企业在对无形资产进行减值测试后，若无形资产的可收回金额低于其账面价值，则应将该无形资产的账面价值减记至可收回金额，减记的金额确认为减值损失，计入当期损益，同时计提相应的资产减值准备，即借记"资产减值损失——计提的无形资产减值准备"账户，贷记"无形资产减值准备"账户。

无形资产可收回金额的确定与固定资产可收回金额的确定原则一样，取无形资产的公允价值减去处置费用后的净额与预计未来现金流量现值两者之间的较高者。

无形资产减值损失一经确认，在以后会计期间不得转回。已提减值准备的无形资产，应按照新的无形资产账面价值以及尚可使用寿命重新计算确定以后各期的摊销额。

边学边做 2.60

1. 训练目的

根据案例，完成甲公司无形资产减值的账务处理。

2. 案例设计

202×年12月31日，市场上某项新技术生产的产品销售势头较好，已对甲公司产品的销售产生重大不利影响。甲公司外购的类似专利技术的账面价值为800 000元，剩余摊销年限为4年，经减值测试，该专利技术的可收回金额为750 000元。

3. 分析过程

由于甲公司该专利技术在资产负债表日的账面价值为800 000元，可收回金额为750 000元，可收回金额低于账面价值，应按其差额50 000（800 000－750 000）元计提减值准备。甲公司应编制如下会计分录：

借：资产减值损失——计提的无形资产减值准备	50 000
贷：无形资产减值准备	50 000

▶ 第八节 长期待摊费用

▶ 一、长期待摊费用概述

长期待摊费用是指企业已经发生但应由本期和以后各期负担的分摊期限在一年以上的各项费用,如以租赁方式租入的固定资产发生的改良支出等。

▶ 二、长期待摊费用的账务处理

企业应设置"长期待摊费用"账户对此类项目进行核算,企业发生的长期待摊费用,借记"长期待摊费用"账户,贷记"原材料""银行存款"等账户;摊销长期待摊费用,借记"管理费用""销售费用"等账户,贷记"长期待摊费用"账户。期末余额在借方,反映企业尚未摊销完毕的长期待摊费用。"长期待摊费用"账户可按费用项目进行明细核算。

边学边做 2.61

1. 训练目的

根据案例,完成长期待摊费用的账务处理。

2. 案例设计

202×年6月1日,甲公司对以租赁方式新租入的办公楼进行装修,发生以下有关支出:领用生产用材料500 000元,购进该批原材料时支付的增值税进项税额为65 000元;辅助生产车间为该装修工程提供的劳务支出为180 000元;有关人员工资等职工薪酬520 000元。202×年11月30日,该办公楼装修完工,达到预定可使用状态并交付使用,按租赁期10年进行摊销。假定不考虑其他因素。

3. 分析过程

甲公司应编制如下会计分录:

(1)装修领用原材料时:

借:长期待摊费用 500 000
　　贷:原材料 500 000

(2)辅助生产车间为装修工程提供劳务时:

借:长期待摊费用 180 000
　　贷:生产成本——辅助生产成本 180 000

(3)确认工程人员职工薪酬时:

借:长期待摊费用 520 000
　　贷:应付职工薪酬 520 000

(4)202×年12月摊销装修支出时:

甲公司发生的办公楼装修支出合计 = 500 000 + 180 000 + 520 000 = 1 200 000(元)

202×年12月份应分摊的装修支出 = 1 200 000 / 10 / 12 = 10 000（元）

借：管理费用　　　　　　　　　　　　　　　　　　10 000

　　贷：长期待摊费用　　　　　　　　　　　　　　　　　　10 000

▶ 本章知识回顾

资产（Ⅰ）

货币资金 ★
- 库存现金
  - 现金管理制度 —— 注意现金的使用范围、限额及现金收支的规定
  - 库存现金的账务处理
  - 库存现金的清查
    - 盘盈：其他应付款/营业外收入
    - 盘亏：其他应收款/管理费用
- 银行存款
  - 银行存款的账务处理
  - 银行存款的核对 —— 银行存款余额调节表不能作为调整银行存款账面余额的记账依据
- 其他货币资金：银行汇票存款、银行本票存款、信用卡存款、信用证保证金存款、存出投资款、外埠存款等

应收及预付款项 ★★
- 应收票据：商业汇票——商业承兑汇票和银行承兑汇票
- 应收账款
  - 包括：应向债务人收取的价款、代购货单位垫付的费用以及增值税销项税额等
  - 不单独设置"预收账款"账户的企业，预收的账款也在"应收账款"账户核算
- 预付账款
  - 借方登记预付的款项及补付的款项；贷方登记收到材料时发票账单上的金额及收回多付的金额
  - 预付款项不多的企业，可以不设置"预付账款"账户，通过"应付账款"账户核算

    结合记忆
- 其他应收款：应收的各种赔款、罚款，应收的出租包装物租金，应向职工收取的各种垫付款项，存出保证金，其他各种应收、暂付款项等
- 应收款项减值
  - 应收款项减值损失的确认 —— 我国规定只能采用备抵法
  - 应收款项余额百分比法下，当期应计提的坏账准备 = 应收款项的期末余额×坏账准备计提比例 - "坏账准备"调整前账户余额

存货 ★★
- 包括各类材料、在产品、半成品、产成品、商品以及包装物、低值易耗品、委托代销商品等
- 存货的成本包括采购成本、加工成本和其他成本 —— 存货按照成本进行初始计量
- 发出存货的计价方法：个别计价法、先进先出法、月末一次加权平均法和移动加权平均法等
- 原材料采用实际成本核算和计划成本核算时，会计账户的设置和账务处理
- 包装物、低值易耗品和委托加工物资的账务处理 —— 委托加工物资收回时分为连续生产和直接销售，注意消费税的处理
- 商品流通企业库存商品核算方法：毛利率法、售价金额核算法等
- 存货的清查
  - 盘盈：冲减管理费用
  - 盘亏：原材料/管理费用/其他应收款/营业外支出
- 存货减值
  - 借：资产减值损失　贷：存货跌价准备
  - 减值因素消失，可以转回 —— 在原已计提的存货跌价准备金额内转回，计入当期损益

交易性金融资产 ★★★
- 企业为了近期内出售而持有的金融资产
- 取得时：发生的交易费用计入投资收益 —— 注意交易费用的处理
- 持有期间：公允价值发生变动，计入公允价值变动损益
- 出售时：将出售时的公允价值与其账面余额之间的差额计入投资收益

为生产商品、提供劳务、出租或经营管理而持有，使用寿命超过一个会计年度的有形资产

取得　外购、建造　◁—— 注意不同取得方式的账务处理

折旧
　　当月增加，下月开始计提折旧；当月减少，照提折旧
　　方法：年限平均法(直线法)、工作量法、双倍余额递减法、年数总和法
　　借：制造费用/管理费用/销售费用/其他业务成本等
　　　　贷：累计折旧

后续支出
　　可资本化的后续支出：在建工程
　　不可资本化的后续支出(费用化)　　生产车间、行政管理部门：计入管理费用
　　　　　　　　　　　　　　　　　　专设销售机构：销售费用

固定资产 ★★★

处置：通过固定资产清理核算，报废净损益结转到营业外收入或营业外支出，正常处置
　　　净损益结转到"资产处置损益"

清查
　　盘盈：以前年度损益调整
　　盘亏：其他应收款/营业外支出

减值
　　借：资产减值损失
　　　　贷：固定资产减值准备
　　一经计提，以后会计期间不得转回

资产(Ⅱ)

特征　不具有实物形态、具有可辨认性、属于非货币性长期资产、持有目的是生产经营
　　　使用而非出售

摊销
　　当月增加，当月开始摊销；当月减少，当月不再摊销
　　方法：年限平均法(直线法)、生产总量法　　◁—— 与固定资产
　　借：管理费用/其他业务成本等　　　　　　　　折旧对比记忆
　　　　贷：累计摊销

无形资产 ★★

处置：将取得的价款扣除该无形资产账面价值以及出售相关税费后的差额转入营业外收
　　　入或营业外支出(报废)、资产处置损益(正常出售)

发生减值
　　借：资产减值损失
　　　　贷：无形资产减值准备
　　一经计提，持有期间不得转回

长期待摊费用 ★　已经发生，但应由本期和以后各期负担的分摊期限在一年以上的各项费用

第三章　负债

本章导读

　　负债是会计六要素之中的第二个要素,也是"资产－负债＝所有者权益"这一会计等式中的三个基本要素之一。负债是指企业过去的交易或者事项形成的、预期会导致经济利益流出企业的现时义务。简单来说,负债是企业在一定时期之后必须偿还的经济债务,其偿还期或具体金额在它们发生或成立之时就已由合同、法规所规定与制约,是企业必须履行的一种义务。

　　本章主要介绍各项流动负债的确认与计量,包括短期借款、应付及预收款项、应付职工薪酬、应交税费等。

　　通过本章的学习,要求学生掌握各项流动负债的完整账务处理。

教学目标

▶ **考核目标**

1. 熟悉短期借款的核算
2. 掌握应付及预收款项的业务核算
3. 熟悉职工薪酬的各项内容
4. 掌握各类职工薪酬的计算,分配(确认)与发放或计提与缴纳(支付)的核算
5. 掌握应交增值税、消费税及其他应交税费的核算

▶ **实践目标**

1. 能够熟练进行短期借款的取得、利息确认及到期归还的账务处理
2. 能够按规定设置应付及预收结算账户,对应付及预收款项进行明细分类核算,并填制相关的会计凭证,及时登记明细账
3. 能准确填制工资结算单、工资结算汇总表等业务单据,并进行账务处理
4. 能熟练进行其他各项职工薪酬的确认与发放或计提与支付的账务处理
5. 能够准确判断企业所发生的经济业务应交什么税,并熟练进行相应的账务处理

▶ 第一节 负债概述

▶ 一、负债的定义和特征

负债是指企业过去的交易或者事项形成的、预期会导致经济利益流出企业的现时义务。负债具有以下几个特征:

(一)负债是由过去的交易或者事项形成的

负债应当由企业过去的交易或者事项形成。换句话说,只有过去的交易或者事项才形成负债,企业将在未来发生的承诺、签订的购买合同等交易或者事项,不形成负债。

例如,购买货物或接受劳务会产生应付账款(已经预付或是在交货时支付的款项除外),接受银行贷款会产生偿还贷款的义务。只有源于已经发生的交易或事项,会计上才有可能确认为负债。

(二)负债是企业承担的现时义务

负债必须是企业承担的现时义务,这里的现时义务是指企业在现行条件下承担的义务。未来发生的交易或事项形成的义务,不属于现时义务,不应当确认为负债。

例如,企业拟于 3 个月后购入一台机器设备,设备价款 20 万元。根据负债的定义,购入机器设备是未来要发生的交易或者事项,所以不属于现时义务,不应当确认为负债。

(三)负债的清偿预期会导致经济利益流出企业

预期会导致经济利益流出企业是负债的一个本质特征,如果不会导致经济利益流出企业,就不符合负债的定义。负债通常是在未来某一日期通过交付资产(包括现金和其他资产)或提供劳务来清偿。有时,企业也可以通过承诺新的负债或转化为所有者权益来了结一项现有的负债,但最终都会导致企业经济利益的流出。

例如,企业赊购一批材料,材料已验收入库,但尚未付款,该笔业务所形成的应付账款应确认为企业的负债,需要在未来某一日期通过交付现金或银行存款来清偿。

▶ 二、负债的确认条件

将一项现时义务确认为负债,除了需要符合负债的定义,还应当同时满足以下两个条件:

(1)与该义务有关的经济利益很可能流出企业。

(2)未来流出的经济利益的金额能够可靠地计量。

符合负债定义和确认条件的项目应当作为资产负债表项目列入表内;对于只符合定义,而不符合确认条件的负债,则不能列入资产负债表。

▶ 三、负债的分类

按偿还期限的长短,一般将负债分为流动负债和非流动负债。

流动负债是指预计在一个正常营业周期中偿还,或者主要为交易目的而持有,或者自资产负债表日起一年内(含一年)到期应予以清偿,或者企业无权自主地将清偿推迟至资产负债表日以后一年以上的负债。流动负债主要包括短期借款、以公允价值计量且其变动计入当期损益的金融负债、应付票据、应付账款、预收账款、应付职工薪酬、应交税费、其他应付款等。

非流动负债是指流动负债以外的负债,主要包括长期借款、应付债券、长期应付款等。

本章重点介绍企业除以公允价值计量且其变动计入当期损益的金融负债以外的流动负债核算的有关内容。

▶ 第二节　短期借款

▶ 一、短期借款概述

短期借款是指企业向银行或其他金融机构等借入的期限在一年以下(含一年)的各种款项。短期借款一般是企业为了满足正常生产经营所需的资金或者是为了抵偿某项债务而借入的。短期借款的债权人不仅是银行,还包括其他非银行金融机构或其他单位和个人。

▶ 二、短期借款的账务处理

短期借款的
账务处理

(一)账户设置

为了核算短期借款的发生、偿还等情况,企业应设置"短期借款"账户。该账户属于负债类账户,贷方登记取得借款本金的数额,借方登记偿还借款的本金数额,期末余额在贷方,反映企业尚未偿还的短期借款。本账户可按借款种类、贷款人和币种设置明细账户进行明细核算。

(二)账务处理

1. 取得借款

企业从银行或其他金融机构取得短期借款时,借记"银行存款"账户,贷记"短期借款"账户。

2. 利息

企业借入短期借款应支付利息。短期借款利息属于筹资费用,应当于发生时直接计入当期财务费用。

在实际工作中,如果短期借款利息是按期支付的,如按季度支付利息,或者利息是在借款到期时连同本金一起归还,并且其数额较大的,企业应采用月末预提方式进行短期借款利息的核算。

在资产负债表日,企业应当按照计算确定的短期借款利息费用,借记"财务费用"账户,贷记"应付利息"账户；实际支付利息时，借记"应付利息"账户，贷记"银行存款"账户。

若利息数额不大，可以不采用预提的方法，而在实际支付或收到银行的计息通知时，直接计入当期损益，借记"财务费用"账户，贷记"银行存款"或"库存现金"账户。

3. 到期偿还

短期借款到期偿还本金时，企业应借记"短期借款"账户，贷记"银行存款"账户。

 边学边做 3.1

1. 训练目的

根据案例，完成甲公司取得短期借款、期末计提利息及支付利息的账务处理。

2. 案例设计

甲公司于202×年1月1日向银行借入一笔生产经营用短期借款，共计120 000元，期限为9个月，年利率为4%。根据与银行签署的借款协议，该项借款的本金到期后一次归还，利息按季支付。

3. 分析过程

甲公司有关会计分录如下：

（1）1月1日借入短期借款：

借：银行存款	120 000
贷：短期借款	120 000

（2）1月末，计提1月份应付利息：

借：财务费用	400
贷：应付利息	400

本月应计提的利息金额 = 120 000 × 4% ÷ 12 = 400（元）

2月末计提2月份利息费用的处理与1月份相同。

（3）3月末支付第一季度银行借款利息：

借：财务费用	400
应付利息	800
贷：银行存款	1 200

第二、第三季度的会计处理同上。

（4）10月1日偿还银行借款本金：

借：短期借款	120 000
贷：银行存款	120 000

如果上述借款期限是8个月，则到期日为9月1日，8月末之前的会计处理与上述相同。

9月1日偿还银行借款本金，同时支付7月和8月已提未付利息：

借：短期借款	120 000
应付利息	800
贷：银行存款	120 800

▶ 第三节　应付及预收款项

▶ 一、应付票据

（一）应付票据概述

1. 应付票据的概念

应付票据是指企业购买材料、商品和接受劳务供应等而开出、承兑的商业汇票,包括商业承兑汇票和银行承兑汇票。

在银行开立存款账户的法人以及其他组织之间须具有真实的交易关系或债权债务关系时,才能使用商业汇票。商业汇票的付款期限由交易双方商定,但不得超过 6 个月。因此,企业应将应付票据作为流动负债管理和核算。

2. 应付票据的分类

与应收票据相同,应付票据也可以按不同的标准进行分类。

（1）按照票据是否带息分类,商业汇票分为带息票据和不带息票据两种。

带息票据的票面金额仅表示本金,票据到期时除按面值支付外,还应另行支付利息。不带息票据,其面值就是企业到期时应支付的金额。

（2）按照票据承兑人的不同进行分类,商业汇票分为银行承兑汇票和商业承兑汇票两种。

（二）应付票据的账务处理

为了核算应付票据的发生、偿付等情况,企业应设置"应付票据"账户。该账户属于负债类账户,贷方登记开出、承兑汇票的面值及带息票据的预提利息,借方登记支付票据的金额,期末余额在贷方,反映企业尚未到期的商业汇票的票面金额。

本账户应按照开出汇票的单位进行明细核算,并设置"应付票据备查簿",详细登记商业汇票的种类、号数和出票日期、到期日、票面余额、交易合同号和收款人姓名或单位名称以及付款日期和金额等资料。应付票据到期结清时,上述内容应当在备查簿内予以注销。

1. 发生应付票据相关业务

（1）企业在开出、承兑商业汇票时,应编制如下会计分录:

借:材料采购（或原材料、库存商品等）

　　应交税费——应交增值税（进项税额）

　　　贷:应付票据（按其票面金额）

（2）企业在以商业承兑汇票抵付货款、应付账款时,应编制如下会计分录:

借:应付账款

　　　贷:应付票据

2. 支付银行承兑汇票手续费

企业因开出银行承兑汇票而支付的银行承兑汇票手续费,应当计入当期财务费用,借记"财务费用"账户,贷记"银行存款""库存现金"账户。

1. 训练目的

根据案例,完成甲公司开出银行承兑汇票、支付承兑手续费的账务处理。

2. 案例设计

甲公司为增值税一般纳税人,原材料按计划成本核算。202×年6月6日购入原材料一批,增值税专用发票上注明价款为120 000元,增值税税额为15 600元。原材料验收入库。该企业开出并经开户银行承兑的商业汇票一张,面值为135 600元、期限5个月。交纳银行承兑手续费70.20元。11月6日商业汇票到期,甲公司通知其开户银行以银行存款支付票款。

3. 分析过程

甲公司的有关会计分录如下:

(1)开出并承兑商业汇票购入材料:

借:材料采购　　　　　　　　　　　　　　　　　　120 000

　　应交税费——应交增值税(进项税额)　　　　　　15 600

　　　贷:应付票据　　　　　　　　　　　　　　　　135 600

(2)支付商业汇票承兑手续费:

借:财务费用　　　　　　　　　　　　　　　　　　70.20

　　贷:银行存款　　　　　　　　　　　　　　　　　70.20

3. 带息票据计提利息

带息票据与不带息票据的处理不同之处是,企业开出、承兑的带息票据,应于期末计提利息,计入当期财务费用。

应付票据的利息 = 本金 × 票面年利率 × 期限

1. 训练目的

根据案例,完成甲公司开出商业承兑汇票、期末计提利息的账务处理。

2. 案例设计

202×年3月1日,甲公司开出带息商业承兑汇票一张,面值120 000元,承兑用于抵付其前欠C公司的货款。该票据票面利率为6%,期限为3个月。6月1日,该商业承兑汇票到期,甲公司以银行存款全额支付到期票款和3个月的票据利息。

3. 分析过程

甲公司的有关会计分录如下:

（1）3月1日开出并承兑商业汇票抵付货款：

借：应付账款   120 000

  贷：应付票据   120 000

（2）3月31日确认利息费用：

3月份应计提的应付票据利息 = 120 000 × 6% ÷ 12 = 600（元）

借：财务费用   600

  贷：应付票据   600

甲公司4月末和5月末确认利息费用的会计处理同上。

4. 票据到期

票据到期时，应区分企业能否按时支付票款，企业无力支付票款时还应区分商业承兑汇票和银行承兑汇票，分别编制相关的会计分录（见表3.1）。

表 3.1　票据到期的账务处理

项目		不带息票据	带息票据
企业按时支付票款		借：应付票据（面值） 贷：银行存款	借：应付票据（面值＋利息） 贷：银行存款
企业无力支付票款	应付商业承兑汇票到期	借：应付票据（面值） 贷：应付账款	借：应付票据（面值＋利息） 贷：应付账款
	应付银行承兑汇票到期	借：应付票据（面值） 贷：短期借款	借：应付票据（面值＋利息） 贷：短期借款

应付商业承兑汇票到期，如企业无力支付票款，应将应付票据按账面余额转作"应付账款"。应付银行承兑汇票到期，如企业无力支付票款，应将应付票据的账面余额转作"短期借款"。

边学边做 3.4

1. 训练目的

根据案例，完成甲公司票据到期的账务处理。

2. 案例设计

接边学边做 3.2 的资料。

3. 分析过程

11月6日，甲公司支付商业汇票款时，应编制如下会计分录：

借：应付票据   135 600

  贷：银行存款   135 600

假定银行承兑汇票到期时甲公司无力支付票款。甲公司的有关会计分录如下：

借：应付票据   135 600

  贷：短期借款   135 600

边学边做 3.5

1. 训练目的

根据案例,完成甲公司票据到期的账务处理。

2. 案例设计

接边学边做 3.3 的资料。

3. 分析过程

6月1日,商业承兑汇票到期。

(1)计算到期应偿还的金额。

商业承兑汇票到期应偿还的金额 = 本金 + 利息

$$= 120\ 000 + 120\ 000 \times 6\% \div 12 \times 3 = 121\ 800(元)$$

(2)编制甲公司支付到期票款和票据利息的会计分录:

借:应付票据　　　　　　　　　　　　　　　121 800

　　贷:银行存款　　　　　　　　　　　　　　　　121 800

假定带息商业承兑汇票到期时甲公司无力支付票款。甲公司的会计分录如下:

借:应付票据　　　　　　　　　　　　　　　121 800

　　贷:应付账款　　　　　　　　　　　　　　　　121 800

▶ **二、应付账款**

应付账款

(一)应付账款的概念

应付账款是指企业因购买材料、商品或接受劳务供应等经营活动而应付给供应单位的款项。

(二)应付账款的确认

应付账款一般应在与所购买物资所有权相关的主要风险和报酬已经转移,或者所购买的劳务已经接受时确认。企业购入材料、商品或接受劳务等所产生的应付账款,应按未来应付的金额入账。

实务中,应付账款应按以下情况区别处理:

(1)在物资和发票账单同时到达的情况下,一般在所购物资验收入库后,根据发票账单登记入账,确认应付账款。这是为了使所购入物资的金额、品种、数量和质量等都与合同规定的条款相符,避免先入账后面发现不符时再行调账。

(2)在所购物资已经验收入库,但是发票账单未能同时到达的情况下,应将所购物资和相关的应付账款暂估入账,待下月初用红字将上月末暂估入账的应付账款予以冲销。其会计处理详见本书第二章存货一节的相关讲解。

(三)应付账款的账务处理

为了核算应付账款的发生、偿还、转销等情况,企业应设置"应付账款"账户。该账户属于负债类账户,贷方登记企业购买材料、商品和接受劳务等而发生的应付账款,借方登记偿还的应付账款,或开出商业汇票抵付应付账款的款项,或冲销无法支付的应付账款。期末余额一般在贷方,反映企业尚未支付的应付账款余额。本账户应按照债权人设置明细账,进行明细分类核算。

1. 发生应付账款

(1)企业购入材料、商品等验收入库,但货款尚未支付:

借:材料采购、在途物资、原材料、库存商品等(按发票账单、随货同行发票上记载的实际价款或暂估价值)

　　　应交税费——应交增值税(进项税额)(按可抵扣的增值税进项税额)

　　　　贷:应付账款(按应付的款项)

(2)企业接受供应单位提供劳务,款项尚未支付:

借:生产成本、管理费用等(按供应单位的发票账单)

　　　应交税费——应交增值税(进项税额)(按可抵扣的增值税进项税额)

　　　　贷:应付账款

2. 偿还应付账款

借:应付账款

　　　贷:银行存款/应付票据

应付账款附有现金折扣的,应按照扣除现金折扣前的应付款总额入账。因在折扣期限内付款而获得的现金折扣,视同理财收益,应在偿付应付账款时冲减财务费用。

边学边做 3.6

1. 训练目的

根据案例,完成甲公司发生与偿还应付账款的账务处理。

2. 案例设计

甲公司为增值税一般纳税人。202×年5月1日,从A公司购入一批材料,货款100 000元,增值税13 000元,对方代垫运杂费1 000元(不考虑运杂费相关增值税)。材料验收入库(该企业材料按实际成本计价核算),款项尚未支付。6月10日,甲公司以银行存款支付购入材料相关款项114 000元。

3. 分析过程

甲公司的有关会计分录如下:

(1)确认应付账款:

借:原材料		101 000
应交税费——应交增值税(进项税额)		13 000
贷:应付账款——A公司		114 000

(2)偿还应付账款:

借:应付账款——A公司		114 000
贷:银行存款		114 000

 **边学边做 3.7**

1. 训练目的

根据案例,完成甲公司发生与偿还应付账款的账务处理。

2. 案例设计

202×年5月20日,甲公司收到银行转来供电部门收费单据,支付电费19 000元。月末,甲公司经计算,本月应付电费19 200元,其中生产车间电费12 800元,企业行政管理部门电费6 400元,款项尚未支付。不考虑相关税费。

3. 分析过程

甲公司的有关会计分录如下:

(1)支付外购动力费:

借:应付账款——××电力公司　　　　　　　　　　　19 000

　　贷:银行存款　　　　　　　　　　　　　　　　　　　　19 000

(2)月末分配外购动力费:

借:制造费用　　　　　　　　　　　　　　　　　　　12 800

　　管理费用　　　　　　　　　　　　　　　　　　　　6 400

　　贷:应付账款——××电力公司　　　　　　　　　　　19 200

 提示

　　实务中,企业外购动力、燃气等动力一般通过"应付账款"账户核算,即在每月付款时先作暂付款处理,借记"应付账款"账户,贷记"银行存款"等账户;月末按照外购动力的用途,借记"制造费用""管理费用"等账户,贷记"应付账款"账户。

3. 转销应付账款

有时,由于债权人单位撤销等原因会产生无法支付的应付账款。企业应将确实无法支付的应付账款予以转销,按其账面余额计入营业外收入,借记"应付账款"账户,贷记"营业外收入"账户。

▶ **三、预收账款**

(一)预收账款的含义

预收账款是指企业按照合同规定预收的款项。

(二)预收账款的账务处理

为了核算预收账款的取得、偿付等情况,企业应设置"预收账款"账户。该账户属于负债类账户,一般应当按照购货单位设置明细账户进行明细核算。该账户贷方登记发生的预收账款的数额,借方登记企业冲销的预收账款的数额。期末余额在贷方,反映企业预收的款项;期末余额在借方,则反映企业尚未转销的款项。

预收货款业务不多的企业,可以不单独设置"预收账款"账户,其所发生的预收货款,可通过"应收账款"账户核算。

1. 企业预收款项时

借:银行存款 / 库存现金

　　贷:预收账款

　　　　应交税费——应交增值税(销项税额)

2. 销售实现时

借:预收账款

　　贷:主营业务收入 / 其他业务收入(按实现的营业收入)

　　　　应交税费——应交增值税(销项税额)

3. 当预收账款小于销售货物应收到的款项时

借:银行存款 / 库存现金(按购货单位补付的款项)

　　贷:预收账款

　　　　应交税费——应交增值税(销项税额)

4. 当预收账款大于销售货物应收到的款项时

借:预收账款(按向购货单位退回的多余款项)

　　贷:银行存款 / 库存现金

　　涉及增值税的,还应进行相应的会计处理。

边学边做 3.8

1. 训练目的

根据案例,完成甲公司预收款业务的账务处理。

2. 案例设计

甲公司为增值税一般纳税人,适用增值税税率为 13%,202× 年 6 月 1 日,甲公司与乙公司签订一项租赁(非主营业务)设备合同,即甲公司向乙公司出租设备一台,期限为 2 个月,含税租金共计 11 300 元。合同规定,合同签订日乙公司预付租金(含税)6 780 元,合同到期时结清全部租金余款。在合同签订日,甲公司收到租金并存入银行,开具的增值税专用发票注明租金 6 000 元,增值税 780 元。合同到期日,甲公司收到租金余款和相应的增值税。

3. 分析过程:

甲公司的有关会计分录如下:

(1)收到乙公司预付的租金:

借:银行存款　　　　　　　　　　　　　　　　　　　　6 780

　　贷:预收账款　　　　　　　　　　　　　　　　　　　　6 000

　　　　应交税费——应交增值税(销项税额)　　　　　　　780

(2)每月末确认收入:

借:预收账款　　　　　　　　　　　　　　　　　　　　5 000

　　　　贷：其他业务收入　　　　　　　　　　　　　　　　　　　　　5 000

　　（3）合同到期日收到租金余款和相应增值税：

　　借：银行存款　　　　　　　　　　　　　　　　　　　　　　　　4 520

　　　　贷：预收账款　　　　　　　　　　　　　　　　　　　　　　　4 000

　　　　　　应交税费——应交增值税（销项税额）　　　　　　　　　　520

　　【拓展】　假设甲公司不设置"预收账款"账户，其预收的款项应通过"应收账款"账户核算，把上述会计分录中的"预收账款"账户替换为"应收账款"账户即可。

▶ 四、应付股利和应付利息

（一）应付股利

1. 应付股利的内容

应付股利是指企业根据股东大会或类似机构审议批准的利润分配方案确定分配给投资者的现金股利或利润。企业分配的股票股利不通过"应付股利"账户核算。

2. 应付股利的账务处理

企业宣告分配现金股利时，按确认应支付的现金股利或利润，编制如下会计分录：

借：利润分配——应付现金股利或利润

　　贷：应付股利

企业向投资者实际支付现金股利或利润时，应编制如下会计分录：

借：应付股利

　　贷：银行存款

（二）应付利息

1. 应付利息的内容

应付利息是指企业按照合同约定应支付的利息，包括短期借款、分期付息到期还本的长期借款、企业债券等应支付的利息。

2. 应付利息的账务处理

企业分期计息时，应编制如下会计分录：

借：财务费用、在建工程、研发支出等（按应付合同利息金额）

　　贷：应付利息

企业实际支付利息时，应编制如下会计分录：

借：应付利息

　　贷：银行存款

▶ 五、其他应付款

（一）其他应付款的内容

其他应付款是指企业除应付票据、应付账款、预收账款、应付职工薪酬、应交税费、应付利息、应付股利等经营活动以外的其他各项应付、暂收的款项,如应付短期租赁固定资产租金、租入包装物租金、存入保证金(如收取的包装物押金)等。

(二)其他应付款的账务处理

企业应设置"其他应付款"账户,反映其他应付款的增减变动及其结存情况。该账户属于负债类,按照其他应付款的项目和对方单位(或个人)设置明细账户进行明细核算。该账户贷方登记发生的各种应付、暂收款项,借方登记偿还或转销的各种应付、暂收款项。期末余额在贷方,反映企业应付未付的其他应付款项。

1. 发生其他各种应付、暂收款项时

借:管理费用等

　　贷:其他应付款

2. 支付或退回其他各种应付、暂收款项时

借:其他应付款

　　贷:银行存款等

边学边做 3.9

1. 训练目的

根据案例,完成甲公司有关其他应付款的账务处理。

2. 案例设计

甲公司从202×年5月1日起,以短期租赁方式租入管理用办公设备一批,每月租金10 000元,租金每三个月支付一次。7月30日,甲公司以银行存款支付应付租金30 000元,增值税进项税额为3 900元。

3. 分析过程

甲公司的有关会计分录如下:

(1)5月31日计提应付短期租入固定资产租金:

借:管理费用　　　　　　　　　　　　　　　　　　　10 000

　　贷:其他应付款　　　　　　　　　　　　　　　　　　　10 000

6月底计提应付短期租入固定资产租金的会计处理同上。

(2)7月30日支付租金:

借:其他应付款　　　　　　　　　　　　　　　　　　　20 000

　　管理费用　　　　　　　　　　　　　　　　　　　10 000

　　应交税费——应交增值税(进项税额)　　　　　　　3 900

　　贷:银行存款　　　　　　　　　　　　　　　　　　　33 900

出租动产的单位可按合同规定,在收到租金当期开具增值税专用发票。

▶ 第四节　应付职工薪酬

▶ 一、职工薪酬的内容

（一）职工薪酬的概念

职工薪酬，是指企业为获得职工提供的服务或解除劳动关系而给予的各种形式的报酬或补偿。企业提供给职工配偶、子女、受赡养人、已故员工遗属及其他受益人等的福利，也属于职工薪酬。

这里所称的"职工"主要包括三类人员：

（1）与企业订立劳动合同的所有人员，含全职、兼职和临时职工。

（2）未与企业订立劳动合同但由企业正式任命的人员，如部分董事会成员、监事会成员等。

（3）在企业的计划和控制下，虽未与企业订立劳动合同或未由其正式任命，但向企业所提供服务与职工所提供服务类似的人员，比如通过企业与劳务中介公司签订用工合同而向企业提供服务的人员。

（二）职工薪酬包括的内容

职工薪酬主要包括短期薪酬、离职后福利、辞退福利和其他长期职工福利。

1. 短期薪酬

短期薪酬，是指企业预期在职工提供相关服务的年度报告期间结束后十二个月内将全部予以支付的职工薪酬，因解除与职工的劳动关系给予的补偿除外。因解除与职工的劳动关系给予的补偿属于辞退福利的范畴。

短期薪酬主要包括：

（1）职工工资、奖金、津贴和补贴，是指企业按照构成工资总额的计时工资、计件工资、支付给职工的超额劳动报酬等的劳动报酬，为了补偿职工特殊或额外的劳动消耗和因其他特殊原因支付给职工的津贴，以及为了保证职工工资水平不受物价影响支付给职工的物价补贴等。其中，企业按照短期奖金计划向职工发放的奖金属于短期薪酬，按照长期奖金计划向职工发放的奖金属于其他长期职工福利。

（2）职工福利费，是指企业向职工提供的生活困难补助、丧葬补助费、抚恤费、职工异地安家费、防暑降温费等职工福利支出。

（3）医疗保险费、工伤保险费等社会保险费，是指企业按照国家规定的基准和比例计算，向社会保险经办机构缴存的医疗保险费、工伤保险费。

（4）住房公积金，是指企业按照国家规定的基准和比例计算，向住房公积金管理机构缴存的住房公积金。

（5）工会经费和职工教育经费，是指企业为了改善职工文化生活、为职工学习先进技术及提高文化水平和业务素质,用于开展工会活动和职工教育及职业技能培训等相关支出。

（6）短期带薪缺勤,是指职工虽然缺勤但企业仍向其支付报酬的安排,包括年休假、病假、婚假、产假、丧假、探亲假等。长期带薪缺勤属于其他长期职工福利。

（7）短期利润分享计划,是指因职工提供服务而与职工达成的基于利润或其他经营成果提供薪酬的协议。长期利润分享计划属于其他长期职工福利。

（8）其他短期薪酬,是指除上述薪酬以外的其他为获得职工提供的服务而给予的短期薪酬。

2. 离职后福利

离职后福利,是指企业为获得职工提供的服务而在职工退休或与企业解除劳动关系后,提供的各种形式的报酬和福利,属于短期薪酬和辞退福利的除外。比如"四险一金"中的养老保险费和失业保险费就属于离职后福利的内容,其他二险一金属于短期薪酬的内容。

3. 辞退福利

辞退福利,是指企业在职工劳动合同到期之前解除与职工的劳动关系,或者为鼓励职工自愿接受裁减而给予职工的补偿。

边学边思

辞退福利与正常的退休养老金有何区别？

4. 其他长期职工福利

其他长期职工福利,是指除短期薪酬、离职后福利、辞退福利之外所有的职工薪酬,包括长期带薪缺勤（如提前1年以上内退）、长期残疾福利（如长期病假）、长期利润分享计划等。

边学边思

下列各项中,哪些属于职工薪酬?

（1）为职工支付的住房公积金;

（2）自产产品发放给职工;

（3）给员工买的医疗保险;

（4）提供给职工的住房补贴;

（5）为职工支付的培训费;

（6）因解除职工劳动合同支付的补偿款;

（7）为职工支付的补充养老保险;

（8）为职工进行健康检查而支付的体检费。

▶ 二、账户设置

企业应当设置"应付职工薪酬"账户,核算应付职工薪酬的提取、结算、使用等情况。该账户属于负债类账户,贷方登记已分配计入有关成本费用项目的职工薪酬的数额,借方登记实际发放职工薪酬的数额,包括扣还的款项等;期末余额在贷方,反映企业应付未付的职工薪酬。

　　根据职工薪酬包括的内容,"应付职工薪酬"账户应当按照"工资""社会保险费"(仅包括医疗保险费和工伤保险费)"住房公积金""工会经费""职工教育经费""非货币性福利""短期带薪缺勤""利润分享计划""设定提存计划""设定受益计划""辞退福利"等项目设置明细账,进行明细分类核算。

▶ 三、短期薪酬的核算

　　企业应当在职工为其提供服务的会计期间,将实际发生的短期薪酬确认为负债,并计入当期损益,其他会计准则要求或允许计入资产成本的除外。

(一)货币性职工薪酬

1. 工资、奖金、津贴和补贴

　　(1)计提工资、奖金、津贴和补贴。企业发生的职工工资、津贴和补贴等短期薪酬,应当根据职工提供服务情况和工资标准等计算应计入职工薪酬的工资总额,并按照受益对象计入当期损益或相关资产成本,借记"生产成本""制造费用""管理费用"等账户,贷记"应付职工薪酬——工资"等账户。

边学边做 3.10

1. 训练目的

根据案例,完成甲公司计提工资的账务处理。

2. 案例设计

　　甲公司 2019 年 4 月份应付工资总额 693 000 元,工资费用分配汇总表中列示的产品生产人员工资为 480 000 元,车间管理人员工资为 105 000 元,公司行政管理人员工资为 90 600 元,专设销售机构人员工资为 17 400 元。

3. 分析过程

该公司的有关会计分录如下:

借:生产成本——基本生产成本　　　　　　　　　　　480 000
　　制造费用　　　　　　　　　　　　　　　　　　　105 000
　　管理费用　　　　　　　　　　　　　　　　　　　 90 600
　　销售费用　　　　　　　　　　　　　　　　　　　 17 400
　　贷:应付职工薪酬——工资　　　　　　　　　　　　　693 000

　　(2)支付职工工资、奖金、津贴和补贴。企业按照有关规定向职工支付工资、奖金、津贴和补贴等,借记"应付职工薪酬——工资"等账户,贷记"银行存款""库存现金"等账户;企业从应付职工薪酬中扣还的各种款项(代垫的家属药费、个人所得税等),借记"应付职工薪酬"账户,贷记"银行存款""库存现金""其他应收款""应交税费——应交个人所得税"等账户。

边学边做 3.11

1. 训练目的

根据案例，完成甲公司发放工资的账务处理。

2. 案例设计

承接边学边做 3.10 的资料。甲公司根据"工资结算汇总表"结算本月应付职工工资总额 693 000 元，其中公司代扣职工房租 32 000 元、代垫职工家属医药费 8 000 元，实发工资 653 000 元。

3. 分析过程

甲公司的有关会计分录如下：

（1）向银行提取现金：

借：库存现金	653 000
贷：银行存款	653 000

（2）用现金发放工资：

借：应付职工薪酬——工资	653 000
贷：库存现金	653 000

注：如果通过银行发放工资，该公司的会计分录如下：

借：应付职工薪酬——工资	653 000
贷：银行存款	653 000

（3）代扣款项：

借：应付职工薪酬——工资	40 000
贷：其他应收款——职工房租	32 000
——代垫医药费	8 000

2. 职工福利费

企业发生的职工福利费，应当在实际发生时根据实际发生额计入当期损益或相关资产成本。

3. 国家规定计提标准的职工薪酬

（1）计提社会保险费、住房公积金和工会经费、职工教育经费。企业为职工缴纳的医疗保险费、工伤保险费和住房公积金，以及按规定提取的工会经费和职工教育经费，应当在职工为其提供服务的会计期间，根据规定的计提基础和计提比例计算确定相应的职工薪酬金额，并确认相关负债，按照受益对象计入当期损益或相关资产成本，借记"生产成本""制造费用""管理费用"等账户，贷记"应付职工薪酬"账户。

提示

国务院常务会议规定，从 2018 年 1 月 1 日起，将一般企业的职工教育经费税前扣除限额与高新技术企业的限额统一，从 2.5% 提高至 8%。

边学边做 3.12

1. 训练目的

根据案例,完成甲公司计提社会保险费、住房公积金和工会经费、职工教育经费的账务处理。

2. 案例设计

202×年7月,甲公司当月应发工资1 560万元,其中:生产部门生产工人工资1 000万元;生产部门管理人员工资200万元;管理部门管理人员工资360万元。

根据甲公司所在地政府规定,甲公司应当按照职工工资总额的10%和8%计提并缴存医疗保险费和住房公积金。甲公司分别按照职工工资总额的2%和8%计提工会经费和职工教育经费。

假定不考虑其他因素以及所得税影响。

3. 分析过程

(1)计算202×年7月份的职工薪酬:

应当计入生产成本的职工薪酬金额 = 1 000 + 1 000 × (10% + 8% + 2% + 8%)

= 1 280(万元)

应当计入制造费用的职工薪酬金额 = 200 + 200 × (10% + 8% + 2% + 8%)

= 256(万元)

应当计入管理费用的职工薪酬金额 = 360 + 360 × (10% + 8% + 2% + 8%)

= 460.8(万元)

(2)编制有关分录:

借:生产成本		12 800 000
制造费用		2 560 000
管理费用		4 608 000
贷:应付职工薪酬——工资		15 600 000
——医疗保险费		1 560 000
——住房公积金		1 248 000
——工会经费		312 000
——职工教育经费		1 248 000

(2)缴纳社会保险费、住房公积金和支付工会经费、职工教育经费。企业按照国家有关规定缴纳社会保险费或住房公积金,或支付工会经费和职工教育经费用于工会运作和职工培训时,借记"应付职工薪酬——医疗保险费等(或住房公积金、工会经费、职工教育经费)"账户,贷记"银行存款""库存现金"等账户。

边学边做 3.13

1. 训练目的

根据案例,完成甲公司缴纳社会保险费、住房公积金和支付工会经费、职工教育经费的账务处理。

2. 案例设计

承接边学边做 3.12 的资料。甲公司以银行存款缴纳职工的医疗保险费 156 万元、住房公积金 124.80 万元、工会经费 31.20 万元以及职工教育经费 124.80 万元。

3. 分析过程

甲公司的有关会计分录如下：

借：应付职工薪酬——医疗保险费　　　　　　　　　　1 560 000

　　　　　　——住房公积金　　　　　　　　　　　1 248 000

　　　　　　——工会经费　　　　　　　　　　　　　312 000

　　　　　　——职工教育经费　　　　　　　　　　1 248 000

　　贷：银行存款　　　　　　　　　　　　　　　　　　　4 368 000

4. 短期带薪缺勤

对于职工带薪缺勤，企业应当根据其性质及其职工享有的权利，分为累积带薪缺勤和非累积带薪缺勤两类。企业应当对累积带薪缺勤和非累积带薪缺勤分别进行会计处理。如果带薪缺勤属于长期带薪缺勤的，企业应当作为其他长期职工福利处理。

（1）累积带薪缺勤。累积带薪缺勤，是指带薪权利可以结转下期的带薪缺勤，本期尚未用完的带薪缺勤权利可以在未来期间使用。当职工提供了服务从而增加了其享有的未来带薪缺勤的权利时，企业就产生了一项义务，应确认与累积带薪缺勤相关的职工薪酬，并以累积未行使权利而增加的预期支付金额计量。

确认累积带薪缺勤时，借记"管理费用"等账户，贷记"应付职工薪酬——短期带薪缺勤——累积带薪缺勤"账户。

边学边做 3.14

1. 训练目的

根据案例，完成甲公司确认累积带薪缺勤的账务处理。

2. 案例设计

甲公司共有 1 000 名职工，该公司实行累积带薪缺勤制度。该制度规定，每个职工每年可享受 5 个工作日带薪病假，未使用的病假只能向后结转一个公历年度，超过 1 年未使用的权利作废，不能在职工离开公司时获得现金支付；职工休病假是以后进先出为基础，即首先从当年可享受的权利中扣除，再从上年结转的带薪病假余额中扣除；职工离开公司时，公司对职工未使用的累积带薪病假不支付现金。

2021 年 12 月 31 日，每个职工当年平均未使用带薪病假为 2 天。根据过去的经验并预期该经验将继续适用，甲公司预计 2022 年有 950 名职工将享受不超过 5 天的带薪病假，剩余 50 名职工每人将平均享受 6 天半病假，假定这 50 名职工全部为总部各部门经理，该公司平均每名职工每个工作日工资为 300 元。

3. 分析过程

甲公司在 2021 年 12 月 31 应当预计由于职工累积未使用的带薪病假权利而导致的预期支付的追加金额，即相当于 75 天（50×1.5 天）的病假工资 22 500（75×300）元，并进行如下账务处理：

借：管理费用　　　　　　　　　　　　　　　　　　　　　　　22 500
　　贷：应付职工薪酬——短期带薪缺勤——累积带薪缺勤　　　　22 500

【拓展 1】　假定 2022 年 12 月 31 日，上述 50 名部门经理中有 40 名享受了 6 天半病假，并随同正常工资以银行存款支付。另有 10 名只享受了 5 天病假，由于该公司的带薪缺勤制度规定，未使用的权利只能结转一年，超过 1 年未使用的权利将作废。2022 年年末，甲公司应进行如下账务处理：

借：应付职工薪酬——短期带薪缺勤——累积带薪缺勤　　　　18 000
　　贷：银行存款　　　　　　　　　　（40 人 ×1.5×300）18 000
借：应付职工薪酬——短期带薪缺勤——累积带薪缺勤　　　　4 500
　　贷：管理费用　　　　　（冲回未使用）(10 人 ×1.5×300）4 500

【拓展 2】　假设该公司的带薪缺勤制度规定，职工累积未使用的带薪缺勤权利可以无限期结转，且可以于职工离开企业时以现金支付。甲公司 1 000 名职工中，50 名为总部各部门经理，100 名为总部各部门职员，800 名为直接生产工人，50 名工人正在建造一幢自用办公楼。则甲公司在 2021 年 12 月 31 日应当预计由于职工累积未使用的带薪病假权利而导致的全部金额，即相当于 2 000 天（1 000×2 天）的病假工资 60 万元（2 000×300），并做如下账务处理：

借：管理费用　　　　　　　　　　　　　　　　　　　　　　　90 000
　　生产成本　　　　　　　　　　　　　　　　　　　　　　480 000
　　在建工程　　　　　　　　　　　　　　　　　　　　　　　30 000
　　贷：应付职工薪酬——短期带薪缺勤——累积带薪缺勤　　　600 000

边学边做 3.15

1. 训练目的

根据案例，完成甲公司确认累积带薪缺勤的账务处理。

2. 案例设计

甲公司从 2021 年 1 月 1 日起实行累积带薪缺勤制度，制度规定，该公司每名职工每年有权享受 12 个工作日的带薪休假，休假权利可以向后结转两个公历年度。在第 2 年年末，公司将对职工未使用的带薪休假权利支付现金。假定该公司每名职工平均每月工资 2 000 元，每名职工每月工作日为 20 个，每个工作日平均工资为 100 元。以公司一名直接参与生产的职工为例。

3. 分析过程

① 假定 2021 年 1 月，该名职工没有休假。公司应当在职工为其提供服务的当月，累积相当于 1 个工作日工资的带薪休假义务，并进行如下账务处理：

借：生产成本   2 100

    贷：应付职工薪酬——工资   2 000

              ——短期带薪缺勤——累积带薪缺勤   100

② 假定 2021 年 2 月，该名职工休了 1 天假。公司应当在职工为其提供服务的当月，累积相当于 1 个工作日工资的带薪休假义务，反映职工使用累积权利的情况，并进行如下账务处理：

借：生产成本   2 100

    贷：应付职工薪酬——工资   2 000

              ——短期带薪缺勤——累积带薪缺勤

                    （计提本期休假）100

借：应付职工薪酬——短期带薪缺勤——累积带薪缺勤   100

    贷：生产成本   （使用上期休假）100

③ 假定第 2 年年末（2022 年 12 月 31 日），该名职工有 5 个工作日未使用的带薪休假到期，公司以现金支付了未使用的带薪休假（如果不支付现金，就冲回成本费用）：

借：应付职工薪酬——短期带薪缺勤——累积带薪缺勤   500

    贷：库存现金（银行存款）   （5×100）500

（2）非累积带薪缺勤。非累积带薪缺勤，是指带薪权利不能结转下期的带薪缺勤，本期尚未用完的带薪缺勤权利将予以取消，并且职工离开企业时也无权获得现金支付。企业应当在职工实际发生缺勤的会计期间确认与非累积带薪缺勤相关的职工薪酬。

根据《中华人民共和国劳动法》规定，国家实行带薪年休假制度，劳动者在法定休假日和婚丧假期间以及依法参加社会活动期间，用人单位应当依法支付工资。因此，我国企业职工休婚假、产假、丧假、探亲假、病假期间的工资通常属于非累积带薪缺勤。由于职工提供服务本身不能增加其能够享受的福利金额，因此企业应当在职工实际缺勤时确认负债和相关资产成本或当期损益。

企业确认职工享有的与非累积带薪缺勤权利相关的薪酬，视同职工出勤确认的当期损益或相关资产成本。在实际经营活动过程中，我国企业一般是在缺勤期间计提应付工资时一并处理，即借记"生产成本"等账户，贷记"应付职工薪酬——工资"账户。即与非累积带薪缺勤相关的职工薪酬已经包括在企业每期向职工发放的工资等薪酬中，不必作额外的账务处理。

（二）非货币性职工薪酬

企业向职工提供非货币性福利的，应当按照公允价值计量，并根据受益对象，计入相关资产成本或当期损益，同时确认应付职工薪酬。难以认定受益对象的非货币性福利，直接计入当期损益和应付职工薪酬。

（1）企业以自产产品发放给职工作为福利的，应编制如下会计分录。

① 确认职工薪酬：

借：生产成本、制造费用、管理费用等（按产品的公允价值＋销项税额）

    贷：应付职工薪酬——非货币性福利

② 实际发放时：

借：应付职工薪酬——非货币性福利

　　贷：主营业务收入

　　　　应交税费——应交增值税（销项税额）

借：主营业务成本

　　存货跌价准备

　　贷：库存商品

边学边做 3.16

1. 训练目的

根据案例，完成甲公司以自产产品发放给职工作为福利的账务处理。

2. 案例设计

甲公司为家电生产企业，共有职工200名，其中170名为直接参加生产的职工，30名为总部管理人员。202×年11月，甲公司拟以其生产的每台成本为900元的电暖器作为福利发放给公司每名职工。该型号的电暖器市场售价为每台1 000元。甲公司适用的增值税税率为13%。202×年12月，甲公司向职工实际发放电暖器。

3. 分析过程

（1）202×年11月30日：

甲公司应确认的应付职工薪酬 = 200 × 1 000 × 13% + 200 × 1 000 = 226 000（元）

其中：

应记入"生产成本"账户的金额 = 170 × 1 000 × 13% + 170 × 1 000 = 192 100（元）

应记入"管理费用"账户的金额 = 30 × 1 000 × 13% + 30 × 1 000 = 33 900（元）

借：生产成本　　　　　　　　　　　　　　　　　　192 100

　　管理费用　　　　　　　　　　　　　　　　　　 33 900

　　贷：应付职工薪酬——非货币性福利　　　　　　　226 000

（2）202×年12月，实际发放时：

甲公司应确认的主营业务收入 = 200 × 1 000 = 200 000（元）

甲公司应确认的增值税销项税额 = 200 × 1 000 × 13% = 26 000（元）

甲公司应结转的销售成本 = 200 × 900 = 180 000（元）

借：应付职工薪酬——非货币性福利　　　　　　　　226 000

　　贷：主营业务收入　　　　　　　　　　　　　　　200 000

　　　　应交税费——应交增值税（销项税额）　　　　 26 000

借：主营业务成本　　　　　　　　　　　　　　　　180 000

　　贷：库存商品——电暖器　　　　　　　　　　　　180 000

（2）企业将拥有的房屋等资产无偿提供给职工使用的，应编制如下会计分录：

借：生产成本、管理费用等（按资产各期计提的折旧）

　　　　贷：应付职工薪酬——非货币性福利

　　　借：应付职工薪酬——非货币性福利

　　　　贷：累计折旧

（3）企业将租赁住房等资产供职工无偿使用的，应编制如下会计分录：

　　　借：生产成本、管理费用等（按每期应付的租金）

　　　　贷：应付职工薪酬——非货币性福利

　　　借：应付职工薪酬——非货币性福利

　　　　贷：银行存款

边学边做 3.17

1. 训练目的

根据案例，完成甲公司将拥有的汽车和租赁的住房无偿提供给职工使用的账务处理。

2. 案例设计

甲公司为总部各部门经理级别以上职工提供汽车免费使用，同时为副总裁以上高级管理人员每人租赁一套住房。甲公司总部共有部门经理以上职工 20 名，每人提供一辆桑塔纳汽车免费使用，假定每辆桑塔纳汽车每月计提折旧 1 000 元；该公司共有副总裁以上高级管理人员 5 名，公司为其每人租赁一套面积为 200 平方米的公寓，月租金为每套 8 000 元。

3. 分析过程

甲公司的有关会计分录如下：

（1）确认提供汽车的非货币性福利：

企业提供汽车供职工使用的非货币性福利 = 20 × 1 000 = 20 000（元）

借：管理费用		20 000
贷：应付职工薪酬——非货币性福利		20 000
借：应付职工薪酬——非货币性福利		20 000
贷：累计折旧		20 000

（2）确认为职工租赁住房的非货币性福利：

企业租赁住房供职工使用的非货币性福利 = 5 × 8 000 = 40 000（元）

借：管理费用		40 000
贷：应付职工薪酬——非货币性福利		40 000

甲公司每月支付住房租金时，应编制如下会计分录：

借：应付职工薪酬——非货币性福利		40 000
贷：银行存款		40 000

▶ 四、设定提存计划的核算

设定提存计划，是指企业向单独主体（如基金等）缴存固定费用后，不再承担进一步支付义务的离职后福利计划，如为职工缴纳的养老保险、失业保险。

设定提存计划的会计处理比较简单，因为企业在每一期间的义务取决于该期间将要提存的金额。因此,在计量义务或费用时不需要精算假设,通常也不存在精算利得或损失。

对于设定提存计划,企业应当根据在资产负债表日为换取职工在会计期间提供的服务而应向单独主体缴存的提存金,确认为职工薪酬,并计入当期损益或相关资产成本。

边学边做 3.18

1. 训练目的

根据案例,完成甲公司设定提存计划的账务处理。

2. 案例设计

甲公司根据所在地政府规定,按照职工工资总额的 12% 计提基本养老保险费,缴存当地社会保险经办机构。202×年7月,甲公司缴存的基本养老保险费,应计入生产成本的金额为120万元,应计入制造费用的金额为24万元,应计入管理费用的金额为43.2万元。

3. 分析过程

甲公司 202×年 7 月的账务处理如下:

```
借:生产成本                                    1 200 000
    制造费用                                      240 000
    管理费用                                      432 000
    贷:应付职工薪酬——设定提存计划                       1 872 000
```

养老保险、失业保险等在计提后短期内应支付给相关基金机构,支付时冲减负债,借记"应付职工薪酬"账户,贷记"银行存款"账户。根据设定提存计划预期不会在职工提供相关服务的年度报告期结束后 12 个月内支付全部应缴存金额的,企业应当将全部应缴存金额以折现后的金额计量应付职工薪酬。

▶ 第五节　应交税费

▶ 一、应交税费概述

企业根据税法规定应交纳的各种税费包括:增值税、消费税、城市维护建设税、资源税、企业所得税、土地增值税、房产税、车船税、土地使用税、教育费附加、印花税、耕地占用税、契税、车辆购置税等。

为了总括反映各种税费的应交、交纳等情况,企业应设置"应交税费"账户。该账户属于负债类账户,贷方登记应交纳的各种税费等,借方登记实际交纳的税费。期末余额一般在贷方,反映企业尚未交纳的税费;期末余额如在借方,反映企业多交或尚未抵扣的税费。本账户按应交的税费项目设置明细账户进行明细核算。

企业代扣代缴的个人所得税等,也通过"应交税费"账户核算,而企业交纳的印花税、耕地占用税、契税、车辆购置税等不需要预计应交数的税金,不通过"应交税费"账户核算。

▶ 二、应交增值税

（一）增值税概述

1. 增值税的概念

增值税是以商品（含应税劳务、应税行为）在流转过程中实现的增值额作为计税依据而征收的一种流转税。

2. 纳税义务人

根据我国现行增值税制度的规定，在我国境内销售货物、加工修理修配劳务（简称应税劳务）、服务、无形资产和不动产（简称应税行为）以及进口货物的企业、单位和个人为增值税的纳税人。

注意，"服务"包括交通运输服务、建筑服务、邮政服务、电信服务、金融服务、现代服务、生活服务。

3. 税率与征收率

自 2019 年 4 月 1 日起，对于增值税一般纳税人，我国增值税的税率设置了基本税率 13%、低税率 9%、6% 和纳税人出口货物零税率 3 档。

增值税一般纳税人计算增值税大多采用一般计税方法（当期销项税额减去当期进项税额）；小规模纳税人一般采用简易计税方法；一般纳税人销售服务、无形资产或者不动产，符合规定的，可以采用简易计税方法。

采用简易计税方法的增值税征收率为 3%，财政部和国家税务总局另有规定的除外。

4. 销项税额与进项税额

销项税额是指纳税人销售货物、提供应税劳务和发生应税行为时，按规定应向购买方收取的增值税税额。

进项税额是指纳税人购进货物、加工修理修配劳务、应税服务、无形资产和不动产所支付或者负担的增值税税额。包括：从销售方取得的增值税专用发票（含税控机动车销售统一发票，下同）上注明的增值税税额；从海关取得的进口增值税专用缴款书上注明的增值税税额；购进农产品，除取得增值税专用发票或者海关进口增值税专用缴款书外，如用于生产税率为 9% 的产品，按照农产品收购发票或者销售发票上注明的农产品买价和 9% 的扣除率计算的进项税额；如用于生产税率为 13% 的产品，按照农产品收购发票或者销售发票上注明的农产品买价和 10% 的扣除率计算的进项税额；接受境外单位或者个人提供的应税服务，从税务机关或者扣缴义务人取得的解缴税款的中华人民共和国税收缴款凭证上注明的增值税税额；凭取得的通行费（包括一般纳税人支付的道路、桥、闸通行费）发票上注明的收费金额和规定的方法计算的可抵扣的增值税进项税额。

当期进项税额可以从当期销项税额中抵扣，当期销项税额小于当期进项税额不足抵扣时，其不足的部分可以结转下期继续抵扣。

（二）一般纳税人的账务处理

为了正确反映和核算一般纳税人应交增值税的发生、抵扣、交纳、退税及转出等情况，增值税一般纳税人应在"应交税费"科目下设置"应交增值税""未交增值税""预交增值税""待抵扣进项税额""待认证进项税额""待转销项税额""增值税留抵税额""简易计税""转让金融商品应交增值税""代扣代交增值税"等明细科目。

1. "应交税费——应交增值税"账户

增值税一般纳税人在"应交增值税"明细账内设置"进项税额""销项税额抵减""已交税金""转出未交增值税""减免税款""出口抵减内销产品应纳税额""销项税额""出口退税""进项税额转出""转出多交增值税"等专栏。

（1）进项税额。一般纳税人购进货物、接受加工修理修配劳务或者服务、取得无形资产或者不动产，按应计入相关成本费用的金额，借记"材料采购""在途物资"或"原材料""库存商品""生产成本""无形资产""固定资产""管理费用"等账户，按当月已认证的可抵扣增值税额，借记"应交税费——应交增值税（进项税额）"账户，按当月未认证的可抵扣增值税额，借记"应交税费——待认证进项税额"账户，按应付或实际支付的金额，贷记"应付账款""应付票据""银行存款"等账户。购进货物等发生退货的，如原增值税专用发票已做认证，应根据税务机关开具的红字增值税专用发票做相反的会计分录；如原增值税专用发票未做认证，应将发票退回并做相反的会计分录。

边学边做 3.19

1. 训练目的

根据案例，完成甲公司采购原材料时涉税业务的账务处理。

2. 案例设计

甲公司购入原材料一批，增值税专用发票上注明货款为 50 000 元，增值税税额（当月已认证）为 6 500 元，原材料已验收入库，货款和进项税额已用银行存款支付。该公司采用实际成本法对存货进行核算。

3. 分析过程

甲公司的会计分录如下：

借：原材料　　　　　　　　　　　　　　　　　　　　　50 000

　　应交税费——应交增值税（进项税额）　　　　　　　　6 500

　　贷：银行存款　　　　　　　　　　　　　　　　　　　　　56 500

边学边做 3.20

1. 训练目的

根据案例，完成甲公司接受修理劳务时涉税业务的账务处理。

2. 案例设计

202× 年 6 月 25 日，甲公司委托外单位修理生产车间的机器设备，增值税专用发票上注明修理费用 20 000 元，增值税税额 2 600 元（当月已认证），款项已用银行存款支付。

3. 分析过程

甲公司应编制如下会计分录:

借:管理费用   20 000

  应交税费——应交增值税(进项税额)   2 600

   贷:银行存款   22 600

按照增值税暂行条例,企业购入免征增值税货物,一般不能够从增值税销项税额中抵扣。但是对于企业购进的农产品,除取得增值税专用发票或者海关进口增值税专用缴款书外,如用于生产税率为9%的产品,按照农产品收购发票或者销售发票上注明的农产品买价和9%的扣除率计算的进项税额;如用于生产税率为13%的产品,按照农产品收购发票或者销售发票上注明的农产品买价和10%的扣除率计算的进项税额,借记"应交税费——应交增值税(进项税额)"账户,按农产品买价扣除进项税额后的差额,借记"材料采购""在途物资""原材料"等账户,按照应付或实际支付的价款,贷记"应付账款""银行存款"等账户。

边学边做 3.21

1. 训练目的

根据案例,完成甲公司购入免税农产品时涉税业务的账务处理。

2. 案例设计

202×年5月20日,甲公司购入免税农产品一批,农产品收购发票上注明买价为200 000元。货物已经到达,货款已用银行存款支付。甲公司采用实际成本法对存货进行核算。根据《增值税暂行条例》的规定,可以按照买价的9%计算进项税额。

3. 分析过程

进项税额 = 购买价款 × 扣除率 = 200 000 × 9% = 18 000(元)

借:原材料   182 000

  应交税费——应交增值税(进项税额)   18 000

   贷:银行存款   200 000

企业在购进货物或者销售货物以及在生产经营过程中支付运输费用的,取得运费增值税专用发票上注明的增值税进项税额,准予从企业的销项税额中抵扣。

边学边做 3.22

1. 训练目的

根据案例,完成甲公司运输费用涉税业务的账务处理。

2. 案例设计

甲公司购入一批原材料,增值税专用发票上注明货款为200 000元,增值税税额为26 000元,另外向某运输公司支付运输费用,取得运输公司开具的运费增值税专用发票,发票注明运输费为 10 000 元,增值税税额 900 元。货物已经入库,货款、进项税额和运输费用已用银行存款支付。公司采用实际成本法对存货进行核算。

3. 分析过程

（1）编制与货款及进项税额有关的会计分录：

借：原材料	200 000
应交税费——应交增值税（进项税额）	26 000
贷：银行存款	226 000

（2）编制与运费有关的会计分录：

借：原材料	10 000
应交税费——应交增值税（进项税额）	900
贷：银行存款	10 900

提示

企业购入材料等不能取得增值税专用发票的,发生的增值税应计入材料采购成本。

（2）待抵扣进项税额。核算一般纳税人已取得增值税扣税凭证并经税务机关认证,按照现行增值税制度规定准予以后期间从销项税额中抵扣的进项税额。

实行纳税辅导期管理的一般纳税人按取得尚未交叉稽核比对的增值税扣税凭证上注明或计算的进项税额,借记"应交税费——待抵扣进项税额",贷记"应付账款""银行存款"等账户。尚未抵扣的进项税额待以后期间允许抵扣时,按允许抵扣的金额,借记"应交税费——应交增值税（进项税额）"账户,贷记"应交税费——待抵扣进项税额"账户。

边学边做 3.23

1. 训练目的

根据案例,完成甲公司购入原材料涉税业务的账务处理。

2. 案例设计

甲公司为实行纳税辅导期管理的增值税一般纳税人。202×年 6 月 20 日,甲公司购进一批原材料,采用实际成本核算并已验收入库,取得的增值税专用发票上注明的价款为 100 000 元,增值税进项税额为 13 000 元,但该发票尚未经过交叉稽核比对,款项尚未支付。假设不考虑其他因素。

3. 分析过程

甲公司的账务处理为：

借：原材料	100 000
应交税费——待抵扣进项税额	13 000
贷：应付账款	113 000

（3）销项税额。

① 企业销售货物、提供加工修理修配劳务、销售服务、无形资产或不动产，按应收或已收的金额，借记"应收账款""应收票据""银行存款"等账户，按取得的收入金额，贷记"主营业务收入""其他业务收入""固定资产清理""工程结算"等账户，按现行增值税制度规定计算的销项税额（或采用简易计税方法计算的应纳增值税税额），贷记"应交税费——应交增值税（销项税额）"或"应交税费——简易计税"账户（小规模纳税人应贷记"应交税费——应交增值税"账户）。发生销售退回的，应根据按规定开具的红字增值税专用发票做相反的会计分录。

提示

（1）会计上收入或利得确认时点早于增值税纳税义务发生时点的，应将相关销项税额记入"应交税费——待转销项税额"账户，待实际发生纳税义务时再转入"应交税费——应交增值税（销项税额）"或"应交税费——简易计税"账户。

（2）增值税纳税义务发生时点早于会计上收入或利得确认时点的，应将应纳增值税税额，借记"应收账款"账户，贷记"应交税费——应交增值税（销项税额）"或"应交税费——简易计税"账户，确认收入或利得时，应按扣除增值税销项税额后的金额确认收入。

边学边做 3.24

1. 训练目的

根据案例，完成甲公司在销售货物、提供加工劳务时涉税业务的账务处理。

2. 案例设计

202× 年 6 月份，甲公司发生与销售相关的交易如下：

10 日，销售产品一批，价款 500 000 元，按规定应收取增值税税额 65 000 元，提货单和增值税专用发票已交给买方，款项尚未收到。

15 日，为外单位代加工 A 产品 500 件，每件收取加工费 100 元，已加工完成。加工费 50 000 元，增值税税额为 6 500 元，款项已收取并存入银行。

3. 分析过程

甲公司应编制如下会计分录：

销售产品：

借：应收账款	565 000	
贷：主营业务收入		500 000
应交税费——应交增值税（销项税额）		65 000

提供加工劳务：

借：银行存款	56 500	
贷：主营业务收入		50 000
应交税费——应交增值税（销项税额）		6 500

② 视同销售。增值税视同销售行为包括以下几种情况：将货物交付其他单位或者个人代销；销售代销货物；设有两个以上机构并实行统一核算的纳税人，将货物从一个机构移送其他机构用于销售，但相关机构设在同一县（市）的除外；将自产、委托加工的货物用于集体福利或个人消费；将自产、委托加工或购进的货物作为投资，提供给其他单位或个体工商户；将自产、委托加工或购进的货物分配给股东或投资者；将自产、委托加工或购进的货物无偿赠送给其他单位或个人。

企业应当根据视同销售的具体内容按照现行增值税制度规定计算的销项税额（或采用简易计税方法计算的应纳增值税税额），借记"在建工程""长期股权投资""应付职工薪酬""营业外支出"等账户，贷记"应交税费——应交增值税（销项税额）"或"应交税费——简易计税"账户等。

边学边做 3.25

1. 训练目的

根据案例，完成甲公司以自产产品对外投资时涉税业务的账务处理。

2. 案例设计

202×年6月25日，甲公司用一批成本为65万元、计税价格为80万元的自产产品取得一项股权投资，并准备长期持有。增值税税率为13%。

3. 分析过程

长期股权投资的初始成本 = 80 + 80 × 13% = 90.4（万元）。

有关会计分录如下：

借：长期股权投资 904 000
　　贷：主营业务收入 800 000
　　　　应交税费——应交增值税（销项税额） 104 000
借：主营业务成本 650 000
　　贷：库存商品 650 000

提示

视同销售服务、无形资产或者不动产的情况如下：

（1）单位或者个体工商户向其他单位或者个人无偿提供服务，但用于公益事业或者以社会公众为对象的除外。

（2）单位或者个人向其他单位或者个人无偿转让无形资产或者不动产，但用于公益事业或者以社会公众为对象的除外。

（3）财政部和国家税务总局规定的其他情形。

（4）进项税额转出。因发生非正常损失或改变用途等，原已计入进项税额、待抵扣进项税额或待认证进项税额，但按现行增值税制度规定不得从销项税额中抵扣的，借记"待处理财产损溢""应付职工薪酬""固定资产""无形资产"等账户,贷记"应交税费——应交增值税(进项税额转出)""应交税费——待抵扣进项税额"或"应交税费——待认证进项税额"账户;原不得抵扣且未抵扣进项税额的固定资产、无形资产等,因改变用途等用于允许抵扣进项税额的应税项目的,应按允许抵扣的进项税额,借记"应交税费——应交增值税(进项税额)"账户,贷记"固定资产""无形资产"等账户。固定资产、无形资产等经上述调整后,应按调整后的账面价值在剩余尚可使用寿命内计提折旧或摊销。

> **提示**
>
> 此处的非正常损失,是指因管理不善造成货物被盗、丢失、霉烂变质,以及因违反法律法规造成货物或者不动产被依法没收、销毁、拆除的情形。

边学边做 3.26

1. 训练目的

根据案例,完成甲公司原材料涉税业务的账务处理。

2. 案例设计

202×年6月10日,甲公司购入一批库存材料,取得增值税专用发票注明价款为20 000元,增值税税额2 600元(当月已认证),材料验收入库,款项已用银行存款支付,采用实际成本法对存货进行核算。6月26日,该批库存材料因管理不善全部被盗。

3. 分析过程

(1)6月10日购入库存材料时:

借:原材料	20 000
应交税费——应交增值税(进项税额)	2 600
贷:银行存款	22 600

(2)6月26日因管理不善被盗时:

借:待处理财产损溢——待处理流动资产损溢	22 600
贷:原材料	20 000
应交税费——应交增值税(进项税额转出)	2 600

(5)交纳增值税。企业交纳当月的增值税时,借记"应交税费——应交增值税(已交税金)"账户,贷记"银行存款"账户。"应交税费——应交增值税"账户的贷方余额,表示企业应交纳的增值税。企业交纳以前各期未交的增值税时,借记"应交税费——未交增值税"账户,贷记"银行存款"账户。

> **提示**
>
> （1）企业交纳以前期间未交的增值税，借记"应交税费——未交增值税"账户，贷记"银行存款"账户。
>
> （2）企业预缴增值税时，借记"应交税费——预交增值税"账户，贷记"银行存款"账户。月末，企业应将"预交增值税"明细账户余额转入"未交增值税"明细账户，借记"应交税费——未交增值税"账户，贷记"应交税费——预交增值税"账户。房地产开发企业等在预缴增值税后，应直至纳税义务发生时方可从"应交税费——预交增值税"账户结转至"应交税费——未交增值税"账户。
>
> （3）对于当期直接减免的增值税，借记"应交税费——应交增值税（减免税款）"账户，贷记损益类相关账户。

边学边做 3.27

1. 训练目的

根据案例，完成甲公司交纳当月增值税时的账务处理。

2. 案例设计

202×年5月份，甲公司发生销项税额合计 136 000 元，进项税额转出合计 4 420 元，进项税额合计 80 750 元。甲公司以 30 日为一个纳税期，于 5 月 31 日交纳当月增值税，以银行存款支付。

3. 分析过程

（1）计算当月应交增值税：

202×年5月，甲公司应交增值税 = 136 000 + 4 420 − 80 750 = 59 670（元）

（2）实际交纳当月增值税，编制会计分录如下：

借：应交税费——应交增值税（已交税金）　　　　　　　　59 670
　　贷：银行存款　　　　　　　　　　　　　　　　　　　　　59 670

边学边做 3.28

1. 训练目的

根据案例，完成甲公司交纳前期增值税时的账务处理。

2. 案例设计

202×年7月31日，甲公司交纳6月份未交增值税51 000元，以银行存款支付。

3. 分析过程

甲公司应编制如下会计分录：

借：应交税费——未交增值税　　　　　　　　　　　　　　51 000
　　贷：银行存款　　　　　　　　　　　　　　　　　　　　　51 000

2."应交税费——未交增值税"账户

月份终了,企业应根据"应交税费——应交增值税"明细账户各专栏本期发生额,计算企业当期应缴纳的增值税税额,并在规定期限内申报缴纳。对于多交或未交的增值税,应编制如下会计分录:

（1）转出多交增值税:

借:应交税费——未交增值税

　　贷:应交税费——应交增值税（转出多交增值税）

（2）转出未交增值税:

借:应交税费——应交增值税（转出未交增值税）

　　贷:应交税费——未交增值税

经过结转后,月份终了,"应交税费——应交增值税"账户的余额,反映企业尚未抵扣的增值税。

（三）小规模纳税人的账务处理

小规模纳税人核算增值税采用简化的方法,即其购进货物、接受应税劳务或应税行为支付的增值税直接计入相关货物或劳务的成本。

小规模纳税人只需在"应交税费"账户下设置"应交增值税"明细账户,不需要在"应交增值税"明细账户中设置专栏。"应交税费——应交增值税"账户贷方登记应交纳的增值税,借方登记已交纳的增值税。期末余额在贷方,反映尚未交纳的增值税;期末余额在借方,反映多交纳的增值税。

小规模纳税人购进货物和接受应税劳务时支付的增值税,直接计入有关货物和劳务的成本,借记"材料采购""在途物资"等账户,贷记"银行存款"等账户。

 提示

根据2019年8月13日国家税务总局印发的《关于实施第二批便民办税缴费新举措的通知》（税总函〔2019〕243号）,目前,我国已全面推行小规模纳税人自行开具增值税专用发票。小规模纳税人可自愿使用增值税发票管理系统自行开具增值税专用发票。

边学边做 3.29

1. 训练目的

根据案例,完成小规模纳税人甲公司有关增值税的账务处理。

2. 案例设计

甲公司为增值税小规模纳税人,适用增值税征收率为3%,原材料按实际成本法核算。202×年4月10日,甲公司购入原材料一批,取得的专用发票中注明货款30 000元,增值税3 900元,款项以银行存款支付,材料验收入库。202×年4月28日,甲公司销售产品一批,所开出的普通发票中注明的货款（含税）为51 500元,款项已存入银行。4月30日用银行存款交纳本月增值税 1 500 元。

3. 分析过程

甲公司的有关会计分录如下：

（1）4 月 10 日购入原材料时：

借：原材料   33 900

  贷：银行存款   33 900

（2）4 月 28 日销售产品时：

不含税销售额 = 含税销售额 ÷（1 + 征收率）= 51 500 ÷（1 + 3%）= 50 000（元）

应交增值税 = 不含税销售额 × 征收率 = 50 000 × 3% = 1 500（元）

借：银行存款   51 500

  贷：主营业务收入   50 000

    应交税费——应交增值税   1 500

（3）4 月 30 日交纳增值税时：

借：应交税费——应交增值税   1 500

  贷：银行存款   1 500

（四）差额征税的账务处理

根据财政部和国家税务总局营改增试点政策的规定，对于企业发生的某些业务（金融商品转让、经纪代理服务、融资租赁和融资性售后回租业务、一般纳税人提供客运场站服务、试点纳税人提供旅游服务、选择简易计税方法提供建筑服务等）无法通过抵扣机制避免重复征税的，应采用差额征税方式计算交纳增值税。

1. 企业按规定相关成本费用允许扣减销售额的账务处理

按现行增值税制度规定，企业发生相关成本费用允许扣减销售额的，发生成本费用时，按应付或实际支付的金额，借记"主营业务成本"等账户，贷记"应付账款""应付票据""银行存款"等账户。待取得合规增值税扣税凭证且纳税义务发生时，按照允许抵扣的税额，借记"应交税费——应交增值税（销项税额抵减）"或"应交税费——简易计税"账户（小规模纳税人应借记"应交税费——应交增值税"账户），贷记"主营业务成本"等账户。

2. 企业转让金融商品按规定以盈亏相抵后的余额作为销售额

按现行增值税制度规定，企业实际转让金融商品，月末，如产生转让收益，则按应纳税额，借记"投资收益"等账户，贷记"应交税费——转让金融商品应交增值税"账户；如产生转让损失，则按可结转下月抵扣税额，借记"应交税费——转让金融商品应交增值税"账户，贷记"投资收益"等账户。交纳增值税时，应借记"应交税费——转让金融商品应交增值税"账户，贷记"银行存款"账户。年末，"应交税费——转让金融商品应交增值税"账户如有借方余额，则借记"投资收益"等账户，贷记"应交税费——转让金融商品应交增值税"账户。

（五）增值税税控系统专用设备和技术维护费用抵减增值税税额的账务处理

按现行增值税制度规定，企业初次购买增值税税控系统专用设备支付的费用以及缴纳的技术维护费允许在增值税应纳税额中全额抵减。增值税税控系统专用设备,包括增值税防伪税控系统设备(如金税卡、IC卡、读卡器或金税盘和报税盘)、货物运输业增值税专用发票税控系统设备(如税控盘和报税盘)、机动车销售统一发票税控系统和公路、内河货物运输业发票税控系统的设备(如税控盘和传输盘)。

企业初次购入增值税税控系统专用设备,按实际支付或应付的金额,借记"固定资产"账户,贷记"银行存款""应付账款"等账户。按规定抵减的增值税应纳税额,借记"应交税费——应交增值税(减免税款)"账户(小规模纳税人应借记"应交税费——应交增值税"账户),贷记"管理费用"等账户。企业发生增值税税控系统专用设备技术维护费应按实际支付或应付的金额,借记"管理费用"账户,贷记"银行存款"等账户。按规定抵减的增值税应纳税额,借记"应交税费——应交增值税(减免税款)"账户(小规模纳税人应借记"应交税费——应交增值税"账户),贷记"管理费用"等账户。

边学边做 3.30

1. 训练目的

根据案例,完成甲公司有关增值税的账务处理。

2. 案例设计

甲公司为增值税一般纳税人,初次购买数台增值税税控系统专用设备作为固定资产核算,取得增值税专用发票上注明的价款为10 000元,增值税税额为1 300元,价款和税款以银行存款支付。

3. 分析过程

甲公司应编制如下会计分录:

(1)取得设备,支付价款和税款时:

借:固定资产	11 300	
贷:银行存款		11 300

(2)按规定抵减增值税应纳税额时:

借:应交税费——应交增值税(减免税款)	11 300	
贷:管理费用		11 300

小微企业在取得销售收入时,应当按照现行增值税制度的规定计算应交增值税,并确认为应交税费,在达到增值税制度规定的免征增值税条件时,将有关应交增值税转入当期损益。

▶ 三、应交消费税

(一)消费税概述

消费税是指在我国境内生产、委托加工和进口应税消费品的单位和个人,按其流转额在特定环节征收的一种间接税。

消费税有从价定率、从量定额、从价定率和从量定额复合计税(简称复合计税)三种征收方法。采取从价定率方法征收的消费税,以不含增值税的销售额为税基,按照税法规定的税率计算。企业的销售收入包含增值税的,应将其换算为不含增值税的销售额。采取从量定额计征的消费税,根据按税法确定的企业应税消费品的数量和单位应税消费品应缴纳的消费税计算确定。采取复合计税计征的消费税,由以不含增值税的销售额为税基,按照税法规定的税率计算的消费税和按税法确定的企业应税消费品的数量和单位应税消费品应缴纳的消费税计算的消费税合计确定。

（二）应交消费税的账务处理

为核算应交消费税的发生、交纳情况,企业应在"应交税费"账户下设置"应交消费税"明细账户。该账户贷方登记应交纳的消费税,借方登记已交纳的消费税。期末余额在贷方,反映企业尚未交纳的消费税;期末余额在借方,反映企业多交纳的消费税。

1. 销售应税消费品

企业销售应税消费品应交的消费税,应借记"税金及附加"账户,贷记"应交税费——应交消费税"账户。

边学边做 3.31

1. 训练目的

根据案例,完成甲公司销售应税消费品涉税业务的账务处理。

2. 案例设计

甲公司销售所生产的化妆品,开具增值税专用发票,注明的价款为 1 000 000 元,增值税税额为 130 000 元,适用的消费税税率为 30%,不考虑其他相关税费。销售款项已存入银行。

3. 分析过程

甲公司的有关会计分录如下:

借:银行存款		1 130 000
贷:主营业务收入		1 000 000
应交税费——应交增值税(销项税额)		130 000

应交消费税税额 = 1 000 000 × 30% = 300 000(元)

借:税金及附加		300 000
贷:应交税费——应交消费税		300 000

2. 自产自用应税消费品

自产自用,是指纳税人在生产应税消费品后,不是用于直接对外销售,而是用于自己连续生产应税消费品,或用于其他方面,如用于在建工程、对外投资、职工福利等方面。如果纳税人用于连续生产应税消费品,在自产自用环节不征收消费税;如果纳税人用于其他方面,一般于移送使用时按视同销售交纳消费税。

企业将生产的应税消费品用于在建工程、职工福利等非生产用途时,按规定应交纳的消费税,借记"在建工程""应付职工薪酬"等账户,贷记"应交税费——应交消费税"账户。

3. 委托加工应税消费品

企业如有应交消费税的委托加工物资，一般应由<u>受托方代收代缴</u>税款。

企业委托加工的物资收回后，以不高于受托方的计税价格出售的，为直接出售，不再征收消费税，应将受托方代收代缴的消费税计入委托加工物资的成本，借记"委托加工物资"账户，贷记"银行存款"等账户。

委托加工物资收回后用于连续生产应税消费品，按规定准予抵扣的，应按已由受托方代收代缴的消费税，借记"应交税费——应交消费税"账户，贷记"应付账款""银行存款"等账户。待生产的应税消费品完工并销售时，再交纳消费税。

 **边学边做 3.32**

1. 训练目的

根据案例，完成甲公司委托加工应税消费品业务的账务处理。

2. 案例设计

甲、乙公司均为增值税一般纳税人，甲公司委托乙公司代为加工一批应税消费品烟丝。甲公司发出的烟叶成本为 100 000 元，加工费为 40 000 元，增值税为 5 200 元。乙公司给甲公司开具增值税专用发票，由乙公司代收代缴的消费税为 60 000 元，材料已经加工完成，并由甲公司收回验收入库，各项款项尚未支付。甲公司采用实际成本法对存货进行核算。

3. 分析过程

（1）如果甲公司收回的烟丝用于继续生产应税消费品卷烟，且在委托加工物资收回后直接全部领用出库。

① 甲公司发出委托加工材料时，应编制如下会计分录：

借：委托加工物资		100 000
贷：原材料		100 000

② 在甲公司收回委托加工物资时，应编制如下会计分录：

借：委托加工物资		40 000
应交税费——应交增值税（进项税额）		5 200
——应交消费税		60 000
贷：应付账款		105 200
借：原材料		140 000
贷：委托加工物资		140 000

待甲公司收回的烟丝加工成卷烟后，再以卷烟的方式交纳消费税。

（2）如果甲公司收回的委托加工物资烟丝直接对外销售（售价不高于乙公司的计税价格）。

① 甲公司发出委托加工材料时，应编制如下会计分录：

借：委托加工物资		100 000
贷：原材料		100 000

② 在甲公司收回委托加工物资时，应编制如下会计分录：

```
借：委托加工物资                                        100 000
    应交税费——应交增值税（进项税额）                      5 200
    贷：应付账款                                        105 200
借：库存商品                                            200 000
    贷：委托加工物资                                      200 000
```

4. 进口应税消费品

企业进口应税物资在进口环节应交的消费税，计入该项物资的成本，借记"材料采购""固定资产"等账户，贷记"银行存款"等账户。

▶ 四、其他应交税费

其他应交税费是指除上述应交税费以外的其他各种应上交国家的税费，包括应交资源税、应交城市维护建设税、应交土地增值税、应交所得税、应交房产税、应交土地使用税、应交车船税、应交印花税、应交教育费附加、应交个人所得税等。企业应当在"应交税费"账户下设置相应的明细账户进行核算，贷方登记应交纳的有关税费，借方登记已交纳的有关税费，期末贷方余额反映尚未交纳的有关税费。

（一）应交资源税

1. 资源税的含义

资源税是对在我国境内开采矿产品或者生产盐的单位和个人征收的税。资源税的征收采取从价定率为主和从量定额为辅的方式。采取从价定率方法征收的，以应税产品的销售额为计税依据；采取从量定额征收的，以应税产品的销售数量或自用数量为计税依据。

2. 应交资源税的账务处理

（1）企业对外销售应税产品应交纳资源税时：

借：税金及附加

　　贷：应交税费——应交资源税

（2）开采或生产应税产品用于连续生产资源税应税产品的，不交纳资源税。

（3）用于其他方面的，视同销售，应交纳资源税时：

借：生产成本、制造费用等

　　贷：应交税费——应交资源税

 边学边做 3.33

1. 训练目的

根据案例，完成某煤矿应交资源税的账务处理。

2. 案例设计

某煤矿202×年5月销售煤炭500 000吨，已知该煤炭单位售价400元/吨。煤炭资源税税率为5%。

3. 分析过程

（1）计算对外销售煤炭应交资源税：

该煤矿对外销售应税产品而应交的资源税 $= 500\,000 \times 400 \times 5\% = 10\,000\,000$（元）

借：税金及附加   10 000 000

   贷：应交税费——应交资源税   10 000 000

（2）交纳资源税时：

借：应交税费——应交资源税   10 000 000

   贷：银行存款   10 000 000

（二）应交城市维护建设税

1. 城市维护建设税的含义

城市维护建设税是以增值税和消费税为计税依据征收的一种税。其纳税人为交纳增值税、消费税的单位和个人，以纳税人实际交纳的增值税、消费税税额为计税依据，并分别与两项税金同时交纳。税率因纳税人所在地不同，从 1%～7% 不等。公式为：

应纳税额 =（实际交纳的增值税 + 实际交纳的消费税）× 适用税率

2. 应交城市维护建设税的账务处理

（1）企业按规定计算出应交纳的城市维护建设税：

借：税金及附加

   贷：应交税费——应交城市维护建设税

（2）实际交纳时：

借：应交税费——应交城市维护建设税

   贷：银行存款

边学边做 3.34

1. 训练目的

根据案例，完成甲公司应交城市维护建设税的账务处理。

2. 案例设计

202× 年 5 月，甲公司实际应交增值税为 360 000 元、消费税为 240 000 元。该公司适用的城市维护建设税税率为 7%。

3. 分析过程

（1）计算应交城市维护建设税。

应交的城市维护建设税 =（360 000 + 240 000）× 7% = 42 000（元）

（2）编制计提城市维护建设税的会计分录：

借：税金及附加   42 000

   贷：应交税费——应交城市维护建设税   42 000

（3）编制用银行存款上交城市维护建设税的会计分录：

借：应交税费——应交城市维护建设税   42 000

贷：银行存款　　　　　　　　　　　　　　　　　　　　　　42 000

（三）应交教育费附加

1. 教育费附加的含义

教育费附加是为了发展教育事业而向企业征收的附加费用，其纳税人为交纳增值税、消费税的单位和个人，以纳税人实际交纳的增值税、消费税税额为计税依据，并分别与两项税金同时交纳。一般征收比率为3%。公式为：

$$应交教育费附加 =（实际交纳的增值税 + 实际交纳的消费税）\times 3\%$$

2. 应交教育费附加的账务处理

（1）企业计提应交纳的教育费附加时：

借：税金及附加

　　贷：应交税费——应交教育费附加

（2）企业实际交纳时：

借：应交税费——应交教育费附加

　　贷：银行存款

（四）应交土地增值税

1. 土地增值税的含义

土地增值税是对转让国有土地使用权、地上的建筑物及其附着物（以下简称转让房地产）并取得增值性收入的单位和个人征收的一种税。

土地增值税以纳税人转让房地产所取得的增值额为计税依据，再按照超率累进税率，计算应纳税额。

2. 应交土地增值税的账务处理

根据企业对房地产核算方法不同，企业应交土地增值税的账务处理也有所区别。

（1）转让的土地使用权以及地上的建筑物及其附着物一并在"固定资产"账户核算的：

借：固定资产清理

　　贷：应交税费——应交土地增值税

（2）转让的土地使用权在"无形资产"账户核算的：

借：银行存款（实际收到的金额）

　　累计摊销

　　无形资产减值准备

　　贷：无形资产（账面余额）

　　　　应交税费——应交土地增值税

　　　　资产处置损益（或借记）

（3）房地产开发企业销售房地产的：

按税法规定预交土地增值税时，应编制如下会计分录：

借：税金及附加

　　贷：应交税费——应交土地增值税

借：应交税费——应交土地增值税
　　贷：银行存款

（五）应交房产税、城镇土地使用税和车船税

1. 房产税、城镇土地使用税和车船税的含义

房产税是国家对在城市、县城、建制镇和工矿区征收的由产权所有人缴纳的一种税。房产税依照房产原值一次减除 10%～30% 后的余额计算交纳。没有房产原值作为依据的，由房产所在地税务机关参考同类房产核定；房产出租的，以房产租金收入为房产税的计税依据。

城镇土地使用税是以城市、县城、建制镇、工矿区范围内使用土地的单位和个人为纳税人，以其实际占用的土地面积和规定税额计算征收的一种税。

车船税是以车辆、船舶（简称车船）为课征对象，向车船的所有人或者管理人征收的一种税。

2. 应交房产税、城镇土地使用税和车船税的账务处理

企业应交的房产税、城镇土地使用税和车船税，记入"税金及附加"账户，借记"税金及附加"账户，贷记"应交税费——应交房产税（或应交城镇土地使用税、应交车船税）"账户。

（六）应交个人所得税

企业职工按规定应交纳的个人所得税通常由单位代扣代缴。企业按规定计算的代扣代缴的职工个人所得税，借记"应付职工薪酬"账户，贷记"应交税费——应交个人所得税"账户；企业交纳个人所得税时，借记"应交税费——应交个人所得税"账户，贷记"银行存款"等账户。

（七）应交契税、耕地占用税、车辆购置税和印花税

1. 契税、耕地占用税、车辆购置税和印花税的含义

契税是以所有权发生转移变动的不动产为征税对象，向产权承受人征收的一种财产税。征税对象为发生土地使用权和房屋所有权权属转移的土地和房屋。契税适用 3%～5% 的比例税率。

耕地占用税是我国对占用耕地建房或者从事其他非农业建设的单位和个人，依据其实际占用耕地面积、按照规定税额一次性征收的一种税。耕地占用税采用地区差别定额税率。

车辆购置税是对在境内购置规定车辆的单位和个人征收的一种税，它实行统一比例税率，税率为 10%。

印花税是对经济活动和经济交往中书立、领受凭证征收的一种税。因采用在应税凭证上粘贴印花税票作为完税标志而得名。其征收范围为经济合同、产权转移书据、营业账簿、权利、许可证照，采用比例税率和定额税率两种税率。

2. 应交契税、耕地占用税、车辆购置税和印花税的账务处理

企业应交的契税、耕地占用税、车辆购置税不通过"应交税费"账户核算，而是在交纳税款时，直接计入有关资产的成本，借记"在建工程""固定资产"等账户，贷记"银行存款"等账户。

企业交纳的印花税，不会发生应付未付税款的情况，不需要预计应纳税金额，同时也不存在与税务机关结算或者清算的问题。因此，企业交纳的印花税不通过"应交税费"账户核算，于购买印花税票时，直接借记"税金及附加"账户，贷记"银行存款"账户。

▶ **本章知识回顾**

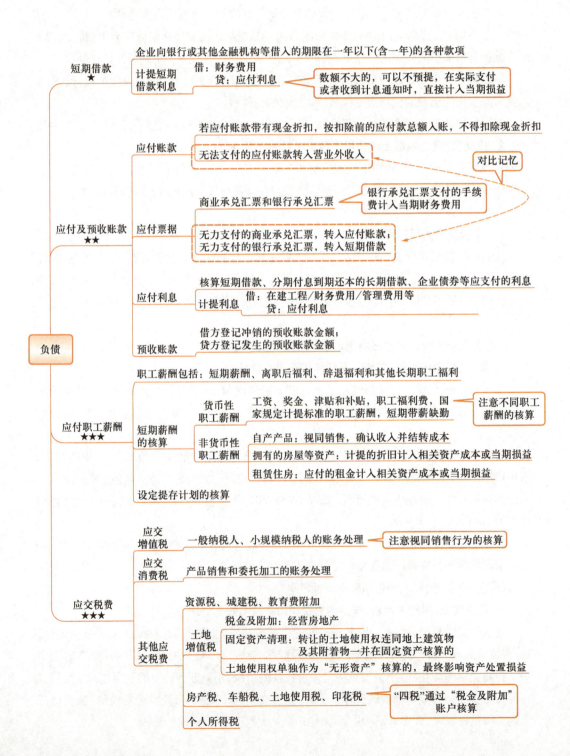

第四章 所有者权益

本章 →导读

前面章节讲解了会计基本等式中的两个要素,本章将讲解第三个会计要素——所有者权益。所有者权益是指企业资产扣除负债后由所有者享有的剩余权益,公司所有者权益又称为股东权益。所有者权益是企业投资人对企业净资产的所有权,它随着总资产和总负债的变动而发生增减变动。所有者权益包含所有者以其出资额的比例分享企业利润。与此同时,所有者也必须以其出资额承担企业的经营风险。

本章主要介绍所有者权益的确认与计量,包括实收资本(或股本)、资本公积、盈余公积和未分配利润等的增减变动处理。

通过本章的学习,要求学生掌握各项所有者权益的完整账务处理。

教学 →目标

▶ **考核目标**

1. 掌握实收资本的核算内容及其具体核算
2. 掌握资本公积的核算内容及其具体核算
3. 掌握留存收益的核算内容及其具体核算

▶ **实践目标**

1. 能够熟练进行实收资本(股本)增减变动的账务处理
2. 能够熟练进行资本公积(资本溢价或股本溢价)和资本公积(其他资本公积)的账务处理
3. 能熟练进行盈余公积计提、盈余公积转增资本及盈余公积发放股利的账务处理
4. 熟悉利润分配的过程、未分配利润的含义,并做出准确的账务处理
5. 能够填制和审核与所有者投入资金和内部积累资金核算的有关原始凭证,并填制记账凭证

▶ 第一节　所有者权益概述

▶ 一、所有者权益的定义和特征

所有者权益是指企业资产扣除负债后由所有者享有的剩余权益,其金额为资产减去负债后的余额。公司的所有者权益又称为股东权益。

根据所有者权益的定义,所有者权益具有以下几个特征:

(1)除非发生减资、清算或分派现金股利,企业不需要偿还所有者权益。

(2)企业清算时,只有在清偿所有的负债后,所有者权益才返还给所有者。

(3)所有者凭借所有者权益能够参与企业利润的分配。

▶ 二、所有者权益的来源构成

所有者权益的来源包括所有者投入的资本、直接计入所有者权益的利得和损失(其他综合收益)、留存收益等,通常由实收资本(或股本)、资本公积(含资本溢价或股本溢价、其他资本公积)、其他综合收益、留存收益(盈余公积和未分配利润)构成。

(一)所有者投入的资本

所有者投入的资本是指所有者投入企业的所有资本,既包括构成企业注册资本或股本部分的金额(即实收资本或股本),也包括投入资本超过注册资本或者股本部分的金额,计入资本公积(资本溢价或股本溢价)。

(二)直接计入所有者权益的利得和损失

直接计入所有者权益的利得和损失,是指不应计入当期损益、会导致所有者权益发生增减变动的、与所有者投入资本或者向所有者分配利润无关的利得和损失。

利得是指由企业非日常活动所形成的、会导致所有者权益增加的、与所有者投入资本无关的经济利益的流入。损失是指由企业非日常活动所发生的、会导致所有者权益减少的、与向所有者分配利润无关的经济利益的流出。

(三)留存收益

留存收益是企业历年实现的净利润留存于企业的部分,主要包括累计计提的盈余公积和未分配利润。

▶ 三、所有者权益的确认条件

所有者权益体现的是所有者在企业中的剩余权益,因此,所有者权益的确认主要依赖于其他会计要素,尤其是资产和负债要素的确认;所有者权益金额的确定也主要取决于资产和负债的计量。所有者权益在数量上等于企业资产总额扣除债权人权益后的净额,即为企业的净资产。例如,企业接受投资者投入的资产,在该资产符合资产确认条件时,就相应地符合了所有者权益的确认条件;当该资产的价值能够可靠计量时,所有者权益的金额也就可以确定。

边学边思

所有者权益与负债有什么区别?

▶ 第二节 实收资本

▶ 一、实收资本概述

(一)实收资本的含义

实收资本是指企业按照章程规定或合同、协议约定,接受投资者投入企业的资本。实收资本的构成比例或股东的股份比例,是确定所有者在企业所有者权益中份额的基础,也是企业进行利润或股利分配的主要依据。

(二)投资者的出资方式

《中华人民共和国公司法》规定,股东可以用货币出资,也可以用实物、知识产权、土地使用权等可以用货币估价并可以依法转让的非货币财产作价出资;但是,法律、行政法规规定不得作为出资的财产除外。企业应当对作为出资的非货币财产评估作价,核实财产,不得高估或者低估作价。法律、行政法规对评估作价有规定的,从其规定。股东应当按期足额缴纳公司章程中规定的各自所认缴的出资额。股东不按照前款规定缴纳出资的,除应当向公司足额缴纳外,还应当向已按期足额缴纳出资的股东承担违约责任。

企业收到所有者投入企业的资本后,应根据有关原始凭证(如投资清单、银行通知单等),分别不同的出资方式进行会计处理。

(三)账户设置

为了核算投资者投入资本的增减变动情况,股份有限公司以外的企业应设置"实收资本"账户。该账户属于所有者权益类账户,贷方登记企业实际收到投资者投入资本的增加额或者资本公积、盈余公积转增资本的数额,借方登记投入资本的减少额,期末余额在贷方,反映现有的实收资本额。本账户可按投资者设置明细账户,进行明细分类核算。

股份有限公司应设置"股本"账户,核算公司实际发行股票的面值总额。该账户贷方登记公司在核定的股份总额范围内实际发行股票的面值总额,借方登记公司按照法定程序经批准减少的股本数额,期末余额在贷方,反映公司股本实有数额。

▶ 二、实收资本增加的账务处理

实收资本（股本）增加的核算

企业实收资本增加主要有四个途径：接受投资者初始投资、接受投资者追加投资、资本公积转增资本和盈余公积转增资本。

（一）初始投资

实收资本的构成比例即投资者的出资比例或股东的股份比例，通常是确定所有者在企业所有者权益中所占的份额和参与企业生产经营决策的基础，也是企业进行利润分配或股利分配的依据，同时还是企业清算时确定所有者对净资产的要求权的依据。

1. 接受现金资产投资

（1）股份有限公司以外的企业接受现金资产投资。

边学边做 4.1

1. 训练目的

根据案例，完成甲有限责任公司在接受现金资产投资时的账务处理。

2. 案例设计

A、B、C 共同投资设立甲有限责任公司，注册资本为 200 万元，A、B、C 持股比例分别为 60%、25% 和 15%。按照章程规定，A、B、C 投入资本分别为 120 万元、50 万元和 30 万元。甲有限责任公司已如期收到各投资者一次缴足的款项。

3. 分析过程

甲有限责任公司在进行会计处理时，应编制如下会计分录：

借：银行存款	2 000 000
贷：实收资本——A	1 200 000
——B	500 000
——C	300 000

（2）股份有限公司接受现金资产投资。股份有限公司发行股票时，既可以按面值发行股票，也可以溢价发行（我国目前不允许折价发行）。股份有限公司在发行股票收到现金资产时，按实际收到的金额借记"银行存款"等账户，按每股股票面值和发行股数的乘积计算的金额，贷记"股本"账户，差额贷记"资本公积——股本溢价"账户。

边学边做 4.2

1. 训练目的

根据案例,完成甲股份有限公司在接受现金资产投资时的账务处理。

2. 案例设计

甲股份有限公司发行普通股1 000万股,每股面值1元,每股发行价格5元。假定股票发行成功,股款5 000万元已全部收到,不考虑发行过程中的税费等因素。

3. 分析过程

根据上述资料,甲股份有限公司应记入"资本公积"账户的金额=5 000-1 000×1=4 000(万元)

本例中,甲股份有限公司发行股票实际收到的款项为5 000万元,应借记"银行存款"账户;实际发行的股票面值总额为1 000万元,应贷记"股本"账户;按其差额,贷记"资本公积——股本溢价"账户。会计分录如下:

借:银行存款		50 000 000
贷:股本		10 000 000
资本公积——股本溢价		40 000 000

2. 接受非现金资产投资

(1)接受投入固定资产。企业接受投资者作价投入的房屋、建筑物、机器设备等固定资产,应按投资合同或协议约定的价值确定固定资产价值(但投资合同或协议约定价值不公允的除外),借记"固定资产"账户;按照可以抵扣的增值税进项税额,借记"应交税费——应交增值税(进项税额)"账户;按投资者在注册资本中应享有的份额,贷记"实收资本"或"股本"账户,差额贷记"资本公积——资本溢价"或"资本公积——股本溢价"账户。如果是借方差额,应冲减资本公积——资本溢价或股本溢价,资本溢价或股本溢价不足时,冲减留存收益。

边学边做 4.3

1. 训练目的

根据案例,完成甲有限责任公司(以下简称甲公司)在接受固定资产投资时的账务处理。

2. 案例设计

甲公司于设立时收到乙公司作为资本投入的不需要安装的机器设备一台,合同约定该机器设备的价值为300万元,增值税进项税额为39万元。经约定,甲公司接受乙公司的投入资本为339万元。合同约定的固定资产价值与公允价值相符,不考虑其他因素。

3. 分析过程

本例中,该项固定资产合同约定的价值与公允价值相符,甲公司接受乙公司投入的固定资产按合同约定金额与增值税进项税额作为实收资本,因此,可按339万元的金额贷记"实收资本"账户。甲公司应编制如下会计分录:

借：固定资产	3 000 000
应交税费——应交增值税（进项税额）	390 000
贷：实收资本——乙公司	3 390 000

（2）接受投入材料物资。企业接受投资者作价投入的材料物资，应按投资合同或协议约定的价值确定材料物资价值（但投资合同或协议约定价值不公允的除外）和在注册资本中应享有的份额。

边学边做 4.4

1. 训练目的

根据案例，完成甲有限责任公司（以下简称甲公司）在接受材料物资投资时的账务处理。

2. 案例设计

甲公司于设立时收到乙公司作为资本投入的原材料一批，该批原材料投资合同约定价值（不含可抵扣的增值税进项税额部分）为 20 万元，增值税进项税额为 2.6 万元。乙公司已开具了增值税专用发票。假设合同约定的价值与公允价值相符，乙公司在甲公司注册资本中享有的份额为 21 万元。原材料按实际成本进行日常核算。

3. 分析过程

本例中，原材料的合同约定价值与公允价值相符，因此，可按照 20 万元的金额借记"原材料"账户；同时，该进项税额允许抵扣，因此，增值税专用发票上注明的增值税税额 2.6 万元，应借记"应交税费——应交增值税（进项税额）"科目；按乙公司在甲公司注册资本中享有的份额 21 万元贷记"实收资本"科目，差额作为资本溢价。

甲公司应编制如下会计分录：

借：原材料	200 000
应交税费——应交增值税（进项税额）	26 000
贷：实收资本——乙公司	210 000
资本公积——资本溢价	16 000

（3）接受投入无形资产。企业收到以无形资产方式投入的资本，应按投资合同或协议约定的价值确定无形资产价值（但投资合同或协议约定价值不公允的除外）和在注册资本中应享有的份额。

边学边做 4.5

1. 训练目的

根据案例，完成甲公司在接受无形资产投资时的账务处理。

2. 案例设计

甲股份有限公司于设立时收到 A 公司作为资本投入的非专利技术一项，该非专利技术投资合同约定价值为 60 000 元,增值税进项税额为 3 600 元(由投资方支付税款,并提供或开具增值税专用发票);同时收到 B 公司作为资本投入的土地使用权一项,投资合同约定价值为 80 000 元,增值税进项税额为 7 200 元(由投资方支付税款,并提供或开具增值税专用发票)。假设甲公司接受该非专利技术和土地使用权符合国家注册资本管理的有关规定,可按合同约定作股本入账,合同约定的价值与公允价值相符,不考虑其他因素。

3. 分析过程

本例中,甲公司为股份有限公司,而不是有限责任公司,A、B 公司投入的非专利技术和土地使用权应按合同约定金额记入"股本"账户。

甲股份有限公司应编制如下会计分录:

借:无形资产——非专利技术	60 000	
——土地使用权	80 000	
应交税费——应交增值税(进项税额)	10 800	
贷:股本——A 公司		63 600
——B 公司		87 200

(二)追加投资

在接受投资者追加投资时,核算原则与初始投资时一样。

 **边学边做 4.6**

1. 训练目的

根据案例,完成甲公司接受投资者追加投资的账务处理。

2. 案例设计

A、B、C 三人共同投资设立了甲有限责任公司,原注册资本为 400 万元,A、B、C 分别出资 50 万元、200 万元和 150 万元。为扩大经营规模,经批准,甲公司注册资本扩大为 500 万元,A、B、C 按照原出资比例分别追加投资 12.5 万元、50 万元和 37.5 万元。甲有限责任公司如期收到 A、B、C 追加的现金投资。

3. 分析过程

本例中,A、B、C 三人按原出资比例追加实收资本,因此,甲有限责任公司应分别按照 12.5 万元、50 万元和 37.5 万元的金额贷记"实收资本"账户中 A、B、C 明细分类账。甲公司应编制如下会计分录:

借:银行存款	1 000 000	
贷:实收资本——A		125 000
——B		500 000
——C		375 000

（三）资本公积转增资本

边学边做 4.7

1. 训练目的

根据案例，完成甲公司资本公积转增资本的账务处理。

2. 案例设计

案例资料承边学边做 4.6。

因扩大经营规模需要，经批准，甲公司按原出资比例将资本公积 100 万元转增资本。

3. 分析过程

本例中，资本公积 100 万元按原出资比例转增实收资本，因此，甲公司应分别按照 12.5 万元、50 万元和 37.5 万元的金额贷记"实收资本"账户中 A、B、C 明细分类账。甲公司应编制如下会计分录：

```
借：资本公积                                      1 000 000
    贷：实收资本——A                                125 000
              ——B                                500 000
              ——C                                375 000
```

（四）盈余公积转增资本

边学边做 4.8

1. 训练目的

根据案例，完成甲公司盈余公积转增资本的账务处理。

2. 案例设计

案例资料承边学边做 4.6。

因扩大经营规模需要，经批准，甲公司按原出资比例将盈余公积 100 万元转增资本。

3. 分析过程

本例中，盈余公积 100 万元按原出资比例转增实收资本，因此，甲公司应分别按照 12.5 万元、50 万元和 37.5 万元的金额贷记"实收资本"账户中 A、B、C 明细分类账。甲公司应编制如下会计分录：

```
借：盈余公积                                      1 000 000
    贷：实收资本——A                                125 000
              ——B                                500 000
              ——C                                375 000
```

需要注意的是，由于资本公积和盈余公积均属于所有者权益，用其转增资本时，如果是独资企业比较简单,直接结转即可。如果是股份有限公司或有限责任公司应该按照原投资者各自出资比例相应增加各投资者的出资额。

▶ 三、实收资本减少的账务处理

实收资本(股本)减少的核算

(一)非股份有限公司

股份有限公司以外的企业按法定程序报经批准减少注册资本的,应按减少的注册资本金额减少实收资本,即直接注销资本,会计分录为:

借:实收资本
　　贷:银行存款

(二)股份有限公司

股份有限公司主要是采用回购本企业股票的方式来减资。采用收购本公司股票方式减资的,具体会计处理如下:

1. 回购本公司股票

借:库存股(实际支付的金额)
　　贷:银行存款

2. 注销库存股

(1)回购价格高于回购股票的面值总额时:

借:股本(注销股票的面值总额)
　　资本公积——股本溢价(差额先冲股票发行时的溢价)
　　盈余公积(股票发行时的溢价不够冲减的)
　　利润分配——未分配利润(盈余公积不够冲减的)
　　贷:库存股(注销库存股的账面余额)

提示

　　资本公积——股本溢价不足冲减的,应依次冲减"盈余公积""利润分配——未分配利润"等账户。

(2)回购价格低于回购股票的面值总额时:

借:股本(注销股票的面值总额)
　　贷:库存股(注销库存股的账面余额)
　　　　资本公积——股本溢价(差额)

1. 训练目的

根据案例，完成甲公司回购股票减资的账务处理。

2. 案例设计

2020 年 12 月 31 日，甲上市公司的股本为 10 000 万元（面值为 1 元），资本公积（股本溢价）为 3 000 万元，盈余公积为 4 000 万元。经股东大会批准，甲上市公司以现金回购方式回购本公司股票 2 000 万股并注销。假定甲上市公司按每股 2 元回购股票，不考虑其他因素。

3. 分析过程

甲上市公司应编制如下会计分录：

（1）回购本公司股份时：

借：库存股　　　　　　　　　　　　　　　　　　　40 000 000

　　贷：银行存款　　　　　　　　　　　　　　　　　　　　40 000 000

库存股成本 = 2 000 × 2 = 4 000（万元）

（2）注销本公司股份时：

借：股本　　　　　　　　　　　　　　　　　　　　20 000 000

　　资本公积——股本溢价　　　　　　　　　　　　　20 000 000

　　贷：库存股　　　　　　　　　　　　　　　　　　　　40 000 000

应冲减的资本公积 = 2 000 × 2 − 2 000 × 1 = 2 000（万元）

▶ 第三节　资本公积

▶ 一、资本公积概述

（一）资本公积的含义

资本公积是企业收到投资者出资额超出其在注册资本（或股本）中所占份额的部分，以及其他资本公积等。资本公积包括资本溢价（或股本溢价）和其他资本公积等。

（二）资本公积的来源

资本溢价（或股本溢价），是指企业收到的投资者出资额超出其在注册资本（或股本）中所占份额的部分。形成资本溢价（或股本溢价）的原因有溢价发行股票、投资者超额缴入资本等。

其他资本公积，是指除净损益、其他综合收益和利润分配以外的所有者权益的其他变动。比如长期股权投资采用权益法核算时，因被投资单位除净损益、其他综合收益和利润分配以外的所有者权益其他变动，投资企业按应享有的份额而增加或减少的资本公积。

▶ 二、资本公积的账务处理

资本公积一般应当设置"资本溢价（或股本溢价）""其他资本公积"明细账户进行核算。

（一）资本溢价（或股本溢价）

1. 资本溢价

除股份有限公司外的其他类型的企业，在企业创立时，投资者认缴的出资额与注册资本一致，一般不会产生资本溢价。但在企业重组或有新的投资者加入时，常常会出现资本溢价。

因为在企业进行正常生产经营后，其资本利润率通常要高于企业初创阶段。另外，企业有内部积累，新投资者加入企业后，对这些积累也要分享，所以新加入的投资者往往要付出大于原投资者的出资额，才能取得与原投资者相同的出资比例。投资者多缴的部分就形成了资本溢价。

边学边做 4.10

1. 训练目的

根据案例，完成甲有限责任公司收到投资者出资额时产生资本溢价的账务处理。

2. 案例设计

甲有限责任公司由两位投资者投资 400 000 元设立，每人各出资 200 000 元。一年后，为扩大经营规模，经批准，甲有限责任公司注册资本增加到 600 000 元，并引入第三位投资者加入。按照投资协议，新投资者需缴入现金 220 000 元，同时享有该公司三分之一的股份。甲有限责任公司已收到该现金投资。假定不考虑其他因素。

3. 分析过程

本例中，甲有限责任公司收到第三位投资者的现金投资 220 000 元中，200 000 元属于第三位投资者在注册资本中所享有的份额，应记入"实收资本"账户，20 000 元属于资本溢价，应记入"资本公积——资本溢价"账户。甲有限责任公司应编制如下会计分录：

借：银行存款　　　　　　　　　　　　　　　　　　220 000
　　贷：实收资本　　　　　　　　　　　　　　　　　　200 000
　　　　资本公积——资本溢价　　　　　　　　　　　　　20 000

2. 股本溢价

股份有限公司是以发行股票的方式筹集股本的，股票可按面值发行，也可按溢价发行，我国目前不准折价发行。在按面值发行股票的情况下，企业发行股票取得的收入，应全部作为股本处理;在溢价发行股票的情况下,企业发行股票取得的收入,股票面值部分作为股本处理,超出股票面值的溢价收入应作为股本溢价处理。

与其他类型的企业不同,股份有限公司在成立时可能会溢价发行股票,因而在成立之初,就可能会产生股本溢价。股本溢价的数额等于股份有限公司发行股票时实际收到的款项超过股票面值总额的部分。

发行股票相关的手续费、佣金等交易费用,如果是溢价发行股票的,应从溢价中抵扣,冲减资本公积(股本溢价);无溢价发行股票或溢价金额不足以抵扣的,应将不足抵扣的部分冲减盈余公积和未分配利润。

边学边做 4.11

1. 训练目的

根据案例,完成甲股份有限公司发行股票产生股本溢价的账务处理。

2. 案例设计

甲股份有限公司首次公开发行了普通股5 000万股,每股面值1元,每股发行价格为4元。甲股份有限公司与证券公司约定,按发行收入的3%支付佣金,从发行收入中扣除。假定收到的股款已存入银行。

3. 分析过程

(1)计算应确认的资本公积(股本溢价)金额:

甲股份有限公司收到证券公司转来的发行收入 = 5 000×4×(1−3%) = 19 400(万元)

应记入"资本公积"账户的金额 = 溢价收入 − 发行佣金

$$= 5\,000×(4−1)−5\,000×4×3\% = 14\,400(万元)$$

(2)编制会计分录:

借:银行存款   194 000 000
　　贷:股本   50 000 000
　　　　资本公积——股本溢价   144 000 000

(二)其他资本公积

长期股权投资采用权益法核算的,在持股比例不变的情况下,被投资单位除净损益、其他综合收益和利润分配以外的所有者权益的其他变动,投资企业按持股比例计算应享有的份额,应增加或减少长期股权投资的账面价值,同时增加或减少资本公积(其他资本公积)。在该项长期股权投资处置时,应将原计入资本公积(其他资本公积)的金额转入投资收益。

边学边做 4.12

1. 训练目的

根据案例,完成甲公司长期股权投资采用权益法核算产生其他资本公积的账务处理。

2. 案例设计

甲有限责任公司于 202× 年 1 月 1 日向乙公司投资 4 000 000 元,拥有该公司 20% 的股份,并对该公司有重大影响,因而对乙公司长期股权投资采用权益法核算。202× 年 12 月 31 日,乙公司除净损益、其他综合收益和利润分配之外的所有者权益增加了 500 000 元。假定除此以外,乙公司的所有者权益没有变化,甲有限责任公司的持股比例没有变化,乙公司资产的账面价值与公允价值一致,不考虑其他因素。

3. 分析过程

甲有限责任公司对乙公司投资增加的资本公积 = 500 000 × 20% = 100 000(元)

甲有限责任公司应编制如下会计分录:

借:长期股权投资——乙公司(其他权益变动)　　　　　　　100 000
　　贷:资本公积——其他资本公积　　　　　　　　　　　　　　　100 000

(三)资本公积转增资本

经股东大会或类似机构决议,用资本公积转增资本时,应冲减资本公积,同时按照转增资本前的实收资本(或股本)的结构或比例,将转增的金额记入“实收资本”(或“股本”)账户下各所有者的明细分类账。

有关账务处理,参见本章边学边做 4.7 的有关内容。

提示

　　资本公积(资本溢价或股本溢价)可以转增资本,资本公积(其他资本公积)不得转增资本。

▶ 第四节　留存收益

▶ 一、留存收益概述

留存收益是指企业从历年实现的利润中提取或形成的留存于企业的内部积累,包括盈余公积和未分配利润。

盈余公积是指企业按照有关规定从净利润中提取的积累资金。公司制企业的盈余公积包括法定盈余公积和任意盈余公积。法定盈余公积是指企业按照规定的比例从净利润中提取的盈余公积。任意盈余公积是指企业按照股东会或股东大会决议提取的盈余公积。

企业提取的盈余公积经批准可用于弥补亏损、转增资本、发放现金股利或利润等。

未分配利润是指企业实现的净利润经过弥补亏损、提取盈余公积和向投资者分配利润后留存在企业的、历年结存的利润。相对于所有者权益的其他部分来说,企业对于未分配利润的使用有较大的自主权。

边学边思

留存收益与资本公积有何区别?

▶ 二、留存收益的账务处理

（一）盈余公积

1. 提取盈余公积的相关法律规定

按照《中华人民共和国公司法》有关规定,公司制企业应按照净利润（减弥补以前年度亏损,下同）的 10% 提取法定盈余公积。按照《中华人民共和国企业所得税法》规定,以前年度亏损（5 年内）可用税前利润弥补,从第 6 年起只能用税后利润弥补。非公司制企业法定盈余公积的提取比例可超过净利润的 10%。法定盈余公积累计额已达到注册资本的 50% 时可以不再提取。

提示

如果以前年度未分配利润有盈余（即年初未分配利润余额为正数）,在计算提取法定盈余公积的基数时,不应包括企业年初未分配利润;如果以前年度有亏损（即年初未分配利润余额为负数）,应先弥补以前年度亏损再提取盈余公积。

公司制企业可根据股东会或股东大会的决议提取任意盈余公积。非公司制企业经类似权力机构批准,也可提取任意盈余公积。法定盈余公积和任意盈余公积的区别在于计提的依据不同,前者以国家的法律法规为依据;后者由企业的权力机构自行决定。

企业提取的盈余公积经批准可用于弥补亏损、转增资本、发放现金股利或利润等。

2. 盈余公积的账务处理

（1）提取盈余公积。企业按规定提取盈余公积时,应通过"利润分配"和"盈余公积"等账户核算。

借:利润分配——提取法定盈余公积
　　　　　　——提取任意盈余公积
　　贷:盈余公积——法定盈余公积
　　　　　　——任意盈余公积

边学边做 4.13

1. 训练目的

掌握盈余公积计提金额的确定。

2. 案例设计

某企业经营第一年亏损 100 万元,第二年实现税前利润 300 万元,所得税税率为 15%,法定盈余公积的提取比例为 10%。不考虑其他因素,该企业第二年应提取的法定盈余公积为多少?

3. 分析过程

该企业第二年应提取的法定盈余公积 = (300 - 100 - 200 × 15%) × 10% = 17(万元)

借:利润分配——提取法定盈余公积　　　　　　　　　170 000

　　贷:盈余公积——法定盈余公积　　　　　　　　　　　　170 000

(2)盈余公积补亏。

借:盈余公积——法定盈余公积

　　　　　　　——任意盈余公积

　　贷:利润分配——盈余公积补亏

边学边做 4.14

1. 训练目的

根据案例,完成甲股份有限公司盈余公积补亏的账务处理。

2. 案例设计

经股东大会批准,甲股份有限公司用以前年度提取的盈余公积弥补当年亏损,当年弥补亏损的数额为 600 000 元。假定不考虑其他因素。

3. 分析过程

甲股份有限公司应编制如下会计分录:

借:盈余公积　　　　　　　　　　　　　　　　　　600 000

　　贷:利润分配——盈余公积补亏　　　　　　　　　　　　600 000

(3)盈余公积转增资本。

借:盈余公积——法定盈余公积

　　　　　　　——任意盈余公积

　　贷:实收资本(股本)

边学边做 4.15

1. 训练目的

根据案例,完成甲股份有限公司盈余公积转增资本的账务处理。

2. 案例设计

因扩大经营规模需要,经股东大会批准,甲股份有限公司将盈余公积 400 000 元转增股本。假定不考虑其他因素。

3. 分析过程

甲股份有限公司应编制如下会计分录：

借：盈余公积   400 000

    贷：股本   400 000

（4）用盈余公积发放现金股利或利润。

借：盈余公积——法定盈余公积

             ——任意盈余公积

    贷：应付股利

边学边做 4.16

1. 训练目的

根据案例，完成甲股份有限公司用盈余公积发放现金股利的账务处理。

2. 案例设计

甲股份有限公司 2021 年 12 月 31 日股本为 5 000 万元（每股面值 1 元），可供投资者分配的利润为 500 万元，盈余公积为 2 000 万元。2022 年 3 月 20 日，股东大会批准了 2021 年度利润分配方案，按每 10 股 2 元发放现金股利。甲股份有限公司共需要分派 1 000 万元现金股利，其中动用可供投资者分配的利润 500 万元、盈余公积 500 万元。假定不考虑其他因素。

3. 分析过程

甲股份有限公司应编制如下会计分录：

（1）发放现金股利时：

借：利润分配——应付现金股利或利润   5 000 000

     盈余公积   5 000 000

    贷：应付股利   10 000 000

（2）支付股利时：

借：应付股利   10 000 000

    贷：银行存款   10 000 000

（二）利润分配

1. 利润分配的含义

利润分配是指企业根据国家有关规定和企业章程、投资者协议等，对企业当年可供分配的利润进行的分配。

2. 可供分配利润的计算

可供分配的利润 = 当年实现的净利润（或净亏损）+ 年初未分配利润

（或 − 年初未弥补亏损）+ 其他转入

这里的其他转入，一般是指盈余公积补亏。

边学边做 4.17

1. 训练目的

掌握可供分配利润的计算。

2. 案例设计

甲公司年初未分配利润贷方余额 550 万元,当年利润总额为 600 万元,应交的所得税为 100 万元,该公司按 10% 提取法定盈余公积。当年年末甲公司可供分配的利润为多少?

3. 分析过程

当年年末甲公司可供分配的利润 = 当年实现的净利润(或净亏损)+ 年初未分配利润(或 - 年初未弥补亏损)+ 其他转入 =(600 - 100)+ 550 = 1 050(万元)。

3. 利润分配的顺序

利润分配的顺序依次是:① 弥补亏损;② 提取法定盈余公积;③ 提取任意盈余公积;④ 向投资者分配利润。

提示

以当年实现的利润弥补以前年度结转的未弥补亏损,不需要进行专门的账务处理。企业将当年实现的利润自"本年利润"账户转入"利润分配——未分配利润"账户的贷方,其贷方发生额与"利润分配——未分配利润"的借方余额自然抵补。

4. 利润分配的账务处理

企业应设置"利润分配"账户,核算企业利润的分配(或亏损的弥补)和历年分配(或弥补)后的未分配利润(或未弥补亏损)。该账户应分别"提取法定盈余公积""提取任意盈余公积""应付现金股利或利润""盈余公积补亏""未分配利润"等进行明细核算。

年度终了,企业应将全年实现的净利润或发生的净亏损,自"本年利润"账户转入"利润分配——未分配利润"账户,并将"利润分配"账户所属其他明细账户的余额,转入"未分配利润"明细账户。结转后,"利润分配——未分配利润"账户如为贷方余额,表示累积未分配的利润数额;如为借方余额,则表示累积未弥补的亏损数额。"利润分配"账户所属的其他明细账户应无余额。具体会计分录如下。

(1)年度终了,首先将本年利润结转入利润分配:

借:本年利润

　　贷:利润分配——未分配利润

或编制相反分录。

(2)在提取法定盈余公积时:

借:利润分配——提取法定盈余公积

　　贷:盈余公积——法定盈余公积

(3)在提取任意盈余公积时:

借：利润分配——提取任意盈余公积
　　贷：盈余公积——任意盈余公积

（4）经股东大会或类似机构决议，宣告分配现金股利或利润时：

借：利润分配——应付现金股利或利润
　　贷：应付股利

（5）经股东大会或类似机构决议，实际发放股票股利时：

借：利润分配——转作股本的股利
　　贷：股本

提示 ----------------------------------

在宣告发放股票股利时，不做任何账务处理，实际发放时才编制这笔分录。

（6）将"利润分配"所属其他明细账户的余额转入"未分配利润"明细账户时：

借：利润分配——未分配利润
　　贷：利润分配——提取法定盈余公积
　　　　　　　　——提取任意盈余公积
　　　　　　　　——应付现金股利或利润
　　　　　　　　——转作股本的股利
借：利润分配——盈余公积补亏
　　贷：利润分配——未分配利润

边学边做 4.18

1. 训练目的

根据案例，完成甲公司对利润分配过程的所有账务处理。

2. 案例设计

甲公司年初未分配利润为 0，本年实现净利润 200 万元，本年提取法定盈余公积 20 万元，宣告发放现金股利 80 万元，假定不考虑其他因素。

3. 分析过程

甲公司应编制如下会计分录：

（1）结转实现净利润时：

借：本年利润　　　　　　　　　　　　　　　　　　　　　　　2 000 000
　　贷：利润分配——未分配利润　　　　　　　　　　　　　　　　　2 000 000

如企业当年发生亏损，则应借记"利润分配——未分配利润"账户，贷记"本年利润"账户。

（2）提取法定盈余公积、宣告发放现金股利时：

借：利润分配——提取法定盈余公积　　　　　　　　　　　　　　200 000
　　　　　　　——应付现金股利或利润　　　　　　　　　　　　　800 000

贷：盈余公积　　　　　　　　　　　　　　　　　　　　　　　200 000

　　应付股利　　　　　　　　　　　　　　　　　　　　　　　800 000

（3）将"利润分配"账户所属其他明细账户的余额结转至"未分配利润"明细科目：

借：利润分配——未分配利润　　　　　　　　　　　　　　　1 000 000

　　贷：利润分配——提取法定盈余公积　　　　　　　　　　　　200 000

　　　　　　　　——应付现金股利或利润　　　　　　　　　　　800 000

　　结转后，如果"未分配利润"明细科目的余额在贷方，表示累积未分配的利润；如果余额在借方，则表示累积未弥补的亏损。本例中，"利润分配——未分配利润"明细账户的余额在贷方，此贷方余额 100 万元（本年利润 200 万元 - 提取法定盈余公积 20 万元 - 应付现金股利 80 万元）即为甲公司本年年末的累积未分配利润。

▶ **本章知识回顾**

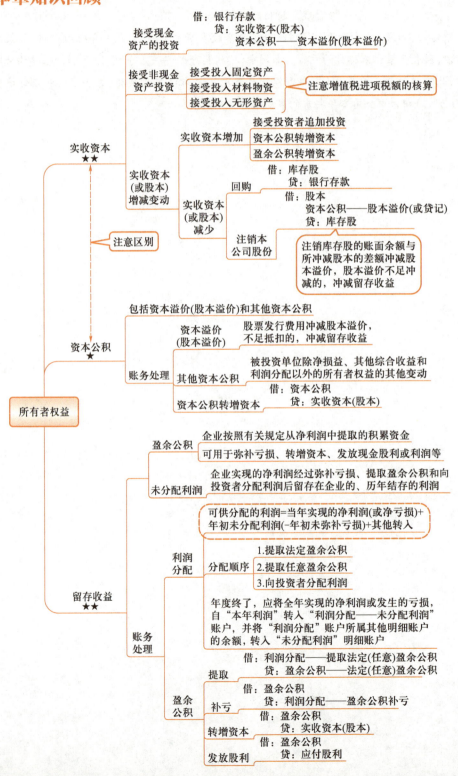

第五章 收入

本章→导读

"收入 – 费用 = 利润"这一会计等式又称为第二会计等式,反映的是企业资金运动的形式和规律,即资金运动的三个动态要素之间的内在联系和企业在某一时期内的经营成果。收入是第二会计等式的第一个基本要素。收入是指企业日常活动中形成的、会导致所有者权益增加的、与所有者投入资本无关的经济利益的总流入。

本章主要介绍收入要素的确认与计量、有关收入的核算及其账务处理、合同成本的相关知识等。

通过本章的学习,要求学生掌握对各种收入情况的判定及其账务处理。

教学→目标

▶ **考核目标**

1. 熟悉收入确认的原则、收入确认的前提条件和收入确认与计量的步骤
2. 掌握在某一时点履行履约义务确认收入的账务处理
3. 掌握在某一时段内履行履约义务确认收入的账务处理
4. 掌握合同取得成本的账务处理
5. 掌握合同履约成本的账务处理

▶ **实践目标**

1. 能够正确区分企业不同类型的收入,严格按照不同类型收入的确认和计量原则来核算
2. 能够根据相关原始凭证,正确计算企业各项销售业务的金额
3. 能够填制和审核有关收入业务的相关原始凭证,正确填制记账凭证,并登记相关账簿

收入的概念   收入确认的
原则

▶ 第一节　收入的确认和计量

▶ 一、收入确认的原则

企业应当在履行了合同中的履约义务,即在客户取得相关商品控制权时确认收入。取得商品控制权,是指客户能够主导该商品的使用并且从中获得几乎全部的经济利益,也包含有能力组织其他方主导该商品的使用并从中获取经济利益。取得商品控制权包括以下三个要素。

(1)客户必须拥有现时权利,能够主导该商品的使用并从中获得几乎全部经济利益。

(2)客户有能力主导该商品的使用。

(3)客户能够获得商品几乎全部的经济利益。

▶ 二、收入确认的前提条件

企业与客户之间的合同同时满足下列条件的,企业应当在客户取得相关商品控制权时确认收入。

(1)合同各方已批准该合同并承诺将履行各自义务。

(2)该合同明确了合同各方与所转让的商品(或提供的服务,以下简称转让的商品)相关的权利和义务。

(3)该合同有明确的与所转让的商品相关的支付条款。

(4)该合同具有商业实质,即履行该合同将改变企业未来现金流量的风险、时间分布或金额。

(5)企业因向客户转让商品而有权取得的对价很可能收回。

▶ 三、收入确认和计量的步骤

根据《企业会计准则第 14 号——收入》,收入的确认和计量大致分为以下五步。

第一步,识别与客户订立的合同。

第二步,识别合同中的单项履约义务。

第三步,确定交易价格。

第四步,将交易价格分摊至各单项履约义务。例如,企业与客户签订合同,向其销售甲、乙两种产品,不含增值税的合同总价款为 10 000 元。甲、乙产品的不含增值税单独售价分别为 7 000 元、8 000 元,合计 15 000 元。按照交易价格分摊原则,甲产品应当分摊的交易价格为 4 666.67 元(7 000÷15 000×10 000),乙产品应当分摊的交易价格为 5 333.33 元(8 000÷15 000×10 000)。

第五步,履行各单项履约义务时确认收入。

在以上五个步骤中,第一步、第二步和第五步主要与收入的确认相关,第三步和第四步主要与收入的计量相关。

需要注意的是,一般情况下,确认和计量任何一项合同收入应当考虑全部的五个步骤,但是履行某些合同义务确认收入时并不一定都要经过五个步骤。如企业按照第二步确认某合同为单项履约义务时,可从第三步直接进入第五步确认收入,不需经过第四步。

▶ 第二节 收入的核算及相关账务处理

▶ 一、应设置的会计科目

（1）"主营业务收入"科目。本科目核算企业确认的销售商品、提供服务等主营业务的收入。

（2）"其他业务收入"科目。本科目核算企业确认的除主营业务活动以外的其他经营活动实现的收入。

（3）"主营业务成本"科目。本科目核算企业确认销售商品、提供服务等主营业务收入时应结转的成本。

（4）"其他业务成本"科目。本科目核算企业确认的除主营业务活动以外的其他经营活动所形成的成本。

（5）"合同取得成本"科目。本科目核算企业取得合同发生的、预计能够收回的增量成本。

（6）"合同履约成本"科目。本科目核算企业为履行当前或预期取得的合同所发生的、不属于其他企业会计准则规范范围且按照收入准则应当确认为一项资产的成本。

（7）"合同资产"科目。本科目核算企业已向客户转让商品而有权收取对价的权利,且该权利取决于时间流逝之外的其他因素。

（8）"合同负债"科目。本科目核算企业已收或应收客户对价而应向客户转让商品的义务。

此外,企业还应当根据实际情况设置"合同履约成本减值准备""合同取得成本减值准备""合同资产减值准备"等科目。

▶ 二、在某一时点履行履约义务确认收入

（一）确认条件

对于在某一时点履行的履约义务,企业应当在客户取得相关商品控制权时确认收入。在判断控制权是否转移时,企业应当综合考虑以下迹象:

（1）企业就该商品享有现时收款权利,即客户就该商品负有现时付款义务。

（2）企业已将该商品的法定所有权转移给客户,即客户已拥有该商品的法定所有权。

（3）企业已将该商品实物转移给客户,即客户已占有该商品实物。

（4）企业已将该商品所有权上的主要风险和报酬转移给客户,即客户已取得该商品所有权上的主要风险和报酬。

（5）客户已接受该商品。

（6）其他表明客户已取得商品控制权的迹象。

（二）账务处理

1. 一般销售商品业务收入的账务处理

借：应收账款、银行存款等

　　贷：主营业务收入

　　　　应交税费——应交增值税（销项税额）

借：主营业务成本

　　贷：库存商品

 **边学边做 5.1**

1. 训练目的

根据案例，完成甲公司销售商品确认收入的账务处理。

2. 案例设计

甲公司为增值税一般纳税人，202×年6月1日，甲公司向乙公司销售商品一批，开出的增值税专用发票上注明的价款为10 000元，增值税税额为1 300元。该批产品成本为7 000元。商品已经发出，货款尚未收到。假定销售商品为单项履约义务且属于在某一时点履行的履约义务。

3. 分析过程

甲公司应当编制如下会计分录：

借：应收账款　　　　　　　　　　　　　　　　　　　　　11 300

　　贷：主营业务收入　　　　　　　　　　　　　　　　　　10 000

　　　　应交税费——应交增值税（销项税额）　　　　　　　 1 300

借：主营业务成本　　　　　　　　　　　　　　　　　　　 7 000

　　贷：库存商品　　　　　　　　　　　　　　　　　　　　 7 000

2. 已发出商品但不确认收入的账务处理

发出商品时：

借：发出商品

　　贷：库存商品

符合收入确认条件时：

借：应收账款、银行存款等

　　贷：主营业务收入

　　　　应交税费——应交增值税（销项税额）

借：主营业务成本

　　贷：发出商品

1. 训练目的

根据案例,完成甲公司销售商品确认收入的账务处理。

2. 案例设计

甲公司为增值税一般纳税人,202×年6月1日,甲公司向乙公司销售商品一批,开出的增值税专用发票上注明的价款为10 000元,增值税税额为1 300元。该批产品成本为7 000元。商品已经发出,货款尚未收到。甲公司在销售该批商品时已得知乙公司资金周转暂时发生困难,但为了减少存货积压,同时为了维持与乙公司长期以来建立的商业关系,甲公司仍将商品发出。假定销售商品为单项履约义务且属于在某一时点履行的履约义务。202×年8月1日,乙公司资金困难情况逐渐好转,乙公司承诺于近期支付货款。

3. 分析过程

甲公司应当编制如下会计分录:

6月1日:

借:发出商品　　　　　　　　　　　　　　　　　　　　　7 000
　　贷:库存商品　　　　　　　　　　　　　　　　　　　　　　7 000

8月1日:

借:应收账款　　　　　　　　　　　　　　　　　　　　　11 300
　　贷:主营业务收入　　　　　　　　　　　　　　　　　　　　10 000
　　　　应交税费——应交增值税(销项税额)　　　　　　　　　1 300

借:主营业务成本　　　　　　　　　　　　　　　　　　　　7 000
　　贷:发出商品　　　　　　　　　　　　　　　　　　　　　　7 000

3. 商业折扣的账务处理

商业折扣是指企业为促进商品销售而给予的价格扣除。例如,企业为鼓励客户多买商品,可能规定购买500件以上商品给予客户20%的折扣(即打八折销售)。此外,企业为了尽快出售一些残次、陈旧、冷背、换季的商品,也可能降价(即打折)销售。商业折扣在销售前即已发生,并不构成最终成交价格的一部分,因此企业应当按照扣除商业折扣后的金额确定销售商品收入金额。一般账务处理为:

借:应收账款、银行存款等
　　贷:主营业务收入(按照扣除商业折扣后的金额)
　　　　应交税费——应交增值税(销项税额)

借:主营业务成本
　　贷:库存商品

边学边做 5.3

1. 训练目的

根据案例，完成甲公司销售商品确认收入的账务处理。

2. 案例设计

甲公司为增值税一般纳税人，202×年6月1日，甲公司向乙公司销售商品一批，原价10 000元，由于乙公司是长期合作客户，甲公司给予乙公司20%的商业折扣。开出的增值税专用发票上注明的价款为8 000元，增值税税额为1 040元。该批产品成本为7 000元。商品已经发出，货款尚未收到。假定销售商品为单项履约义务且属于在某一时点履行的履约义务。

3. 分析过程

甲公司应当编制如下会计分录：

借：应收账款   9 040

  贷：主营业务收入   8 000

    应交税费——应交增值税（销项税额）   1 040

借：主营业务成本   7 000

  贷：库存商品   7 000

4. 现金折扣的账务处理

现金折扣是指债权人（即销售方）为鼓励债务人（即购买方）在规定的期限内付款而向债务人提供的债务扣除。现金折扣一般用符号"折扣率/付款期限"表示，例如，"2/10，1/20，N/30"表示：销售方允许购买方最长的付款期限为30天，如果购买方在10天内付款，销售方可按商品售价给予购买方2%的折扣；如果购买方在11～20天内付款，销售方可按商品售价给予购买方1%的折扣；如果购买方在21～30天内付款，将不能享受现金折扣。

现金折扣发生在商品销售之后，是否发生以及发生多少要视客户的付款情况而定，企业在确认销售商品收入时不能确定现金折扣金额。因此，企业销售商品涉及现金折扣的，应当按照扣除现金折扣前的金额确定销售商品收入金额。现金折扣实际上是企业为了尽快回笼资金而发生的理财费用，所以应在实际发生时计入当期财务费用。

需要注意的是，在计算现金折扣时，还应确定是否按含有增值税的价款计算确定，两种情况下客户享有的折扣金额不同。例如，企业销售价格为10 000元的商品，增值税税额为1 300元。如果计算现金折扣不考虑增值税，按1%的现金折扣率计算，客户享有的现金折扣金额为100元（10 000×1%）；如果计算现金折扣时考虑增值税，则客户享有的现金折扣金额为113元（11 300×1%）。一般账务处理为：

销售时：

借：应收账款

  贷：主营业务收入

    应交税费——应交增值税（销项税额）

借：主营业务成本

　　贷：库存商品

发生现金折扣时：

　　借：银行存款

　　　　财务费用

　　　　贷：应收账款

边学边做 5.4

1. 训练目的

根据案例，完成甲公司销售商品确认收入的账务处理。

2. 案例设计

甲公司为增值税一般纳税人，202×年6月1日，甲公司向乙公司销售商品一批，开出的增值税专用发票上注明的价款为10 000元，增值税税额为1 300元。该批产品成本为7 000元。商品已经发出，货款尚未收到。销售合同中约定的现金折扣条件为"2/10，1/20，N/30"，计算现金折扣时不考虑增值税。乙公司在6月10日支付货款。假定销售商品为单项履约义务且属于在某一时点履行的履约义务。

3. 分析过程

甲公司应当编制如下会计分录：

6月1日：

借：应收账款		11 300
贷：主营业务收入		10 000
应交税费——应交增值税（销项税额）		1 300
借：主营业务成本	7 000	
贷：库存商品		7 000

6月10日：

借：银行存款		11 100
财务费用		200
贷：应收账款		11 300

5. 销售退回的账务处理

销售退回是指企业因售出商品在质量、规格等方面不符合销售合同规定条款的要求，客户要求企业予以退货。如该项销售退回已发生现金折扣，还应同时调整相关财务费用的金额。一般账务处理为：

　　借：主营业务收入

　　　　应交税费——应交增值税（销项税额）

　　　　贷：银行存款、应收账款等

　　借：库存商品

　　　　贷：主营业务成本

（注：本教材暂不考虑资产负债表日后事项情形）

1. 训练目的

根据案例，完成甲公司销售商品确认收入的账务处理。

2. 案例设计

甲公司为增值税一般纳税人，202×年6月1日，甲公司向乙公司销售商品一批，开出的增值税专用发票上注明的价款为10 000元，增值税税额为1 300元。该批产品成本为7 000元。商品已经发出，货款尚未收到。假定销售商品为单项履约义务且属于在某一时点履行的履约义务。6月8日，乙公司收到货后发现商品不符合质量要求，遂将全部商品退回甲公司。甲公司同意退货并退款，并按规定向客户开具了增值税专用发票（红字）。

3. 分析过程

甲公司应当编制如下会计分录：

6月1日：

借：应收账款	11 300	
贷：主营业务收入		10 000
应交税费——应交增值税（销项税额）		1 300
借：主营业务成本	7 000	
贷：库存商品		7 000

6月8日：

借：主营业务收入	10 000	
应交税费——应交增值税（销项税额）	1 300	
贷：应收账款		11 300
借：库存商品	7 000	
贷：主营业务成本		7 000

6. 销售原材料等存货的账务处理

借：应收账款、银行存款等
　贷：其他业务收入
　　应交税费——应交增值税（销项税额）
借：其他业务成本
　贷：库存商品

1. 训练目的

根据案例，完成甲公司销售原材料确认收入的账务处理。

2. 案例设计

甲公司为增值税一般纳税人，202×年6月1日，甲公司向乙公司销售剩余原材料一批，开出的增值税专用发票上注明的价款为10 000元，增值税税额为1 300元。该批产品成本为7 000元。原材料已经发出，货款尚未收到。假定销售原材料为单项履约义务且属于在某一时点履行的履约义务。

3. 分析过程

甲公司应当编制如下会计分录：

6月1日：

借：应收账款	11 300
贷：其他业务收入	10 000
应交税费——应交增值税（销项税额）	1 300
借：其他业务成本	7 000
贷：原材料	7 000

▶ 三、在某一时段内履行履约义务确认收入

对于在某一时段内履行的履约义务，企业应在该段时间内按照履约进度确认收入（履约进度不能合理确定的除外）。满足下列条件之一的，属于在某一时段内履行的履约义务：① 客户在企业履约的同时即取得并消耗企业履约所带来的经济利益；② 客户能够控制企业履约过程中在建的商品；③ 企业履约过程中所产出的商品具有不可替代用途，且该企业在整个合同期间内有权就累计至今已完成的履约部分收取款项。

企业应当考虑商品的性质，可采用实际测量的完工进度、评估已实现的结果、已完工或交付的产品等产出指标，也可以采用投入的原材料数量、耗费的人工工时、机器工时、发生的成本和时间进度等指标确定恰当的履约进度，并且在确定履约进度时，应当扣除那些控制权尚未转移给客户的商品和服务。资产负债表日，企业应按照合同的交易价格总额乘以履约进度扣除以前会计期间累计已确认的收入后的金额，确认当期的收入。对于每项履约义务，企业只能采用一种方法来确定其履约进度，并加以一贯运用。需要注意的是，当履约进度不能合理确定时，企业已经发生的成本预计能够得到补偿的，应当按照已经发生的成本金额确认收入，直到履约进度能够合理确定为止。

 边学边做 5.7

1. 训练目的

根据案例，完成甲公司的账务处理。

2. 案例设计

甲公司是以提供装修服务为主营业务的增值税一般纳税人，装修服务适用增值税税率为9%。2021年12月1日，甲公司与乙公司签订一项为期3个月的装修合同，合同约定装修价款为100 000元，增值税税额为9 000元，装修费用每月末按完工进度支付。2021年12月31日，经专业测量师测量后，确定该项劳务的完工程度为40%，乙公司按完工进度支付价款及相

应的增值税税款。

截至 2021 年 12 月 31 日,甲公司为完成该合同累计发生劳务成本 30 000 元(假定均为装修人员薪酬),估计还将发生劳务成本 45 000 元。假定该装修服务构成单项履约义务,并属于在某一时段内履行的履约义务;甲公司按照实际测量的完工进度确定履约进度。

2022 年 1 月 31 日,经专业测量师测量后,确定该项劳务的完工程度为 70%。乙公司按完工进度支付价款同时支付对应的增值税税款。2022 年 1 月 31 日,甲公司为完成该合同累计发生劳务成本 20 000 元(假定均为装修人员薪酬),为完成该合同估计还将发生劳务成本 20 000 元。

2022 年 2 月 28 日,装修服务完成,客户验收合格。2022 年 2 月,为完成该合同发生劳务成本 20 000 元(假定均为装修人员薪酬)。

3. 分析过程

甲公司应当编制如下会计分录:

(1)2021 年 12 月 31 日,实际发生合同劳务成本 30 000 元:

借:合同履约成本   30 000

  贷:应付职工薪酬   30 000

(2)2021 年 12 月 31 日,确认劳务收入并结转劳务成本:

确认劳务收入:100 000×40%-0=40 000(元)

借:银行存款   43 600

  贷:主营业务收入   40 000

    应交税费——应交增值税(销项税额)   3 600

借:主营业务成本   30 000

  贷:合同履约成本   30 000

(3)2022 年 1 月 31 日,实际发生合同劳务成本 20 000 元:

借:合同履约成本   20 000

  贷:应付职工薪酬   20 000

(4)2022 年 1 月 31 日,确认劳务收入并结转劳务成本:

确认劳务收入:100 000×70%-40 000=30 000(元)

借:银行存款   32 700

  贷:主营业务收入   30 000

    应交税费——应交增值税(销项税额)   2 700

借:主营业务成本   20 000

  贷:合同履约成本   20 000

(5)2022 年 2 月 28 日,实际发生合同劳务成本 20 000 元:

借:合同履约成本   20 000

  贷:应付职工薪酬   20 000

(6)2022 年 2 月 28 日,确认劳务收入并结转劳务成本:

确认劳务收入:100 000-40 000-30 000=30 000(元)

借:银行存款   32 700

贷：主营业务收入	30 000
应交税费——应交增值税（销项税额）	2 700
借：主营业务成本	20 000
贷：合同履约成本	20 000

第三节 合同成本

一、合同取得成本

1. 合同取得成本概述

企业为取得合同发生的增量成本预期能够收回的，应作为合同取得成本确认为一项资产。

 提示

增量成本是指企业不取得合同就不会发生的成本，比如销售佣金，如果预期可通过未来的相关服务收入得到补偿，那么其应在发生时确认为一项资产，即合同取得成本。

已经确认为资产的增量成本（为取得合同发生的），应当采用与该资产相关的商品收入确认相同的基础进行摊销，计入当期损益。为简化实务操作，摊销期限不超过一年的可直接计入当期损益。

企业为取得合同发生的、除预期能够收回的增量成本以外的其他支出，例如，无论是否取得合同均会发生的差旅费、投标费等，应在发生时计入当期损益，除非这些支出明确由客户承担。

2. 相关账务处理

（1）企业发生合同取得成本时：

借：合同取得成本

　　贷：银行存款等

（2）对合同取得成本进行摊销时：

借：销售费用等

　　贷：合同取得成本

（3）与合同取得成本有关的资产发生减值时：

借：资产减值损失

　　贷：合同取得成本减值准备

转回相关资产减值准备时，做相反的会计分录。

边学边做 5.8

1. 训练目的

根据案例,完成甲公司的账务处理。

2. 案例设计

甲公司是一家财务咨询公司,刚刚签约一个服务期为5年的大客户,该客户于每年年末支付咨询费 600 000 元。为取得与该客户的合同,甲公司聘请外部专家进行尽职调查,支付相关费用 20 000 元,为投标发生的差旅费 10 000 元,支付销售经理佣金 60 000 元。甲公司预期这些支出在未来均能收回,假定不考虑相关税费。

3. 分析过程

甲公司因签订该客户合同而向销售经理支付的佣金属于取得合同发生的增量成本,应当将其作为合同取得成本确认为一项资产;甲公司聘请外部专家进行尽职调查发生的支出、为投标发生的差旅费等不属于合同的增量成本,应当于发生时直接计入当期损益。甲公司应编制如下会计分录:

支付相关费用时:

借:合同取得成本　　　　　　　　　　　　　　　　　60 000

　　管理费用　　　　　　　　　　　　　　　　　　　30 000

　　　贷:银行存款　　　　　　　　　　　　　　　　　　　　90 000

每月确认收入,摊销销售佣金时:

服务收入:600 000÷12=50 000(元)

销售佣金摊销额:60 000÷5÷12=1 000(元)

借:应收账款　　　　　　　　　　　　　　　　　　　50 000

　　销售费用　　　　　　　　　　　　　　　　　　　 1 000

　　　贷:合同取得成本　　　　　　　　　　　　　　　　　　 1 000

　　　　主营业务收入　　　　　　　　　　　　　　　　　　　50 000

▶ 二、合同履约成本

1. 合同履约成本概述

合同履约成本是指企业为履行当前或预期取得的合同所发生的、属于准则规范范围并且按照该准则应当确认为一项资产的成本。

确认为资产应满足的条件如下:

(1)该成本与一份当前或预期取得的合同直接相关。主要包括:① 与合同直接相关的成本(直接人工、直接材料、制造费用或类似费用)。② 明确由客户承担的成本以及仅因该合同而发生的其他成本。

(2)该成本增加了企业未来用于履行(包括持续履行)履约义务的资源。

(3)该成本预期能够收回。

需要注意的是,企业应当在下列支出发生时,将其计入当期损益:一是管理费用,除非这些费用明确由客户承担。二是非正常消耗的直接材料、直接人工和制造费用或类似费用。三是与履约义务中已履行（包括已全部履行或部分履行）部分相关的支出，即该支出与企业过去的履约活动相关。四是无法在尚未履行的与已履行（或已部分履行）的履约义务之间区分的相关支出。

2. 相关账务处理

（1）企业发生合同履约成本时：

借：合同履约成本

　　贷：银行存款／应付职工薪酬／原材料等

（2）确认收入并摊销合同履约成本时：

借：银行存款等

　　贷：主营业务收入

　　　　应交税费——应交增值税（销项税额）

借：主营业务成本／其他业务成本等

　　贷：合同履约成本

（3）与合同履约成本有关的资产发生减值：

借：资产减值损失

　　贷：合同履约成本减值准备

转回做相反分录。

边学边做 5.9

1. 训练目的

根据案例，完成甲公司的账务处理。

2. 案例设计

甲公司在国内某5A级景区内经营一家大型酒店，且该酒店属于甲公司的自有资产。202×年10月，甲公司确认客房费、餐饮费、停车费等服务收入500 000元，增值税税率为6%，款项已存入银行。同时，甲公司计提与该酒店经营直接相关的折旧费用100 000元、酒店的土地使用权摊销费用50 000元。

3. 分析过程

甲公司应编制如下会计分录：

（1）确认本月相关的折旧费用、摊销费：

借：合同履约成本	150 000
贷：累计折旧	100 000
累计摊销	50 000

（2）确认相关收入并摊销合同履约成本：

借：银行存款	530 000
贷：主营业务收入	500 000
应交税费——应交增值税（销项税额）	30 000
借：主营业务成本	150 000
贷：合同履约成本	150 000

▶ 本章知识回顾

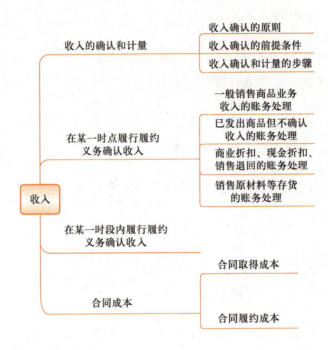

第六章　费用

本章导读

　　费用是会计六大要素之一，也是"收入－费用＝利润"这一等式的三个基本要素之一。费用是指企业在日常活动中发生的、会导致所有者权益减少的、与向所有者分配利润无关的经济利益的总流出。费用反映了企业的资金流出，与收入一起说明企业利润的实现过程。

　　本章主要介绍费用要素的确认与计量，包括主营业务成本、其他业务成本、税金及附加、销售费用、管理费用和财务费用的具体核算。

　　通过本章的学习，要求学生掌握各项费用的账务处理。

教学目标

▶ **考核目标**

1. 掌握营业成本的核算内容及其具体核算
2. 掌握税金及附加的核算内容及其具体核算
3. 掌握期间费用的核算内容及其具体核算
4. 熟悉收入与费用的区别、费用与损失的区别

▶ **实践目标**

1. 能够熟练进行主营业务成本和其他业务成本的账务处理
2. 能够熟练进行税金及附加的账务处理
3. 能准确甄别期间费用的具体归属项目（销售费用、管理费用或财务费用），并熟练进行相关的账务处理
4. 能正确区分企业的成本费用和期间费用
5. 能够填制和审核有关费用核算的自制原始凭证和外来原始凭证，并填制记账凭证，登记各种费用明细账

▶ 第一节　费用概述

▶ 一、费用的定义和特征

费用分为广义的费用和狭义的费用。广义的费用泛指企业生产经营活动中一切财产物资的耗费,包括企业的各种费用和损失。狭义的费用是指企业因销售商品、提供劳务等日常活动所发生的经济利益的总流出。我国企业会计准则中费用要素的定义属于狭义的费用。

费用是指企业在日常活动中发生的、会导致所有者权益减少的、与向所有者分配利润无关的经济利益的总流出。根据费用的定义,费用具有以下基本特征:

（一）费用是企业在日常活动中形成的

费用必须是企业在其日常活动中所形成的,日常活动的界定与收入定义中涉及的日常活动相一致。例如,企业因日常活动所发生的销售成本、职工薪酬、折旧费、无形资产摊销等,都属于企业的费用。

将费用界定为日常活动所形成,主要是为了和损失相区分。损失是指由企业非日常活动所发生的、会导致所有者权益减少的、与向所有者分配利润无关的经济利益的流出。对于企业非日常活动所形成的经济利益的流出不能确认为费用,应当计入损失,如企业出售固定资产、无形资产发生的净损失属于损失,而不是费用。

（二）费用会导致所有者权益的减少

与费用相关的经济利益的流出应当会导致所有者权益的减少。不会导致所有者权益减少的经济利益的流出不符合费用的定义,不应确认为费用。

企业经营管理中的某些支出并不减少企业的所有者权益,也就不构成费用。例如,企业以银行存款偿还一项负债,只是一项资产和负债的等额减少,对所有者权益没有影响,因此不构成企业的费用。

（三）费用导致的经济利益总流出与向所有者分配利润无关

费用的发生应当会导致经济利益的流出,从而导致资产的减少或者负债的增加,其表现形式包括现金或者现金等价物的流出,存货、固定资产和无形资产等的流出或者消耗等。企业向所有者分配利润也会导致经济利益流出,但是该经济利益的流出属于投资者投资的回报分配,是所有者权益的抵减项目,因而不应确认为费用。

▶ 二、费用的确认条件

费用的确认

费用的确认除了应当符合定义外,至少应当符合以下条件:

（1）与费用相关的经济利益应当很可能流出企业。

（2）经济利益流出企业的结果会导致资产的减少或者负债的增加。

（3）经济利益的流出额能够可靠计量。

▶ 三、费用的分类

费用包括企业日常活动所产生的经济利益的总流出，主要指企业为取得营业收入进行产品销售等营业活动所发生的企业货币资金的流出，具体包括营业成本、税金及附加和期间费用。营业成本主要包括主营业务成本和其他业务成本。期间费用包括销售费用、管理费用和财务费用。

边学边思

收入与费用有何异同？

▶ 第二节　营业成本

营业成本是指企业为生产产品、提供服务等发生的可归属于产品成本、服务成本等的费用，应当在确认销售商品收入、提供服务收入等时，将已销售商品、已提供服务的成本等计入当期损益。营业成本包括主营业务成本和其他业务成本。

▶ 一、主营业务成本

主营业务成本是指企业销售商品、提供服务等经常性活动所发生的成本。在确认主营业务收入的同一会计期间，应同步确认为获得主营业务收入而发生的主营业务成本。

（一）账户设置

企业应当设置"主营业务成本"账户，核算主营业务成本的确认和结转情况。该账户属于损益类账户，按主营业务的种类设置明细账，进行明细核算。期末，应将主营业务成本的余额转入"本年利润"账户，结转后本账户无余额。

（二）账务处理

（1）企业一般在确认销售商品、提供服务等主营业务收入时或在月末，将已销售商品、已提供服务的成本转入主营业务成本，借记"主营业务成本"账户，贷记"库存商品""合同履约成本"等账户。

采用计划成本或售价核算库存商品的，平时的营业成本按计划成本或售价结转。月末再结转本月销售商品应分摊的产品成本差异或商品进销差价。

（2）本月发生销售退回时，如已结转销售成本，借记"库存商品"等账户，贷记"主营业务成本"账户。

（3）期末，"主营业务成本"账户的余额应结转入本年利润，借记"本年利润"账户，贷记本账户。

 边学边做 6.1

1. 训练目的

根据案例，完成甲公司结转销售商品成本的账务处理。

2. 案例设计

202×年6月20日，甲公司向乙公司销售一批产品，开出的增值税专用发票上注明价款为400 000元，增值税税额为52 000元；甲公司已收到乙公司支付的款项452 000元，并将提货单送交乙公司；该批产品成本为380 000元。

3. 分析过程

甲公司应编制如下会计分录：

（1）销售实现时：

借：银行存款	452 000
贷：主营业务收入	400 000
应交税费——应交增值税（销项税额）	52 000
借：主营业务成本	380 000
贷：库存商品	380 000

（2）期末，将主营业务成本结转至本年利润时：

借：本年利润	380 000
贷：主营业务成本	380 000

 边学边做 6.2

1. 训练目的

根据案例，完成丙公司结转主营业务成本的账务处理。

2. 案例设计

丙公司202×年5月10日销售甲产品100件，单价1 000元，单位成本800元，开出的增值税专用发票上注明的价款为100 000元，增值税税额为13 000元。购货方尚未付款，销售成立。6月25日，因产品质量问题购货方退货，并开具增值税专用发票（红字）。假定不考虑其他因素。

3. 分析过程

丙公司应编制如下会计分录：

（1）销售产品时：

借：应收账款	113 000
贷：主营业务收入	100 000
应交税费——应交增值税（销项税额）	13 000

| 借：主营业务成本 | 80 000 |
| 贷：库存商品——甲产品 | 80 000 |

（2）销售退回时：

借：主营业务收入	100 000
应交税费——应交增值税（销项税额）	13 000
贷：应收账款	113 000
借：库存商品——甲产品	80 000
贷：主营业务成本	80 000

▶ 二、其他业务成本

其他业务成本是指企业确认的除主营业务活动以外的其他日常经营活动所发生的支出，包括销售材料的成本、对外出租固定资产的折旧额、对外出租无形资产的摊销额、出租包装物的成本或摊销额等。采用成本模式计量投资性房地产的，其投资性房地产计提的折旧额或摊销额，也构成其他业务成本。

在确认其他业务收入的同一会计期间，应同步确认为获得其他业务收入而发生的其他业务成本。

（一）账户设置

企业应当设置"其他业务成本"账户，核算企业确认的除主营业务活动以外的其他经营活动所发生的支出。该账户属于损益类账户，按其他业务成本的种类进行明细核算。期末，应将"其他业务成本"账户的余额转入"本年利润"账户，结转后本账户无余额。

（二）账务处理

（1）企业发生其他业务成本时，借记本账户，贷记"原材料""周转材料""累计折旧""累计摊销""应付职工薪酬""银行存款"等账户。

（2）期末，"其他业务成本"账户的余额应结转入"本年利润"账户，借记"本年利润"账户，贷记本账户。

边学边做 6.3

1. 训练目的

根据案例，完成甲公司计提无形资产摊销的账务处理。

2. 案例设计

202×年1月1日，甲公司将自行开发完成的非专利技术出租给乙公司使用，该非专利技术成本为240 000元，双方约定的租赁期限为10年，按照合同规定，乙公司按月支付甲公司租金。该非专利技术采用直线法计提摊销，预计净残值为零。

3. 分析过程

（1）计算每月应计提摊销 = （240 000÷10÷12）= 2 000（元）。

（2）编制会计分录：

借：其他业务成本　　　　　　　　　　　　　　　　　　　　　2 000

　　贷：累计摊销　　　　　　　　　　　　　　　　　　　　　　　　2 000

▶ 第三节　税金及附加

　　税金及附加是指企业经营活动应负担的相关税费，包括消费税、城市维护建设税、资源税、教育费附加、房产税、车船税、城镇土地使用税、印花税等。

　　企业应当设置"税金及附加"账户，核算企业经营活动发生的消费税、城市维护建设税、资源税、教育费附加、房产税、车船税、城镇土地使用税、印花税等相关税费。本账户属于损益类账户，期末，应将"税金及附加"账户余额转入"本年利润"账户，结转后本账户无余额。

　　企业按规定计算确定的与经营活动相关的税费，应借记"税金及附加"账户，贷记"应交税费"等账户。

提示

　　该内容应与本书第三章负债中"应交税费"一节内容结合起来把握。

边学边做 6.4

税金及附加

1. 训练目的

根据案例，完成甲公司税金及附加的账务处理。

2. 案例设计

　　甲股份有限公司所设门市部某日对外零售应税消费品全部销售额为 56 500 元（含增值税）。增值税税率为 13%，应交增值税 6 500 元，消费税税率为 10%，城市维护建设税税率为 7%，教育费附加费率为 3%。销售收入已全部存入银行。假定不考虑其他因素。

3. 分析过程

（1）计算应交消费税、城市维护建设税和教育费附加：

应交消费税 = 56 500/（1 + 13%）× 10% = 5 000（元）

应交城市维护建设税 = （6 500 + 5 000）× 7% = 805（元）

应交教育费附加 = （6 500 + 5 000）× 3% = 345（元）

（2）编制相关会计分录：

① 确认收入及应负担的相关税费时：

借：银行存款　　　　　　　　　　　　　　　　　　　　　　　56 500

　　贷：主营业务收入　　　　　　　　　　　　　　　　　　　　　50 000

应交税费——应交增值税(销项税额)		6 500
借:税金及附加	6 150	
贷:应交税费——应交消费税		5 000
——应交城市维护建设税		805
——应交教育费附加		345

② 实际交纳各项税费时:

借:应交税费——应交消费税	5 000	
——应交城市维护建设税	805	
——应交教育费附加	345	
贷:银行存款		6 150

③ 期末结转"税金及附加"账户余额时:

借:本年利润	6 150	
贷:税金及附加		6 150

▶ 第四节　期间费用

▶ 一、期间费用概述

期间费用是指企业日常活动发生的不能计入特定核算对象的成本,而应计入发生当期损益的费用。

期间费用包含以下两种情况:一是企业发生的支出不产生经济利益,或者即使产生经济利益但不符合或者不再符合资产确认条件的,应当在发生时确认为费用,计入当期损益。二是企业发生的交易或者事项导致其承担了一项负债,而又不确认为一项资产的,应当在发生时确认为费用,计入当期损益。

期间费用是企业日常活动中所发生的经济利益的流出,它是企业为组织和管理整个经营活动所发生的费用,与可以确定特定成本核算对象的材料采购、产成品生产等没有直接关系,因而期间费用不计入有关核算对象的成本,而是直接计入当期损益。

期间费用包括销售费用、管理费用和财务费用。

▶ 二、销售费用的账务处理

销售费用是指企业销售商品和材料、提供劳务的过程中发生的各种费用,包括企业在销售商品过程中发生的保险费、包装费、展览费和广告费、商品维修费、预计产品质量保证损失、运输费、装卸费等以及为销售本企业商品而专设的销售机构(含销售网点、售后服务网点等)的职工薪酬、业务费、折旧费等经营费用。企业发生的与专设销售机构相关的固定资产修理费用等后续支出也属于销售费用。

销售费用是与企业销售商品活动有关的费用,但不包括销售商品本身的成本,销售商品的成本属于"主营业务成本"。

为了核算销售费用的发生和结转情况,企业应设置"销售费用"账户。该账户属于损益类账户,借方登记企业所发生的各项销售费用,贷方登记期末转入"本年利润"账户的销售费用,结转后该账户应无余额。该账户应按销售费用的费用项目进行明细核算。

边学边做 6.5

1. 训练目的
根据案例,完成甲公司 202× 年 8 月有关销售费用的账务处理。

2. 案例设计
甲公司销售部 202× 年 8 月份共发生费用 220 000 元,其中:销售人员薪酬 100 000 元,销售部专用办公设备折旧费 50 000 元,运输费 50 000 元(用银行存款支付),装卸费 20 000 元(用银行存款支付)。

3. 分析过程
甲公司应编制如下会计分录:

借:销售费用——销售人员薪酬　　　　　　　　　　　100 000
　　　　　——折旧费　　　　　　　　　　　　　　　50 000
　　　　　——运输费　　　　　　　　　　　　　　　50 000
　　　　　——装卸费　　　　　　　　　　　　　　　20 000
　　贷:应付职工薪酬　　　　　　　　　　　　　　　　　100 000
　　　　累计折旧　　　　　　　　　　　　　　　　　　　50 000
　　　　银行存款　　　　　　　　　　　　　　　　　　　70 000

▶ 三、管理费用的账务处理

管理费用是指企业为组织和管理生产经营发生的各种费用,包括企业在筹建期间内发生的开办费、董事会和行政管理部门在企业的经营管理中发生的,或者应由企业统一负担的公司经费(包括行政管理部门职工薪酬、物料消耗、低值易耗品摊销、办公费和差旅费等)、行政管理部门负担的工会经费、董事会费(包括董事会成员津贴、会议费和差旅费等)、聘请中介机构费、咨询费(含顾问费)、诉讼费、业务招待费、技术转让费、研究费用等。企业生产车间(部门)和行政管理部门发生的固定资产修理费用等后续支出,也作为管理费用核算。

为了核算管理费用的发生和结转情况,企业应设置"管理费用"账户。该账户属于损益类账户,借方登记企业发生的各项管理费用,贷方登记期末转入"本年利润"账户的管理费用,结转后该账户应无余额。该账户按管理费用的费用项目进行明细核算。

商品流通企业管理费用不多的,可不设本账户,相关核算内容可并入"销售费用"账户核算。

边学边做 6.6

1. 训练目的
根据案例,完成甲公司管理费用的账务处理。

2. 案例设计

202× 年 4 月 5 日,甲公司就一项产品的设计方案向有关专家进行咨询,以现金支付咨询费 10 000 元。

3. 分析过程

甲公司支付咨询费的会计分录如下:

借:管理费用——咨询费　　　　　　　　　　　　　　10 000

　　贷:库存现金　　　　　　　　　　　　　　　　　　　　10 000

 边学边做6.7

1. 训练目的

根据案例,完成甲公司 202× 年 5 月有关管理费用的账务处理。

2. 案例设计

甲公司行政部 202× 年 5 月份共发生费用 336 000 元,其中:行政人员薪酬 225 000 元,行政部专用办公设备折旧费 67 500 元,报销行政人员差旅费 31 500 元(假定报销人员均未预借差旅费),其他办公、水电费 12 000 元(均用银行存款支付)。

3. 分析过程

甲公司应编制如下会计分录:

借:管理费用　　　　　　　　　　　　　　　　　　　336 000

　　贷:应付职工薪酬　　　　　　　　　　　　　　　　　225 000

　　　　累计折旧　　　　　　　　　　　　　　　　　　　67 500

　　　　库存现金　　　　　　　　　　　　　　　　　　　31 500

　　　　银行存款　　　　　　　　　　　　　　　　　　　12 000

▶ 四、财务费用的账务处理

财务费用是指企业为筹集生产经营所需资金等而发生的筹资费用,包括利息支出(减利息收入)、汇兑损益以及相关的手续费、企业发生或收到的现金折扣等。

为了核算财务费用的发生和结转情况,企业应设置"财务费用"账户。该账户属于损益类账户,借方登记企业发生的各项财务费用,贷方登记期末转入"本年利润"账户的财务费用。结转后该账户应无余额。该账户应按财务费用的费用项目进行明细核算。

 边学边做6.8

1. 训练目的

根据案例,完成甲公司 2019 年 5 月有关财务费用的账务处理。

2. 案例设计

甲公司 2019 年 5 月发生下列有关业务。

（1）2日,用银行存款支付银行手续费400元。

（2）10日,在购买材料业务中,获得对方给予的现金折扣4 000元。

（3）20日,支付短期借款利息3 000元。

（4）26日,接到银行通知,本月存款利息收入为800元。

（5）31日,将本月发生的财务费用转入"本年利润"账户。

3. 分析过程

甲公司应编制如下会计分录:

（1）借:财务费用——手续费 　　　　　　　　　400

　　　　贷:银行存款 　　　　　　　　　　　　　　　　400

（2）借:应付账款 　　　　　　　　　　　　　4 000

　　　　贷:财务费用 　　　　　　　　　　　　　　4 000

（3）借:财务费用——利息支出 　　　　　　　3 000

　　　　贷:银行存款 　　　　　　　　　　　　　　3 000

（4）借:银行存款 　　　　　　　　　　　　　　800

　　　　贷:财务费用 　　　　　　　　　　　　　　　800

（5）借:财务费用 　　　　　　　　　　　　　1 400

　　　　贷:本年利润 　　　　　　　　　　　　　　1 400

▶ 本章知识回顾

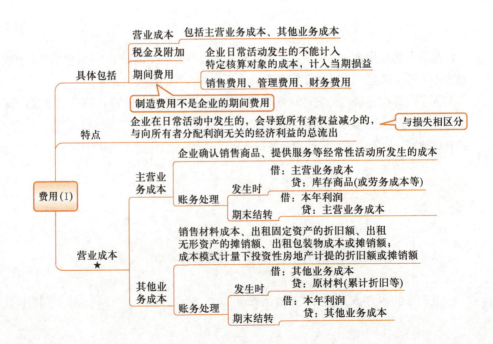

费用(Ⅱ)

税金及附加 ★
- 经营活动应负担的相关税费，包括消费税、城市维护建设税、教育费附加和资源税等
- 消费税：对生产、委托加工及进口应税消费品征收的一种税
- 城市维护建设税 教育费附加：对从事生产经营活动的单位和个人，以实际缴纳的流转税为依据，按纳税人所在地适用的不同税率计算征收的一种税
- 资源税：对在我国境内开采国家规定的矿产资源和生产用盐单位、个人征收的一种税
- 房产税、车船税、土地使用税、印花税
- 账务处理
  - 发生时：借：税金及附加　贷：应交税费等
  - 期末结转：借：本年利润　贷：税金及附加

期间费用 ★
- 不包括销售商品本身的成本和劳务成本
- 销售费用
  - 企业销售商品和材料、提供劳务的过程中发生的各种费用
  - 保险费、包装费、展览费和广告费、商品维修费、预计产品质量保证损失以及为销售本企业商品而专设的销售机构的职工薪酬、业务费、折旧费等
  - 企业发生的与专设销售机构相关的固定资产修理费用等后续支出
- 管理费用
  - 在筹建期间发生的开办费、董事会和行政管理部门在经营管理中发生的，以及应由企业统一负担的公司经费、行政管理部门负担的工会经费、董事会费、聘请中介机构费、咨询费、诉讼费、业务招待费等
  - 企业生产车间和行政管理部门发生的固定资产修理费用等后续支出
- 财务费用
  - 企业为筹集生产经营所需资金等而发生的筹资费用
  - 利息支出(减利息收入)、汇兑损益、相关手续费、企业发生的现金折扣
- 账务处理
  - 发生时：借：管理费用/销售费用/财务费用　贷：银行存款等
  - 期末结转：借：本年利润　贷：销售费用/管理费用/财务费用

第七章 利润

本章 →导读

前六章讲完了会计的五个要素,本章开始介绍最后一个会计要素——利润。利润是指企业在一定会计期间的经营成果。利润按其形成过程,分为税前利润和税后利润。税前利润也称利润总额,税前利润减去所得税费用,即为税后利润,也称净利润。

本章主要介绍利润构成要素的确认与计量,包括营业外收入、营业外支出、所得税费用的具体核算,以及本年利润结转的具体处理。

通过本章的学习,要求学生掌握营业外收支、所得税费用以及结转本年利润的账务处理。

教学 →目标

▶ **考核目标**

1. 掌握营业外收入的核算内容及其具体核算
2. 掌握营业外支出的核算内容及其具体核算
3. 掌握所得税费用的计算及其具体核算
4. 熟悉应纳税所得额与应交所得税的计算
5. 熟悉利润总额、净利润的计算
6. 掌握损益类科目余额结转本年利润的具体核算

▶ **实践目标**

1. 能够准确理解营业外收支的核算内容,并熟练进行相关的账务处理
2. 能够准确计算应交所得税和所得税费用,并熟练进行所得税费用业务的账务处理
3. 能准确理解将损益类项目结转到本年利润的两种方法,准确计算企业的利润总额和净利润
4. 能够填制和审核有关利润核算业务的原始凭证,填制记账凭证,并登记明细账

▶ 第一节　利润概述

▶ 一、利润的定义

　　利润是指企业在一定会计期间的经营成果。通常情况下,如果企业实现了利润(即利润为正数),表明企业所有者权益增加,业绩得到了提升;反之,如果企业发生了亏损(即利润为负数),表明企业所有者权益减少,业绩下滑。利润是衡量企业优劣的一个重要标志,往往是评价企业管理层业绩的一项重要指标,也是投资者等财务会计报告使用者进行决策时的重要参考依据。

　　利润包括收入减去费用后的净额、直接计入当期利润的利得和损失等。直接计入当期利润的利得和损失是指计入营业外收入和营业外支出的金额。未计入当期利润的利得和损失扣除所得税影响后的净额计入其他综合收益项目。净利润与其他综合收益的合计金额为综合收益总额,具体请参见本书“第八章 财务报告”中有关利润表的讲解。

▶ 二、利润的确认条件

　　利润反映收入减去费用、直接计入当期利润的利得减去损失后的净额。利润的确认主要依赖于收入和费用,以及直接计入当期利润的利得和损失的确认,其金额的确定也主要取决于收入、费用、利得、损失金额的计量。

▶ 三、利润的构成

　　与利润相关的计算公式如下：

利润的构成

(一)营业利润

营业利润 = 营业收入 − 营业成本 − 税金及附加 − 销售费用 − 管理费用 −
　　　研发费用 − 财务费用 − 信用减值损失 − 资产减值损失 +
　　　公允价值变动收益(− 公允价值变动损失) + 资产处置收益
　　　(− 资产处置损失) + 投资收益(− 投资损失) + 其他收益 +
　　　净敞口套期收益(− 净敞口套期损失)

其中：

营业收入是指企业经营业务所确认的收入总额,包括主营业务收入和其他业务收入。

营业成本是指企业经营业务所发生的实际成本总额,包括主营业务成本和其他业务成本。

资产减值损失是指企业计提各项资产减值准备所形成的损失。

公允价值变动收益(或损失)是指企业交易性金融资产等公允价值变动形成的应计入当期损益的利得(或损失)。

投资收益(或损失)是指企业以各种方式对外投资所取得的收益(或发生的损失)。

其他收益主要是指与日常活动相关,除冲减相关成本费用以外的政府补助。

（二）利润总额

利润总额 = 营业利润 + 营业外收入 − 营业外支出

其中：

营业外收入是指企业发生的与其日常活动无直接关系的应计入当期损益的各项利得。

营业外支出是指企业发生的与其日常活动无直接关系的应计入当期损益的各项损失。

（三）净利润

净利润 = 利润总额 − 所得税费用

其中，所得税费用是指企业确认的应从当期利润总额中扣除的所得税费用。

▶ 第二节　营业外收支

▶ 一、营业外收入

（一）营业外收入核算的内容

营业外收入是指企业发生的与其日常活动无直接关系的应计入当期损益的各项利得。营业外收入并不是企业经营资金耗费所产生的，实际上是经济利益的净流入，不需要与有关的费用进行配比。营业外收入主要包括非流动资产毁损报废收益、与企业日常活动无关的政府补助、盘盈利得（固定资产盘盈除外）、捐赠利得（企业接受股东或股东的子公司直接或间接的捐赠，经济实质属于股东对企业的资本性投入的除外）等。

（1）非流动资产毁损报废收益包括固定资产毁损报废收益和无形资产毁损报废收益。固定资产毁损报废收益，指企业毁损报废固定资产所取得价款，或报废固定资产的材料价值和变价收入等，扣除被处置固定资产的账面价值、清理费用、与处置相关的税费后的净收益；无形资产毁损报废收益，指企业毁损报废无形资产所取得价款，扣除被出售无形资产的账面价值、与出售相关的税费后的净收益。

（2）盘盈利得是指企业对现金等资产清查盘点时发生盘盈，报经批准后计入营业外收入的金额。

（3）捐赠利得是指企业接受捐赠产生的利得。

提示

确实无法支付的应付账款，按规定程序报经批准后应转作营业外收入。

（二）营业外收入的账务处理

为了核算营业外收入的取得及结转情况，企业应设置"营业外收入"账户。该账户属于损益类账户，贷方登记企业确认的各项营业外收入，借方登记期末转入本年利润的营业外收入，期末结转后该账户无余额。该账户可按营业外收入项目设置明细账,进行明细核算。

1. 确认非流动资产毁损报废收益

企业确认毁损报废非流动资产收益时,借记"固定资产清理""银行存款""待处理财产损溢""无形资产""原材料"等账户,贷记"营业外收入"账户。

2. 确认盘盈利得、捐赠利得

企业确认盘盈利得、捐赠利得计入营业外收入时,借记"库存现金""待处理财产损溢"等账户,贷记"营业外收入"账户。

边学边做 7.1

1. 训练目的

根据案例,完成甲公司现金盘盈利得的账务处理。

2. 案例设计

202×年8月20日,甲公司在现金清查中盘盈500元,按管理权限报经批准后转入营业外收入。

3. 分析过程

甲公司应编制如下会计分录:

(1)8月20日发现盘盈时:

借:库存现金   500

    贷:待处理财产损溢   500

(2)经批准转入营业外收入时:

借:待处理财产损溢   500

    贷:营业外收入   500

3. 期末结转

期末,应将"营业外收入"账户余额转入"本年利润"账户,借记"营业外收入"账户,贷记"本年利润"账户。结转后"营业外收入"账户应无余额。

▶ **二、营业外支出**

(一)营业外支出的核算内容

营业外支出是指企业发生的与其日常活动无直接关系的、应计入当期损益的各项损失。营业外支出主要包括非流动资产毁损报废损失、公益性捐赠支出、非常损失、盘亏损失、罚款支出等。

(1)非流动资产毁损报废损失包括固定资产毁损报废损失和无形资产毁损报废损失。固定资产毁损报废损失,指企业毁损报废固定资产所取得的价款,或报废固定资产的材料价值和变价收入等,抵补处置固定资产的账面价值、清理费用、处置相关税费后的净损失;无形资产毁损报废损失,指企业毁损报废无形资产所取得的价款,抵补出售无形资产的账面价值、出售相关税费后的净损失。

（2）捐赠支出，指企业对外进行捐赠发生的支出。

（3）非常损失，指企业对于因客观因素（如自然灾害等）造成的损失，扣除保险公司赔偿后应计入营业外支出的净损失。

（4）盘亏损失，主要指对于财产清查盘点中盘亏的资产，查明原因并报经批准计入营业外支出的损失。

（5）罚款支出，指企业支付的行政罚款、税务罚款，以及其他违反法律法规、合同协议等而支付的罚款、违约金、赔偿金等支出。

（二）营业外支出的账务处理

为了核算营业外支出的发生及结转情况，企业应设置"营业外支出"账户。该账户属于损益类账户，借方登记企业发生的各项营业外支出，贷方登记期末转入本年利润的营业外支出，期末结转后该账户无余额。该账户可按营业外支出项目进行明细核算。

1. 确认非流动资产毁损报废损失

企业确认毁损报废非流动资产损失时，借记"营业外支出"账户，贷记"固定资产清理""无形资产"等账户。

边学边做 7.2

1. 训练目的

根据案例，完成甲公司无形资产报废损失的账务处理。

2. 案例设计

2020 年 1 月 1 日，甲公司取得一项价值 100 万元的非专利技术，并将其确认为无形资产。采用直线法摊销，摊销期限为 20 年。2024 年 1 月 1 日，由于该技术已被其他新型技术所替代，甲公司决定将其转入报废处理，报废时已累计摊销 20 万元，未计提减值准备，不考虑增值税等其他因素。

3. 分析过程

（1）计算甲公司无形资产的报废损失。

无形资产的报废损失 = 100 - 20 = 80（万元）。

（2）编制相关会计分录：

借：累计摊销   200 000

  营业外支出   800 000

   贷：无形资产   1 000 000

2. 确认捐赠支出

边学边做 7.3

1. 训练目的

根据案例，完成甲公司捐赠支出的账务处理。

2. 案例设计

202× 年 9 月,甲公司赞助某希望小学银行存款 30 000 元,用于购买文具,款已支付。

3. 分析过程

甲公司应编制如下会计分录:

借:营业外支出——捐赠支出　　　　　　　　　　　　　30 000
　　贷:银行存款　　　　　　　　　　　　　　　　　　　　30 000

3. 确认非常损失

边学边做 7.4

1. 训练目的

根据案例,完成甲公司非常损失的账务处理。

2. 案例设计

甲公司发生原材料意外灾害损失 200 000 元,经批准全部转作营业外支出,不考虑相关税费。

3. 分析过程

甲公司应编制如下会计分录:

(1)发生原材料意外灾害损失时:

借:待处理财产损溢　　　　　　　　　　　　　　　　　200 000
　　贷:原材料　　　　　　　　　　　　　　　　　　　　200 000

(2)批准处理时:

借:营业外支出　　　　　　　　　　　　　　　　　　　200 000
　　贷:待处理财产损溢　　　　　　　　　　　　　　　　200 000

4. 确认盘亏支出、罚款支出

确认盘亏、罚款支出计入营业外支出时,借记"营业外支出"账户,贷记"待处理财产损溢""库存现金"等账户。

边学边做 7.5

1. 训练目的

根据案例,完成甲公司罚款支出的账务处理。

2. 案例设计

202× 年 5 月,甲公司以银行存款向乙公司支付合同违约金 30 000 元。

3. 分析过程

甲公司应编制如下会计分录:

借:营业外支出　　　　　　　　　　　　　　　　　　　30 000
　　贷:银行存款　　　　　　　　　　　　　　　　　　　30 000

边学边思

上例中,乙公司收到的合同违约金应如何进行账务处理?

5. 期末结转

期末,应将"营业外支出"账户余额转入"本年利润"账户,借记"本年利润"账户,贷记"营业外支出"账户。结转后本账户应无余额。

应交所得税
的计算

▶ 第三节　所得税费用

企业的所得税费用包括当期所得税和递延所得税两个部分,其中,当期所得税是指当期应交所得税。递延所得税包括递延所得税资产和递延所得税负债。递延所得税资产是指以未来期间很可能取得用来抵扣可抵扣暂时性差异的应纳税所得额为限确认的一项资产。递延所得税负债是指根据应纳税暂时性差异计算的未来期间应付所得税的金额。

▶ 一、应交所得税的计算

应交所得税是指企业针对当期发生的交易和事项,按照税法规定计算确定的应交纳给税务部门的所得税金额,即当期应交所得税。企业当期所得税的计算公式为:

应交所得税 = 应纳税所得额 × 适用的所得税税率

应纳税所得额 = 税前会计利润 + 纳税调整增加额 − 纳税调整减少额

应纳税所得额是在企业税前会计利润(即利润总额)的基础上调整确定的,调整的内容就是会计与税法规定的差异,包括调增项目和调减项目。

纳税调整增加额主要包括企业所得税法规定允许扣除项目中,企业已计入当期费用但超过税法规定扣除标准的金额(如超过企业所得税法规定标准的职工福利费、工会经费、职工教育经费、业务招待费、公益性捐赠支出、广告费和业务宣传费等),以及企业已计入当期损失但企业所得税法规定不允许扣除项目的金额(如税收滞纳金、罚金、罚款)。

纳税调整减少额主要包括按企业所得税法规定允许弥补的亏损和准予免税的项目,如前五年内未弥补亏损和国债利息收入等。

 相关链接

税法相关规定

(1)免税收入包括国债利息收入,符合条件的居民企业之间的股息、红利等权益性投资收益,在中国境内设立机构、场所的非居民企业从居民企业取得与该机构、场所有实际联系的股息、红利等权益性投资收益，符合条件的非营利性组织的收入。

（2）企业发生的合理的工资、薪金支出准予据实扣除；企业发生的职工福利费支出，不超过工资、薪金总额14%的部分准予扣除；企业拨缴的工会经费，不超过工资、薪金总额2%的部分准予扣除；除国务院财政、税务主管部门另有规定外，企业发生的职工教育经费支出，不超过工资、薪金总额8%的部分准予扣除，超过部分准予结转以后纳税年度扣除。

（3）企业发生的与生产经营活动有关的业务招待费支出，按照发生额的60%扣除，但最高不得超过当年销售（营业）收入的5‰；企业发生的符合条件的广告费和业务宣传费支出，除国务院财政、税务主管部门另有规定外，不超过当年销售（营业）收入15%的部分，准予扣除；超过部分，准予结转以后纳税年度扣除；企业发生的公益性捐赠支出，不超过年度利润总额12%的部分，准予扣除。

（4）企业纳税年度发生的亏损，准予向以后年度结转，用以后年度的所得弥补，但结转年限最长不得超过5年。

边学边做7.6

1. 训练目的

掌握应纳税所得额和应交所得税的计算。

2. 案例设计

甲公司202×年度按企业会计准则计算的税前会计利润为1 980万元，所得税税率为25%，甲公司当年收到国债利息收入10万元；全年实发工资、薪金为200万元，职工福利费30万元，工会经费5万元，职工教育经费10万元；经查，甲公司当年营业外支出中有12万元为税收滞纳罚金。假定甲公司全年无其他纳税调整因素。甲公司202×年度的应纳税所得额为多少？当期应交所得税为多少？

3. 分析过程

本例中，按税法规定，企业购买国债的利息收入免交所得税，即在计算应纳税所得额时可将其扣除。企业在计算当期应纳税所得额时，可以扣除工资、薪金支出200万元，扣除职工福利费支出28（即200×14%）万元，工会经费支出4（即200×2%）万元，职工教育经费支出16（即200×8%）万元。甲公司有三种纳税调整因素：一是免税收入；二是已计入当期费用但超过税法规定标准的费用支出；三是已计入当期营业外支出但按税法规定不允许扣除的税收滞纳金。第一种情况，免税收入应调整减少应纳税所得额，后两种情况均应调整增加应纳税所得额。

纳税调整数 = -10 + (30 - 28) + (5 - 4) + 12 = 5（万元）

甲公司202×年度的应纳税所得额 = 1 980 + 5 = 1 985（万元）

当期应交所得税 = 1 985 × 25% = 496.25（万元）

▶ 二、所得税费用的账务处理

为了核算企业所得税费用的确认及其结转情况,企业应设置"所得税费用"账户。该账户属于损益类账户。期末,应将"所得税费用"账户的余额转入"本年利润"账户,借记"本年利润"账户,贷记"所得税费用"账户,结转后本账户应无余额。

企业根据会计准则的规定,计算确定的当期所得税和递延所得税之和,即为应从当期利润总额中扣除的所得税费用。即:

所得税费用 = 当期所得税 + 递延所得税

（一）当期所得税

当期所得税即为应交所得税,通过"应交税费——应交所得税"账户核算。

（二）递延所得税

所得税准则规定采用资产负债表债务法核算所得税,即从资产负债表出发,通过比较资产负债表上列示的资产、负债按照会计准则规定确定的账面价值与按照税法规定确定的计税基础,对于两者之间的差异分别应纳税暂时性差异与可抵扣暂时性差异,确认相关的递延所得税负债与递延所得税资产,并在此基础上确定每一会计期间利润表中的所得税费用。

1. 递延所得税负债

递延所得税负债产生于应纳税暂时性差异。应纳税暂时性差异的特点是本期不纳税、未来期间应纳税。通常,在资产的账面价值大于其计税基础或者负债的账面价值小于其计税基础时,产生应纳税暂时性差异。

应纳税暂时性差异在转回期间将增加企业的应纳税所得额和应交所得税,导致企业经济利益的流出,在应纳税暂时性差异发生当期,构成企业应支付税金的义务,应确认递延所得税负债。

企业确认递延所得税负债时,应借记"所得税费用"等账户,贷记"递延所得税负债"账户。

2. 递延所得税资产

递延所得税资产产生于可抵扣暂时性差异。可抵扣暂时性差异的特点是本期应纳税、未来期间可抵扣。通常,在资产的账面价值小于其计税基础或者负债的账面价值大于其计税基础时,产生可抵扣暂时性差异。

可抵扣暂时性差异在未来期间转回时,会减少转回期间的应纳税所得额,在可抵扣暂时性差异发生当期,应当确认相关的递延所得税资产。

企业确认递延所得税资产时,应借记"递延所得税资产"账户,贷记"所得税费用"等账户。

3. 所得税费用

$$递延所得税 = (期末递延所得税负债 - 期初递延所得税负债) -$$
$$(期末递延所得税资产 - 期初递延所得税资产)$$
$$所得税费用 = 当期所得税 + 递延所得税$$
$$= 当期所得税 + 递延所得税负债 - 递延所得税资产$$

需要注意的是,某项交易或事项按照会计准则规定应计入所有者权益的,由该交易或事项产生的递延所得税资产或递延所得税负债及其变化亦应计入所有者权益,不构成利润表中的递延所得税费用(或收益)。比如,其他权益工具投资公允价值上升计入其他综合收益,账面价值增加,但税法不认可其公允价值的变动,计税基础仍然为初始成本,此时资产的账面价值大于计税基础,产生应纳税暂时性差异,应确认递延所得税负债,借记"其他综合收益"账户,贷记"递延所得税负债"账户。这里确认的递延所得税负债就不会影响利润表中的所得税费用。

 **边学边做 7.7**

1. 训练目的

根据案例,完成甲公司所得税费用的计算及其账务处理。

2. 案例设计

甲公司递延所得税负债年初数为 40 万元,年末数为 50 万元,递延所得税资产年初数为 25 万元,年末数为 20 万元。该公司当期所得税为 450 万元。

3. 分析过程

(1)计算所得税费用:

递延所得税 = (50 - 40) - (20 - 25) = 15(万元)

所得税费用 = 当期所得税 + 递延所得税 = 450 + 15 = 465(万元)

(2)编制会计分录:

借:所得税费用	4 650 000
贷:应交税费——应交所得税	4 500 000
递延所得税负债	100 000
递延所得税资产	50 000

▶ 第四节　本年利润

▶ 一、结转本年利润的方法

会计期末结转本年利润的方法有表结法和账结法两种。

（一）表结法

表结法下,各损益类账户每月月末只需结计出本月发生额和月末累计余额,不结转到"本年利润"账户,只有在年末时才将全年累计余额结转入"本年利润"账户。但每月月末要将损益类账户的本月发生额合计数填入利润表的本月数栏,同时将本月末累计余额填入利润表的本年累计数栏,通过利润表计算反映各期的利润(或亏损)。表结法下,年中损益类账户无须结转入"本年利润"账户,从而减少了转账环节和工作量,同时并不影响利润表的编制及有关损益指标的利用。

（二）账结法

账结法下,每月月末均需编制转账凭证,将在账上结计出的各损益类账户的余额结转入"本年利润"账户。结转后"本年利润"账户的本月余额反映当月实现的利润或发生的亏损,"本年利润"账户的本年余额反映本年累计实现的利润或发生的亏损。账结法在各月均可通过"本年利润"账户提供当月及本年累计的利润(或亏损)额,但增加了转账环节和工作量。

▶ 二、结转本年利润的会计处理

企业应设置"本年利润"账户,核算企业本年度实现的净利润(或发生的净亏损)。该账户属于所有者权益类账户。

（一）损益类账户余额转入本年利润

会计期末,企业应将"主营业务收入""其他业务收入""营业外收入"等账户的余额分别转入"本年利润"账户的贷方;将"主营业务成本""其他业务成本""税金及附加""销售费用""管理费用""财务费用""资产减值损失""营业外支出""所得税费用"等账户的余额分别转入"本年利润"账户的借方。企业还应将"公允价值变动损益""投资收益"账户的净收益转入"本年利润"账户的贷方,将"公允价值变动损益""投资收益"账户的净损失转入"本年利润"账户的借方。结转后"本年利润"账户如为贷方余额,表示当年实现的净利润;如为借方余额,表示当年发生的净亏损。

（二）本年利润转入利润分配

年度终了,企业还应将"本年利润"账户的本年累计余额转入"利润分配——未分配利润"账户。"本年利润"如为贷方余额,借记"本年利润"账户,贷记"利润分配——未分配利润"账户;如为借方余额,做相反的会计分录。结转后"本年利润"账户应无余额。

边学边做 7.8

1. 训练目的

根据案例,完成甲公司损益类账户余额结转本年利润、确认所得税费用等的账务处理。

2. 案例设计

甲公司采用表结法年末一次结转损益类账户,所得税税率为25%。202×年该公司有关损益类账户的年末余额如表7.1所示。

表7.1　甲公司202×年度损益类账户年末余额
单位:元

账户名称	借或贷	结账前余额
主营业务收入	贷	12 000 000
其他业务收入	贷	1 400 000
公允价值变动损益	贷	300 000
投资收益	贷	1 200 000
营业外收入	贷	100 000
主营业务成本	借	8 000 000
其他业务成本	借	800 000
税金及附加	借	160 000
销售费用	借	1 000 000
管理费用	借	1 540 000
财务费用	借	400 000
资产减值损失	借	200 000
营业外支出	借	500 000

假设甲公司202×年度不存在所得税纳税调整因素。

3. 分析过程

甲公司202×年年末结转本年利润应编制如下会计分录。

(1)将各损益类账户年末余额结转入"本年利润"账户:

① 结转各项收入、利得类账户:

借:主营业务收入　　　　　　　　　　　　　　　12 000 000

　　其他业务收入　　　　　　　　　　　　　　　1 400 000

　　公允价值变动损益　　　　　　　　　　　　　300 000

　　投资收益　　　　　　　　　　　　　　　　　1 200 000

　　营业外收入　　　　　　　　　　　　　　　　100 000

　　贷:本年利润　　　　　　　　　　　　　　　　　15 000 000

② 结转各项费用、损失类账户：

借：本年利润 12 600 000

　　贷：主营业务成本 8 000 000

　　　　其他业务成本 800 000

　　　　税金及附加 160 000

　　　　销售费用 1 000 000

　　　　管理费用 1 540 000

　　　　财务费用 400 000

　　　　资产减值损失 200 000

　　　　营业外支出 500 000

（2）经过上述结转后，"本年利润"账户的贷方发生额合计 15 000 000 元减去借方发生额合计 12 600 000 元即为税前会计利润 2 400 000 元。

（3）甲公司 202× 年度应交所得税 = 2 400 000 × 25% = 600 000（元）。

① 确认所得税费用：

借：所得税费用 600 000

　　贷：应交税费——应交所得税 600 000

② 将所得税费用结转入"本年利润"账户：

借：本年利润 600 000

　　贷：所得税费用 600 000

（4）将"本年利润"账户年末余额 1 800 000（即 2 400 000 − 600 000）元转入"利润分配——未分配利润"账户：

借：本年利润 1 800 000

　　贷：利润分配——未分配利润 1 800 000

> **提示**
>
> 　本题中，完成上述步骤后，企业就可以进行利润分配了。提取盈余公积、宣告分配现金股利等利润分配的账务处理请参见本书"第四章　所有者权益"中未分配利润的内容。

▶ 本章知识回顾

利润
├─ 利润构成 ★
│　├─ 营业利润　=营业收入-营业成本-税金及附加-销售费用-管理费用-研发费用-财务费用-信用减值损失-资产减值损失+公允价值变动收益(-公允价值变动损失)+投资收益(-投资损失)+资产处置收益(-资产处置损失)+其他收益+净敞口套期收益(-净敞口套期损失)
│　├─ 利润总额　=营业利润+营业外收入-营业外支出
│　└─ 净利润　=利润总额-所得税费用
│
├─ 营业外收支 ★★
│　├─ 营业外收入
│　│　├─ 非流动资产毁损报废收益
│　│　│　├─ 固定资产毁损报废收益
│　│　│　└─ 无形资产毁损报废收益
│　│　├─ 盘盈利得　企业对现金等资产清查盘点时发生盘盈，报经批准后计入营业外收入的金额
│　│　└─ 捐赠利得　企业接受捐赠产生的利得
│　└─ 营业外支出
│　　　├─ 非流动资产毁损报废损失
│　　　│　├─ 固定资产毁损报废损失
│　　　│　└─ 无形资产毁损报废损失
│　　　├─ 捐赠支出　企业对外进行公益性捐赠发生的支出
│　　　├─ 盘亏损失　财产清查盘点中盘亏的资产，查明原因并报经批准计入营业外支出的损失
│　　　├─ 非常损失　企业对于自然灾害造成的损失，扣除赔偿后的净损失
│　　　└─ 罚款支出　支付的行政罚款、税务罚款、其他违反法律法规、合同协议等支付的罚款、违约金、赔偿金
│
├─ 所得税费用 ★
│　├─ 包括
│　│　├─ 当期所得税：当期应交的所得税
│　│　└─ 递延所得税：包括递延所得税资产和递延所得税负债
│　├─ 应交所得税的计算
│　│　├─ 应纳税所得额=税前会计利润+纳税调整增加额-纳税调整减少额
│　│　└─ 应交所得税=应纳税所得额×所得税税率
│　├─ 所得税费用的计算　所得税费用=当期所得税费用+递延所得税费用
│　└─ 所得税费用的账务处理
│　　　借：所得税费用
│　　　　　递延所得税资产
│　　　贷：应交税费——应交所得税
│　　　　　递延所得税负债
│
└─ 本年利润 ★
　　├─ 会计期末结转本年利润方法
　　│　├─ 表结法　各损益类账户每月月末只需结计出本月发生额和月末累计余额，不结转到本年利润中
　　│　└─ 账结法　每月月末均需编制转账凭证，将在账上结计出的各损益类账户的余额结转入本年利润中
　　└─ 结转本年利润的账务处理
　　　　├─ 借：损益类账户中的收入、利得
　　　　│　　贷：本年利润
　　　　├─ 借：本年利润
　　　　│　　贷：损益类账户中的费用、损失
　　　　└─ 年终时　借：本年利润
　　　　　　　　　　贷：利润分配——未分配利润(表示净利润)
　　　　　　　　　　或作相反分录，表示净亏损

第八章 财务报告

**本章
→导读**

前面七章介绍了各具体会计要素的确认、计量和记录,本章我们来讲解财务报告的编制。编制财务报表是会计核算的第七种方法,与设置会计科目、复式记账、填制和审核凭证、登记账簿、成本核算、财产清查等构成了一个完整的方法体系。一般在经济业务发生后,我们按规定的手续填制和审核凭证,并应用复式记账法在有关账簿中进行登记,期末还要对生产经营过程中发生的费用进行成本计算和财产清查,在账证、账账、账实相符的基础上,根据账簿记录编制会计报表,编制报表是一个会计期间工作的终结。

本章主要介绍财务报告的编制,通过本章的学习,要求学生掌握资产负债表、利润表的编制。

**教学
→目标**

▶ **考核目标**

1. 了解财务报告的定义、目标、组成及其分类
2. 掌握资产负债表的内容、结构及其编制方法
3. 掌握利润表的内容、格式及其编制方法
4. 熟悉所有者权益变动表的内容、格式及其编制方法
5. 了解财务报表附注披露的主要内容

▶ **实践目标**

1. 能够熟悉各类报表中各个项目的填列方法,并对相关账户的金额进行分析和计算
2. 能够根据资产类、负债类、所有者权益类等总账账户及其明细账账户的期末余额,分析计算填列资产负债表中各个项目的期末余额,准确编制资产负债表
3. 能够根据损益类总账账户及其明细账账户的借贷方发生额,分析计算填列利润表中各个项目的本期金额,准确编制利润表
4. 能够分析计算填列所有者权益变动表中各个项目的本年金额,准确编制所有者权益变动表

▶ 第一节　财务报告概述

▶ 一、财务报告及其目标

财务报告是指企业对外提供的反映企业某一特定日期的财务状况和某一会计期间的经营成果、现金流量等会计信息的文件。财务报告包括财务报表和其他应当在财务报告中披露的相关信息和资料。

财务报告的目标，是向财务报告使用者提供与企业财务状况、经营成果和现金流量等有关的会计信息，反映企业管理层受托责任履行情况，有助于财务报告使用者作出经济决策。

财务报告使用者通常包括投资者、债权人、政府及其有关部门和社会公众等。会计报表信息对使用者的影响与重要性显而易见，其作用包括：

（1）全面系统地揭示企业一定时期的财务状况、经营成果和现金流量，有利于经营管理人员为经济预测和决策提供依据。

（2）有利于国家经济管理部门了解国民经济的运行状况，以便进行宏观调控和管理，优化资源配置，保证国民经济稳定持续发展。

（3）有利于投资者、债权人和其他有关各方掌握企业的情况，合理地进行投资决策。

▶ 二、财务报表的组成

财务报表是对企业财务状况、经营成果和现金流量的结构性表述。一套完整的财务报表至少应当包括资产负债表、利润表、现金流量表、所有者权益（或股东权益）变动表以及附注。

资产负债表反映企业特定日期所拥有的资产、需偿还的债务以及股东（投资者）拥有的净资产情况；利润表反映企业一定期间的经营成果即利润或亏损的情况，表明企业运用所拥有的资产的获利能力；现金流量表反映企业在一定会计期间现金和现金等价物流入和流出的情况；所有者权益变动表反映构成所有者权益的各组成部分当期的增减变动情况。

附注是财务报表不可或缺的组成部分，是对在资产负债表、利润表、现金流量表和所有者权益变动表等报表中列示项目的文字描述或明细资料，以及对未能在这些报表中列示项目的说明等。

▶ 三、财务报表的分类

财务报表可以按照不同的标准进行分类。

（一）按财务报表编报期间的不同分类

按财务报表编报期间的不同，可以分为中期财务报表和年度财务报表。

中期财务报表是以短于一个完整会计年度的报告期间为基础编制的财务报表，包括月报、季报和半年报等。中期财务报表至少应当包括资产负债表、利润表、现金流量表和附注。

（二）按照财务报表反映财务活动方式的不同分类

按照财务报表反映财务活动方式的不同，可以分为静态财务报表和动态财务报表。

静态财务报表反映企业某个特定时点的资产、负债和所有者权益状况，如资产负债表；动态财务报表反映企业某个特定时期内资金耗费和资金回收情况，如利润表和现金流量表。

（三）按财务报表服务对象的不同分类

按财务报表服务对象的不同，可以分为外部报表和内部报表。

外部报表是定期向外部使用者报送的；内部报表是为适应企业内部管理需要而编制的。

（四）按财务报表编报范围的不同分类

按财务报表编报范围的不同，可以分为个别财务报表和合并财务报表。

个别财务报表是由企业在自身会计核算基础上对账簿记录进行加工而编制的财务报表，它主要用以反映企业自身的财务状况、经营成果和现金流量情况；合并财务报表是以母公司和子公司组成的企业集团为会计主体，根据母公司和所属子公司的财务报表，由母公司编制的综合反映企业集团财务状况、经营成果及现金流量的财务报表。

资产负债表
的格式

▶ 第二节　资产负债表

▶ 一、资产负债表概述

资产负债表是指反映企业在<mark>某一特定日期的财务状况</mark>的会计报表。例如，企业 2021 年 12 月 31 日的资产负债表反映的就是该日的财务状况。

资产负债表能够表明企业在某一特定日期所拥有或控制的经济资源、所承担的现时义务和所有者对净资产的要求权。资产负债表具有以下几个作用：

（1）通过资产负债表，可以了解企业某一日期资产的总额及其结构，表明企业拥有或控制的经济资源及其分布情况，分析企业的生产经营能力；

（2）通过资产负债表，可以了解企业某一日期的负债总额及其结构，表明企业未来需要用多少资产或劳务清偿债务，分析企业的短期和长期偿债能力；

（3）通过资产负债表，可以了解企业所有者所拥有的权益，分析所有者权益的构成情况，据以判断资本保值、增值的情况以及对负债的保障程度。

此外，资产负债表还可以提供进行财务分析的基本资料，如将流动资产与流动负债进行比较，计算出流动比率；将速动资产与流动负债进行比较，计算出速动比率等，可以表明企业的变现能力、偿债能力和资金周转能力，从而有助于报表使用者作出经济决策。

▶ 二、资产负债表的结构

资产负债表一般由表头、表体两部分组成。表头部分应列明报表名称、编制单位名称、资产负债表日、报表编号和计量单位；表体部分是资产负债表的主体，列示了用以说明企业财务状况的各个项目。

根据财务报表列报准则的规定,我国的资产负债表采用账户式结构。即左侧列报资产方,反映全部资产的分布及存在形态,一般按资产的流动性大小排列;右侧列报负债方和所有者权益方,反映全部负债和所有者权益的内容及构成情况,一般按要求清偿时间的先后顺序排列。账户式资产负债表中的资产各项目的合计等于负债和所有者权益各项目的合计,即资产负债表左右两方平衡。因此,通过账户式资产负债表,可以反映资产、负债、所有者权益之间的内在关系,即"资产 = 负债 + 所有者权益"。

（一）资产

资产应当按照流动资产和非流动资产两大类别在资产负债表中列示,在流动资产和非流动资产类别下进一步按性质分项列示。一般按资产的流动性大小排列,流动性大的资产如"货币资金""应收账款"等排在前面,流动性小的资产如"长期股权投资""固定资产"等排在后面。

边学边做 8.1

1. 训练目的

熟练把握流动资产和非流动资产包括的项目。

2. 案例设计

在固定资产、开发支出、在建工程、交易性金融资产这些项目中,哪些属于非流动资产?

3. 分析过程

固定资产、开发支出、在建工程属于非流动资产。交易性金融资产属于流动资产。

（二）负债

负债应当按照流动负债和非流动负债在资产负债表中进行列示,在流动负债和非流动负债类别下再进一步按性质分项列示。一般按要求清偿时间的先后顺序排列,"短期借款""应付账款"等需要在一年以内或者长于一年的一个正常营业周期内偿还的流动负债排在前面,"长期借款"等在一年以上才需偿还的非流动负债排在后面。

> **提示**
>
> 《企业会计准则第 30 号——财务报表列报》规定,对于在资产负债表日起一年内到期的负债,企业有意图且有能力自主地将清偿义务展期至资产负债表日后一年以上的,应当归类为非流动负债;不能自主地将清偿义务展期的,即使在资产负债表日后、财务报告批准报出日前签订了重新安排清偿计划协议,该项负债在资产负债表日仍应当归类为流动负债。

边学边做 8.2

1. 训练目的

准确进行流动负债与非流动负债的划分。

2. 案例设计

甲公司于 2020 年 7 月 1 日向 A 银行举借五年期的长期借款,则在 2024 年 12 月 31 日的资产负债表上,该长期借款应当划分为流动负债。假定存在以下情况:

(1)假定甲公司在 2024 年 12 月 1 日与 A 银行完成长期再融资或展期。

(2)假定甲公司在 2025 年 2 月 1 日(财务报告批准报出日为 2025 年 3 月 31 日)完成长期再融资或展期。

(3)假定甲公司与 A 银行的贷款协议上规定,甲公司在长期借款到期前可以自行决定是否展期,无须征得债权人同意,并且甲公司打算要展期。

要求:分析、判断上述三种情况下借款在 2024 年 12 月 31 日的资产负债表中应列示为流动负债还是非流动负债?

3. 分析过程

(1)该借款在资产负债表日前(即 2024 年 12 月 31 日前)已经完成长期再融资或展期,所以在 2024 年 12 月 31 日的资产负债表上应当划分为非流动负债。

(2)该借款在资产负债表日后(即 2024 年 12 月 31 日后)完成长期再融资或展期,不影响负债的分类,所以在 2024 年 12 月 31 日的资产负债表上应当划分为流动负债。

(3)甲公司可以自主展期且有意图展期,所以该借款在 2024 年 12 月 31 日的资产负债表上应当划分为非流动负债。

(三)所有者权益

所有者权益一般按照净资产的不同来源和特定用途进行分类,应当按照实收资本(或股本)、资本公积、盈余公积和未分配利润等项目分项列示。

为了使用者通过比较不同时点资产负债表的数据,掌握企业财务状况的变动情况及发展趋势,企业需要提供比较资产负债表。所以,资产负债表各项目应分为"上年年末余额"和"期末余额"两栏分别填列。一般企业资产负债表(适用于已执行新金融准则或新收入准则的企业,下同)的具体格式如表 8.1 所示。

表 8.1　资产负债表

会企 01 表

编制单位:　　　　　　　　　　___年___月___日　　　　　　　　　　单位:元

资产	期末余额	上年年末余额	负债和所有者权益（或股东权益）	期末余额	上年年末余额
流动资产:			流动负债:		
货币资金			短期借款		
交易性金融资产			交易性金融负债		
衍生金融资产			衍生金融负债		

续表

资产	期末余额	上年年末余额	负债和所有者权益（或股东权益）	期末余额	上年年末余额
应收票据			应付票据		
应收账款			应付账款		
应收款项融资			预收款项		
预付款项			应付职工薪酬		
其他应收款			合同负债		
存货			应交税费		
合同资产			其他应付款		
持有待售资产			持有待售负债		
一年内到期的非流动资产			一年内到期的非流动负债		
其他流动资产			其他流动负债		
流动资产合计			流动负债合计		
非流动资产：			非流动负债：		
债权投资			长期借款		
其他债权投资			应付债券		
长期应收款			其中：优先股		
长期股权投资			永续债		
其他权益工具投资			租赁负债		
其他非流动金融资产			长期应付款		
投资性房地产			预计负债		
固定资产			递延收益		
在建工程			递延所得税负债		
生产性生物资产			其他非流动负债		
油气资产			非流动负债合计		
使用权资产			负债合计		
无形资产			所有者权益（或股东权益）：		
开发支出			实收资本（或股本）		
商誉			其他权益工具		
长期待摊费用			其中：优先股		
递延所得税资产			永续债		
其他非流动资产			资本公积		
非流动资产合计			减：库存股		
			其他综合收益		
			专项储备		
			盈余公积		
			未分配利润		
			所有者权益（或股东权益）合计		
资产总计			负债和所有者权益（或股东权益）总计		

此外,如有下列情况,应当在资产负债表中调整或增设相关项目:

(1)高危行业企业如有按国家规定提取安全生产费的,应当在资产负债表所有者权益项下的"其他综合收益"项目和"盈余公积"项目之间增设"专项储备"项目,反映企业提取的安全生产费期末余额。

(2)企业衍生金融工具业务具有重要性的,应当在资产负债表资产项下"交易性金融资产"项目和"应收票据"项目之间增设"衍生金融资产"项目,在资产负债表负债项下"交易性金融负债"项目和"应付票据"项目之间增设"衍生金融负债"项目,分别反映企业衍生工具形成资产和负债的期末余额。

▶ 三、资产负债表的编制

(一)资产负债表项目的填列方法

1. "期末余额"栏的填列方法

"期末余额"栏主要有以下几种填列方法:

(1)根据总账账户的余额填列。如"短期借款""资本公积"等项目,根据"短期借款""资本公积"各总账账户的余额直接填列。

有些项目则应根据几个总账账户的余额计算填列,如"货币资金"项目,需根据"库存现金""银行存款""其他货币资金"三个总账账户余额的合计数填列;"其他流动资产""其他流动负债"项目,应根据有关账户的期末余额分析填列。

(2)根据明细账账户的余额计算填列。如"开发支出"项目,应根据"研发支出"账户中所属的"资本化支出"明细账户期末余额填列;"应付账款"项目,应根据"应付账款"和"预付账款"两个账户所属的相关明细账的期末贷方余额计算填列;"一年内到期的非流动资产""一年内到期的非流动负债"项目,应根据有关非流动资产或负债项目的明细账户余额分析填列;"应付职工薪酬"项目,应根据"应付职工薪酬"账户的明细账户期末余额分析填列。

(3)根据总账账户和明细账账户的余额分析计算填列。如"长期借款"项目,应根据"长期借款"总账账户余额扣除"长期借款"账户所属的明细账户中将在资产负债表日起一年内到期且企业不能自主地将清偿义务展期的长期借款后的金额计算填列;"其他非流动资产"项目,应根据有关账户的期末余额减去将于一年内(含一年)收回数后的金额计算填列;"其他非流动负债"项目,应根据有关账户的期末余额减去将于一年内(含一年)到期偿还数后的金额计算填列。

(4)根据有关账户余额减去其备抵账户余额后的净额填列。如"应收账款""长期股权投资""在建工程"项目,应根据相关账户的期末余额填列,已计提减值准备的,还应扣减相应的减值准备;"固定资产""无形资产""投资性房地产"(采用成本模式计量的)项目,应根据相关账户的期末余额扣减相关的累计折旧(或摊销、折耗)填列,已计提减值准备的,还应扣减相应的减值准备。

(5)综合运用上述填列方法分析填列。如"存货"项目,应根据"材料采购""原材料""低值易耗品""库存商品""周转材料""委托加工物资""生产成本"等账户的期末余额合计,减去"存货跌价准备"账户期末余额后的金额填列等。材料采用计划成本核算,以及库存商品采用计划成本核算或售价核算的企业,还应加或减材料成本差异、商品进销差价。

2. "上年年末余额"栏的填列方法

企业应当根据上年末资产负债表"期末余额"栏有关项目填列本年度资产负债表"上年年末余额"栏。如果企业上年度资产负债表规定的项目名称和内容与本年度不一致,应当对上年年末资产负债表相关项目的名称和金额按照本年度的规定进行调整,按调整后的数字填入"上年年末余额"栏。

（二）资产负债表项目的填列说明

资产负债表中资产、负债和所有者权益主要项目的填列说明如下:

1. 资产项目的填列说明

（1）"货币资金"项目,反映企业库存现金、银行结算户存款、外埠存款、银行汇票存款、银行本票存款、信用卡存款、信用证保证金存款等的合计数。本项目应根据"库存现金""银行存款""其他货币资金"账户期末余额的合计数填列。

 **边学边做 8.3**

1. 训练目的

掌握资产负债表中"货币资金"项目期末余额的计算。

2. 案例设计

甲公司 202× 年 12 月 31 日结账后的"库存现金"账户余额为 10 000 元,"银行存款"账户余额为 4 000 000 元,"其他货币资金"账户余额为 1 000 000 元。

3. 分析过程

甲公司 202× 年 12 月 31 日资产负债表中的"货币资金"项目金额 = 10 000 + 4 000 000 + 1 000 000 = 5 010 000（元）。

（2）"交易性金融资产"项目,反映企业持有的以公允价值计量且其变动计入当期损益的为交易目的所持有的债券投资、股票投资、基金投资、权证投资等金融资产。本项目应根据"交易性金融资产"账户的相关明细账户期末余额分析填列。

（3）"应收票据"项目,反映资产负债表日以摊余成本计量的,企业因销售商品、提供服务等经营活动收到的商业汇票,包括银行承兑汇票和商业承兑汇票。本项目应根据"应收票据"账户的期末余额,减去"坏账准备"账户中相关坏账准备期末余额后的金额填列。

（4）"应收账款"项目,反映资产负债表日以摊余成本计量的、企业因销售商品、提供服务等经营活动应收取的款项。本项目应根据"应收账款"账户的期末余额,减去"坏账准备"账户中相关坏账准备期末余额后的金额分析填列。

边学边做 8.4

1. 训练目的

掌握资产负债表中"预收款项"项目期末余额的计算。

2. 案例设计

甲公司年末结账前"应收账款"总账借方余额 30 000 万元,其明细账借方余额合计 39 000 万元,贷方明细账余额合计 9 000 万元;"预收账款"总账贷方余额 23 000 万元,其明细账贷方余额合计 30 000 万元,借方明细账余额合计 7 000 万元。分析计算年末资产负债表中"预收款项"项目的填列金额。

3. 分析过程

"预收款项"项目要根据"预收账款"和"应收账款"账户所属明细账户贷方余额合计填列。

本例中"预收款项"项目的填列金额 = 9 000 + 30 000 = 39 000(万元)。

(5)"应收款项融资"项目,反映资产负债日以公允价值计量且其变动计入其他综合收益的应收票据和应收账款等。

(6)"预付款项"项目,反映企业按照购货合同规定预付给供应单位的款项等。本项目应根据"预付账款"和"应付账款"账户所属各明细账户的期末借方余额合计数,减去"坏账准备"账户中有关预付款项计提的坏账准备期末余额后的金额填列。如"预付账款"账户所属明细账户期末有贷方余额的,应在资产负债表"应付账款"项目内填列。

边学边做 8.5

1. 训练目的

掌握资产负债表中"预付款项"和"应付账款"项目期末余额的计算。

2. 案例设计

甲公司 202× 年 12 月 31 日结账后有关账户所属明细账户借贷方余额如表 8.2 所示。

表 8.2　预付账款和应付账款借贷方余额表　　　　单位:元

账户名称	明细账户借方余额合计	明细账户贷方余额合计
预付账款	800 000	60 000
应付账款	400 000	1 800 000

3. 分析过程

甲公司 202× 年 12 月 31 日资产负债表中相关项目的金额为:

"预付款项"项目金额 = 800 000 + 400 000 = 1 200 000(元)

"应付账款"项目金额 = 60 000 + 1 800 000 = 1 860 000(元)

（7）"其他应收款"项目，反映企业除应收票据、应收账款、预付账款等经营活动以外的其他各种应收、暂付的款项。本项目应根据"应收利息""应收股利""其他应收款"账户期末余额合计数，减去"坏账准备"账户中相关坏账准备期末余额后的金额填列。

（8）"存货"项目，反映企业期末在库、在途和在加工中的各种存货的可变现净值或成本。存货包括各种材料、商品、在产品、半成品、包装物、低值易耗品、发出商品等。本项目应根据"材料采购""原材料""库存商品""周转材料""委托加工物资""生产成本""受托代销商品"等账户的期末余额合计，减去"受托代销商品款""存货跌价准备"账户期末余额后的金额填列。材料采用计划成本核算，以及库存商品采用计划成本核算或售价核算的企业，还应按加或减材料成本差异、商品进销差价后的金额填列。

边学边做 8.6

1. 训练目的

掌握资产负债表中"存货"项目期末余额的计算。

2. 案例设计

甲公司 202× 年年末"库存商品"账户的余额为 200 万元，"发出商品"账户的余额为 20 万元，"原材料"账户的余额为 90 万元，"材料成本差异"账户的借方余额为 15 万元。"存货跌价准备"账户的余额为 20 万元，"制造费用"账户的余额为 25 万元，"发出商品"账户的余额为 240 万元，"工程物资"账户的余额为 30 万元，假定不考虑其他因素。分析计算 202× 年年末资产负债表中"存货"项目的填列金额。

3. 分析过程

甲公司 202× 年年末资产负债表中"存货"项目的填列金额 $= 200 + 20 + 90 + 15 - 20 + 25 + 240 = 570$（万元）。

（9）"合同资产"项目，反映企业按照《企业会计准则》的相关规定，根据企业履行履约义务与客户付款之间的关系在资产负债表中列示的合同资产。本项目应根据"合同资产"账户的相关明细科目期末余额分析填列，同一合同下的合同资产和合同负债应当以净额列示，其中净额为借方余额的，应当根据其流动性在"合同资产"或"其他非流动资产"项目中填列，已计提减值准备的，还应当以减去"合同资产减值准备"账户中相关的期末余额后的金额填列；其中净额为贷方余额的，应当根据其流动性在"合同负债"或"其他非流动负债"项目中填列。

（10）"持有待售资产"项目，反映资产负债表日划分为持有待售类别的非流动资产及划分为持有待售类别的处置组中的流动资产和非流动资产的账面价值。本项目根据"持有待售资产"账户的期末余额，减去"持有待售资产减值准备"账户的期末余额后的金额填列。

（11）"一年内到期的非流动资产"项目，反映企业将于一年内到期的非流动资产项目金额。本项目应根据有关账户的期末余额分析填列。

（12）"债权投资"项目，反映资产负债表日企业以摊余成本计量的长期债权投资的期末账面价值。本项目应根据"债权投资"账户的相关明细账户期末余额，减去"债权投资减值准备"账户中相关减值准备的期末余额后的金额分析填列。自资产负债表日起一年内到期的长期债权投资的期末账面价值,在"一年内到期的非流动资产"项目反映。企业购入的以摊余成本计量的一年内到期的债权投资的期末账面价值,在"其他流动资产"项目反映。

(13)"其他债权投资"项目:反映资产负债表日企业分类为以公允价值计量且其变动计入其他综合收益的长期债权投资的期末账面价值。本项目应根据"其他债权投资"账户的相关明细账户期末余额分析填列。自资产负债表日起一年内到期的长期债权投资的期末账面价值,在"一年内到期的非流动资产"项目反映。企业购入的以公允价值计量且其变动计入其他综合收益的一年内到期的债权投资的期末账面价值,在"其他流动资产"项目反映。

(14)"长期应收款"项目,反映企业因租赁产生的应收款项、采用递延方式具有融资性质的销售商品和提供劳务等产生的应收款项等。本项目应根据"长期应收款"账户的期末余额,减去明细资料中"将于一年内收回的长期应收款",减去"未实现融资收益"账户的期末余额,减去"坏账准备"账户中有关长期应收款计提的坏账准备期末余额后的金额填列。

(15)"长期股权投资"项目,反映投资方对被投资单位实施控制、重大影响的权益性投资,以及对其合营企业的权益性投资。本项目应根据"长期股权投资"账户的期末余额,减去"长期股权投资减值准备"账户的期末余额后的金额填列。

 边学边做 8.7

1. 训练目的

掌握资产负债表中"长期股权投资"项目期末余额的计算。

2. 案例设计

202×年12月31日,甲公司结账后的"长期股权投资"明细账户余额(均为借方余额)如下:投资成本1 000 000元,损益调整600 000元,其他综合收益300 000元,其他权益变动150 000元,"长期股权投资减值准备"账户余额为189 000元。

3. 分析过程

长期股权投资总账账户的期末余额为各个明细账户余额之和。

202×年12月31日甲公司资产负债表中"长期股权投资"项目的填列金额=1 000 000+600 000+300 000+150 000−189 000=1 861 000(元)

(16)"其他权益工具投资"项目,反映资产负债表日企业指定为以公允价值计量且其变动计入其他综合收益的非交易性权益工具投资的期末账面价值。本项目应当根据"其他权益工具投资"账户的期末余额填列。

(17)"投资性房地产"项目,反映企业持有的采用成本模式计量及采用公允价值模式计量的投资性房地产。采用成本模式计量时,本项目应根据"投资性房地产"账户的期末余额,减去"投资性房地产累计折旧(摊销)""投资性房地产减值准备"账户期末余额后的金额填列;采用公允价值模式计量时,本项目应根据"投资性房地产"账户的期末余额直接填列。

(18)"固定资产"项目,反映企业各种固定资产原价减去累计折旧和累计减值准备后的净额和企业尚未清理完毕的固定资产清理净损益。本项目应根据"固定资产"账户的期末余额,减去"累计折旧"和"固定资产减值准备"账户期末余额后的金额,以及"固定资产清理"账户的期末余额填列。

边学边做 8.8

1. 训练目的

掌握资产负债表中"固定资产"项目期末余额的计算。

2. 案例设计

甲公司 2019 年 12 月 31 日结账后的"固定资产"账户余额为 1 000 000 元,"累计折旧"账户余额为 90 000 元,"固定资产减值准备"账户余额为 200 000 元,"固定资产清理"账户余额为 0。

3. 分析过程

甲公司 2019 年 12 月 31 日资产负债表中的"固定资产"项目金额 = 1 000 000 - 90 000 - 200 000 + 0 = 710 000(元)。

(19)"在建工程"项目,反映资产负债表日企业尚未达到预定可使用状态的在建工程的期末账面价值和企业为在建工程准备的各种物资的期末账面价值。本项目应根据"在建工程"账户的期末余额,减去"在建工程减值准备"账户的期末余额后的金额,以及"工程物资"账户的期末余额,减去"工程物资减值准备"账户的期末余额后的金额填列。

(20)"使用权资产"项目,反映资产负债表日承租人企业持有的使用权资产的期末账面价值。本项目应当根据"使用权资产"账户的期末余额,减去"使用权资产累计折旧"和"使用权资产减值准备"账户的期末余额后的金额填列。

(21)"无形资产"项目,反映企业持有的无形资产,包括专利权、非专利技术、商标权、著作权、土地使用权等。本项目应根据"无形资产"账户的期末余额,减去"累计摊销"和"无形资产减值准备"账户期末余额后的金额填列。

(22)"开发支出"项目,反映企业开发无形资产过程中能够资本化形成无形资产成本的支出部分。本项目应根据"研发支出"账户中所属的"资本化支出"明细账户期末余额填列。

(23)"长期待摊费用"项目,反映企业已经发生但应由本期和以后各期负担的分摊期限在一年以上的各项费用。本项目应根据"长期待摊费用"账户的期末余额减去将于一年内(含一年)摊销的数额后的金额填列。长期待摊费用的摊销年限只剩一年或不足一年的,或预计在一年内(含一年)进行摊销的部分,不得归类为流动资产,仍应在该非流动资产项目中填列,不转入"一年内到期的非流动资产"项目。

(24)"递延所得税资产"项目,反映企业确认的可抵扣暂时性差异产生的递延所得税资产。本项目应根据"递延所得税资产"账户的期末余额填列。

(25)"其他非流动资产"项目,反映企业除长期股权投资、固定资产、在建工程、无形资产等以外的其他非流动资产。本项目应根据有关账户的期末余额填列。

2. 负债项目的填列说明

(1)"短期借款"项目,反映企业向银行或其他金融机构等借入的期限在一年以下(含一年)的各种借款。本项目应根据"短期借款"账户的期末余额填列。

（2）"交易性金融负债"项目，反映企业资产负债表日承担的交易性金融负债，以及企业持有的直接指定为以公允价值计量且其变动计入当期损益的金融负债的期末账面价值。本项目应根据"交易性金融负债"账户的相关明细账户期末余额填列。

（3）"应付票据"项目，反映资产负债表日以摊余成本计量的、企业因购买材料、商品和接受服务等开出、承兑的商业汇票，包括银行承兑汇票和商业承兑汇票。本项目应根据"应付票据"账户的期末余额填列。

（4）"应付账款"项目，反映资产负债表日以摊余成本计量的、企业因购买材料、商品和接受服务等经营活动应支付的款项。本项目应根据"应付账款"和"预付账款"账户所属的相关明细账户的期末贷方余额合计数填列。

（5）"预收款项"项目，反映企业按照合同规定预收的款项。本项目应根据"预收账款"和"应收账款"账户所属各明细账户的期末贷方余额合计数填列。如"预收账款"账户所属明细账户期末有借方余额的，应在资产负债表"应收账款"项目内填列。

（6）"合同负债"项目，反映企业按照《企业会计准则》的相关规定，根据本企业履行履约义务与客户付款之间的关系在资产负债表中列示的合同负债。本项目应根据"合同负债"账户所属的相关明细账户的期末余额分析填列。

（7）"应付职工薪酬"项目，反映企业根据有关规定应付给职工的工资、职工福利、社会保险费、住房公积金、工会经费、职工教育经费、非货币性福利、辞退福利等各种薪酬。外商投资企业按规定从净利润中提取的职工奖励及福利基金，也在本项目列示。本项目应根据"应付职工薪酬"账户所属明细账户的期末贷方余额填列。

边学边做 8.9

1. 训练目的

掌握资产负债表中"应付职工薪酬"项目期末余额的计算。

2. 案例设计

甲公司202×年12月31日应付管理人员工资300 000元，应计提社会保险费42 000元，应付车间工作人员工资57 000元，无其他应付职工薪酬项目。

3. 分析过程

202×年12月31日，甲公司资产负债表中"应付职工薪酬"项目的金额＝300 000＋42 000＋57 000＝399 000（元）。

（8）"应交税费"项目，反映企业按照税法规定计算应交纳的各种税费，包括增值税、消费税、企业所得税、资源税、土地增值税、城市维护建设税、房产税、城镇土地使用税、车船税、教育费附加等。企业代扣代缴的个人所得税，也通过本项目列示。企业所交纳的税金不需要预计应交数的，如印花税、耕地占用税等，不在本项目列示。本项目应根据"应交税费"账户的期末贷方余额填列。

1. 训练目的

掌握资产负债表中"应交税费"项目期末余额的计算。

2. 案例设计

甲公司 2022 年 12 月 10 日购入原材料一批,价款为 425 000 元,增值税为 55 250 元,款项已付,材料已验收入库。当月根据实现的产品销售收入计算的增值税销项税额为 180 000 元,该月应交的消费税 16 000 元尚未支付,没有其他未支付的税费。

3. 分析过程

本月应交的增值税 = 增值税销项税额 − 可抵扣进项税额

$$= 180\ 000 - 55\ 250 = 124\ 750(元)$$

本月应交的消费税 = 16 000(元)

2022 年 12 月 31 日,甲公司资产负债表中"应交税费"项目的期末余额 = 124 750 + 16 000

$$= 140\ 750(元)$$

(9)"其他应付款"项目,反映企业除应付票据、应付账款、预收账款、应付职工薪酬、应交税费等经营活动以外的其他各项应付、暂收的款项。本项目应根据"应付利息""应付股利""其他应付款"账户的期末余额合计数填列。

(10)"持有待售负债"项目,反映资产负债表日处置组中与划分为持有待售类别的资产直接相关的负债的期末账面价值。本项目应当根据"持有待售负债"账户的期末余额填列。

(11)"一年内到期的非流动负债"项目,反映企业非流动负债中将于资产负债表日后一年内到期部分的金额,如将于一年内偿还的长期借款。本项目应根据有关账户的期末余额填列。

(12)"长期借款"项目,反映企业向银行或其他金融机构借入的期限在一年以上(不含一年)的各项借款。本项目应根据"长期借款"账户的期末余额,扣除"长期借款"账户所属的明细账户中将在资产负债表日起一年内到期且企业不能自主地将清偿义务展期的长期借款后的金额计算填列。

边学边做 8.11

1. 训练目的

掌握资产负债表中"长期借款"项目期末余额的计算。

2. 案例设计

2023 年 12 月 31 日甲公司长期借款情况如下:

① 2023 年 1 月 1 日借款 500 万元,借款期限 3 年;

② 2021 年 1 月 1 日借款 400 万元,借款期限 5 年;

③ 2020 年 6 月 1 日借款 100 万元,借款期限 4 年。

3. 分析过程

甲公司 2023 年年末"长期借款"项目的金额 = 500 + 400 = 900(万元)

甲公司 2023 年年末"一年内到期的非流动负债"项目的金额 = 100(万元)

（13）"应付债券"项目，反映企业为筹集长期资金而发行的债券本金（和利息）。本项目应根据"应付债券"账户的期末余额填列。

（14）"租赁负债"项目，反映资产负债表日承租人企业尚未支付的租赁付款额的期末账面价值。本项目应当根据"租赁负债"账户的期末余额填列。自资产负债表日起一年内到期应予以清偿的租赁负债的期末账面价值，在"一年内到期的非流动负债"项目反映。

（15）"长期应付款"项目，反映除了长期借款和应付债券以外的其他各种长期应付款。主要有应付补偿贸易引进设备款、采用分期付款方式购入固定资产和无形资产发生的应付账款等。本项目应根据"长期应付款"账户的期末余额，减去相关的"未确认融资费用"账户的期末余额后的金额，以及"专项应付款"账户的期末余额，再减去所属相关明细账户中将于一年内到期的部分后的金额填列。

（16）"预计负债"项目，反映企业根据或有事项等相关准则确认的各项预计负债，包括对外提供担保、未决诉讼、产品质量保证、重组义务以及固定资产和矿区权益弃置义务等产生的预计负债。本项目应根据"预计负债"账户的期末余额填列。

（17）"递延收益"项目，反映尚待确认的收入或收益。本项目核算包括企业根据政府补助准则确认的应在以后期间计入当期损益的政府补助金额、售后租回形成融资租赁的售价与资产账面价值差额等其他递延性收入。本项目应根据"递延收益"账户的期末余额填列。

（18）"递延所得税负债"项目，反映企业确认的应纳税暂时性差异产生的递延所得税负债。本项目应根据"递延所得税负债"账户的期末余额填列。

（19）"其他非流动负债"项目，反映企业除长期借款、应付债券等项目以外的其他非流动负债。本项目应根据有关科目的期末余额填列。其他非流动负债项目应根据有关科目期末余额减去将于一年内（含一年）到期偿还数后的余额填列。非流动负债各项目中将于一年内（含一年）到期的非流动负债，应在"一年内到期的非流动负债"项目中单独反映。

3. 所有者权益项目的填列说明

（1）"实收资本（或股本）"项目，反映企业各投资者实际投入的资本（或股本）总额。本项目应根据"实收资本（或股本）"账户的期末余额填列。

（2）"其他权益工具"项目，反映企业发行的除普通股以外分类为权益工具的金融工具的账面价值，并下设"优先股"和"永续债"两个项目，分别反映企业发行的分类为权益工具的优先股和永续债的账面价值。

（3）"资本公积"项目，反映企业收到投资者出资超出其在注册资本或股本中所占的份额以及直接计入所有者权益的利得和损失等。本项目应根据"资本公积"账户的期末余额填列。

（4）"减：库存股"项目，反映企业持有尚未转让或注销的本公司股份金额，作为实收资本（或股本）项目的减项。本项目应根据"库存股"账户的期末余额填列。

（5）"其他综合收益"项目，反映企业其他综合收益的期末余额。本项目应根据"其他综合收益"账户的期末余额填列。

（6）"专项储备"项目，反映高危行业企业按照国家规定提取的安全生产费的期末账面价值。本项目应根据"专项储备"账户的期末余额填列。

（7）"盈余公积"项目，反映企业盈余公积的期末余额。本项目应根据"盈余公积"账户的期末余额填列。

（8）"未分配利润"项目，反映企业尚未分配的利润。本项目应根据"本年利润"账户和"利润分配"账户的余额计算填列。未弥补的亏损在本项目以"－"号填列。

 情景案例 8.1

资产负债表的编制

甲公司 2021 年 12 月 31 日的资产负债表（年初余额）及 2022 年 12 月 31 日的账户余额表分别如表 8.3 和表 8.4 所示（注：表中仅列示部分主要项目，并未列示全部项目）。其中，"坏账准备"账户余额均为应收账款计提。

假定甲公司适用的所得税税率为 25%，不考虑其他因素。

表 8.3　资产负债表

编制单位：甲公司　　　　　　　　　　2021 年 12 月 31 日　　　　　　　　　　单位：元

资产	金额	负债和所有者权益	金额
流动资产：		流动负债：	
货币资金	14 063 000	短期借款	3 000 000
交易性金融资产	150 000	交易性金融负债	0
应付票据	0	应付票据	0
应收账款	6 451 000	应付账款	11 548 000
应收款项融资	0	预收款项	0
预付款项	1 000 000	应付职工薪酬	1 100 000
其他应收款	3 050 000	应交税费	366 000
存货	25 800 000	其他应付款	500 000
一年内到期的非流动资产	0	一年内到期的非流动负债	0
其他流动资产	0	其他流动负债	10 000 000
流动资产合计	50 514 000	流动负债合计	26 514 000
非流动资产：		非流动负债：	
债权投资	0	长期借款	6 000 000
其他债权投资	0	应付债券	0
长期应收款	0	长期应付款	0
长期股权投资	2 500 000	预计负债	0
投资性房地产	0	递延所得税负债	0
固定资产	8 000 000	其他非流动负债	0
在建工程	15 000 000	非流动负债合计	6 000 000
生产性生物资产	0	负债合计	32 514 000
油气资产	0	所有者权益（或股东权益）：	
无形资产	6 000 000	实收资本（或股本）	50 000 000
开发支出	0	资本公积	0

续表

资产	金额	负债和所有者权益	金额
商誉	0	减：库存股	0
长期待摊费用	0	其他综合收益	0
递延所得税资产	0	盈余公积	1 000 000
其他非流动资产	2 000 000	未分配利润	500 000
非流动资产合计	33 500 000	所有者权益（或股东权益）合计	51 500 000
资产总计	84 014 000	负债和所有者权益（或股东权益）总计	84 014 000

表 8.4　账户余额表

2022 年 12 月 31 日

账户名称	借方余额	账户名称	贷方余额
库存现金	200 000	短期借款	500 000
银行存款	13 974 690	应付账款	10 548 000
其他货币资金	330 000	应付职工薪酬	1 800 000
交易性金融资产	0	应交税费	907 440
应收账款	7 343 000	应付利息	0
坏账准备	−18 000	应付股利	0
预付账款	1 000 000	其他应付款	500 000
其他应收款	3 050 000	其他流动负债	10 000 000
材料采购	2 750 000	递延所得税负债	5 000
原材料	6 430 000	长期借款	10 000 000
周转材料	380 500	股本	50 000 000
库存商品	15 494 000	资本公积	0
材料成本差异	772 500	其他综合收益	195 000
其他债权投资	1 070 000	盈余公积	1 262 095
债权投资	0	利润分配（未分配利润）	2 858 855
长期股权投资	2 680 000		
固定资产	20 164 700		
累计折旧	−1 000 000		
固定资产减值准备	−300 000		
工程物资	1 500 000		
在建工程	5 280 000		
无形资产	6 000 000		
累计摊销	−600 000		
递延所得税资产	75 000		
其他长期资产	2 000 000		
合计	88 576 390	合计	88 576 390

【案例分析】

根据上述资料,编制甲公司 2022 年 12 月 31 日的资产负债表,如表 8.5 所示。

表 8.5 资产负债表

编制单位:甲公司　　　　　　　　　　2022 年 12 月 31 日　　　　　　　　　　单位:元

资产	年末余额	上年年末余额	负债和所有者权益	年末余额	上年年末余额
流动资产:			流动负债:		
货币资金	14 504 690	14 063 000	短期借款	500 000	3 000 000
交易性金融资产	0	150 000	交易性金融负债	0	0
应收票据	0	0	应付票据	0	0
应收账款	7 325 000	6 451 000	应付账款	10 548 000	11 548 000
应收款项融资	0	0	预收款项	0	0
预付款项	1 000 000	1 000 000	应付职工薪酬	1 800 000	1 100 000
其他应收款	3 050 000	3 050 000	应交税费	907 440	366 000
存货	25 827 000	25 800 000	其他应付款	500 000	500 000
一年内到期的非流动资产	0	0	一年内到期的非流动负债	0	0
其他流动资产	0	0	其他流动负债	10 000 000	10 000 000
流动资产合计	51 706 690	50 514 000	流动负债合计	24 255 440	26 514 000
非流动资产:			非流动负债:		
债权投资	0	0	长期借款	10 000 000	6 000 000
其他债权投资	1 070 000	0	应付债券	0	0
长期应收款	0	0	长期应付款	0	0
长期股权投资	2 680 000	2 500 000	预计负债	0	0
投资性房地产	0	0	递延所得税负债	5 000	0
固定资产	18 864 700	8 000 000	其他非流动负债	0	0
在建工程	6 780 000	15 000 000	非流动负债合计	10 005 000	6 000 000
生产性生物资产	0	0	负债合计	34 260 440	32 514 000
油气资产	0	0	所有者权益(或股东权益):		
无形资产	5 400 000	6 000 000	实收资本(或股本)	50 000 000	50 000 000
开发支出	0	0	资本公积	0	0
商誉	0	0	减:库存股	0	0
长期待摊费用	0	0	其他综合收益	195 000	0
递延所得税资产	75 000	0	盈余公积	1 262 095	1 000 000
其他非流动资产	2 000 000	2 000 000	未分配利润	2 858 855	500 000
非流动资产合计	36 869 700	33 500 000	所有者权益(或股东权益)合计	54 315 950	51 500 000
资产总计	88 576 390	84 014 000	负债和所有者权益(或股东权益)总计	88 576 390	84 014 000

说明：

"货币资金"项目期末余额＝"库存现金""银行存款"和"其他货币资金"三个总账账户的期末余额之和＝200 000＋13 974 690＋330 000＝14 504 690（元）

"存货"项目期末余额＝"材料采购""原材料""周转材料""库存商品"和"材料成本差异"总账账户的期末余额之和＝2 750 000＋6 430 000＋380 500＋15 494 000＋772 500＝25 827 000（元）

"固定资产"项目期末余额＝"固定资产"总账账户的期末余额－备抵账户"累计折旧"和"固定资产减值准备"的期末余额＋"固定资产清理"的期末余额＝20 164 700－1 000 000－300 000＋0＝18 864 700（元）

"无形资产"项目期末余额＝"无形资产"总账账户的期末余额－备抵账户"累计摊销"的期末余额＝6 000 000－600 000＝5 400 000（元）

▶ 第三节　利润表

▶ 一、利润表概述

利润表是指反映企业在一定会计期间的经营成果的会计报表。例如，企业编制的 2018 年度利润表反映的就是 2018 年 1 月 1 日至 12 月 31 日的经营成果。

利润表的格式和编制方法

通过利润表，可以反映企业在一定会计期间收入、费用、利润（或亏损）的金额和构成情况，帮助财务报表使用者全面了解企业的经营成果，分析企业的获利能力及盈利增长趋势，从而为其作出经济决策提供依据。

利润表的列报必须充分反映企业经营业绩的主要来源和构成，有助于使用者判断净利润的质量及其风险，有助于使用者预测净利润的持续性，从而做出正确的决策。通过利润表，可以反映企业一定会计期间收入的实现情况和费用耗费情况，也可以反映企业生产经营活动的成果，即净利润的实现情况，据以判断资本保值、增值等情况。

▶ 二、利润表的结构

财务报表列报准则规定，企业应当采用多步式列报利润表，将不同性质的收入和费用类别进行对比，从而可以得出一些中间性的利润数据，便于使用者理解企业经营成果的不同来源。利润表主要反映营业收入、营业利润、利润总额、净利润、其他综合收益税后净额、综合收益总额、每股收益等方面的内容。

根据财务报表列报准则的规定，企业需要提供比较利润表，以使报表使用者通过比较不同期间利润的实现情况，判断企业经营成果的未来发展趋势。所以，利润表各项目应分为"本期金额"和"上期金额"两栏分别填列。一般企业利润表（适用于已执行新金融准则或新收入准则的企业，下同）的具体格式如表 8.6 所示。

表 8.6 利 润 表

会企 02 表

编制单位: 　　　　　　　　　　　　年　　月　　　　　　　　　　　　单位:元

项目	本期金额	上期金额
一、营业收入		
减:营业成本		
税金及附加		
销售费用		
管理费用		
研发费用		
财务费用		
其中:利息费用		
利息收入		
加:其他收益		
投资收益(损失以"-"号填列)		
其中:对联营企业和合营企业的投资收益		
以摊余成本计量的金融资产终止确认收益(损失以"-"号填列)		
公允价值变动收益(损失以"-"号填列)		
资产处置收益(损失以"-"号填列)		
净敞口套期收益(损失以"-"号填列)		
信用减值损失(损失以"-"号填列)		
资产减值损失(损失以"-"号填列)		
二、营业利润(亏损以"-"号填列)		
加:营业外收入		
减:营业外支出		
三、利润总额(亏损总额以"-"号填列)		
减:所得税费用		
四、净利润(净亏损以"-"号填列)		
(一)持续经营净利润(净亏损以"-"号填列)		
(二)终止经营净利润(净亏损以"-"号填列)		
五、其他综合收益的税后净额		
(一)不能重分类进损益的其他综合收益		
1.重新计量设定受益计划变动额		
2.权益法下不能转损益的其他综合收益		

续表

项目	本期金额	上期金额
……		
（二）将重分类进损益的其他综合收益		
1. 权益法下可转损益的其他综合收益		
2. 其他债权投资公允价值变动		
3. 金融资产重分类计入其他综合收益的金额		
4. 现金流量套期		
5. 外币财务报表折算差额		
……		
六、综合收益总额		
七、每股收益：		
（一）基本每股收益		
（二）稀释每股收益		

 相关链接

其他综合收益

《企业会计准则解释第 3 号》首次提出将综合收益在利润表中列报的理念。利润表反映的是企业的经营成果，可以看出，综合收益是宏观利润的概念，是与所有者交易之外的净资产的变动。它强调的是净资产的变动，一方面包括传统利润表中的净利润，另一方面还包括其他综合收益，即不直接体现在利润中，但又属于所有者交易之外的净资产的变动。通俗来讲，其他综合收益也可以理解为潜在的收益。

▶ 三、利润表的编制

（一）利润表项目的填列方法

我国企业利润表的主要编制步骤和内容如下：

第一步，以营业收入为基础，减去营业成本、税金及附加、销售费用、管理费用、研发费用、财务费用，加上其他收益、投资收益（或减去投资损失）、净敞口套期收益（或减去净敞口套期损失）、公允价值变动收益（或减去公允价值变动损失）、资产减值损失、信用减值损失、资产处置收益（或减去资产处置损失），计算出营业利润。

第二步，以营业利润为基础，加上营业外收入，减去营业外支出，计算出利润总额。

第三步，以利润总额为基础，减去所得税费用，即计算出净利润（或净亏损）。

第四步，以净利润（或净亏损）为基础，计算出每股收益。

第五步,以净利润(或净亏损)和其他综合收益为基础,计算出综合收益总额。

1. "本期金额"栏的填列

"本期金额"栏内各项数字,除"基本每股收益"和"稀释每股收益"项目外,应当按照相关账户的发生额分析填列。

2. "上期金额"栏的填列

企业应当根据上年同期利润表"本期金额"栏内所列数字填列本年度利润表的"上期金额"栏。如果企业上年该期利润表规定的项目名称和内容与本期不一致,应当对上年该期利润表相关项目的名称和金额按照本期的规定进行调整,填入"上期金额"栏。

(二)利润表项目的填列说明

(1)"营业收入"项目,反映企业经营主要业务和其他业务所确认的收入总额。本项目应根据"主营业务收入"和"其他业务收入"账户的发生额分析填列。

边学边做 8.12

1. 训练目的

掌握利润表中"营业收入"项目金额的计算。

2. 案例设计

甲公司 2022 年度"主营业务收入"账户的贷方发生额为 33 000 000 元,借方发生额为 200 000 元(系 11 月份发生的购买方退货),"其他业务收入"账户的贷方发生额为 2 000 000 元。

3. 分析过程

甲公司 2022 年度利润表中"营业收入"的项目金额 = 33 000 000 − 200 000 + 2 000 000 = 34 800 000(元)。

(2)"营业成本"项目,反映企业经营主要业务和其他业务所发生的成本总额。本项目应根据"主营业务成本"和"其他业务成本"账户的发生额分析填列。

边学边做 8.13

1. 训练目的

掌握利润表中"营业成本"项目金额的计算。

2. 案例设计

甲公司 2022 年度"主营业务成本"账户的借方发生额为 30 000 000 元;2022 年 12 月 8 日,当年 9 月销售给某单位的一批产品由于质量问题被退回,该项销售已确认成本 1 800 000 元;"其他业务成本"账户借方发生额为 800 000 元。

3. 分析过程

甲公司 2022 年度利润表中的"营业成本"的项目金额 = 30 000 000 − 1 800 000 + 800 000 = 29 000 000(元)。

（3）"税金及附加"项目，反映企业经营业务应负担的消费税、城市维护建设税、资源税、土地增值税、教育费附加、印花税、房产税、城镇土地使用税、车船税等。本项目应根据"税金及附加"账户的发生额分析填列。

（4）"销售费用"项目，反映企业在销售商品过程中发生的包装费、广告费等费用和为销售本企业商品而专设的销售机构的职工薪酬、业务费等经营费用。本项目应根据"销售费用"账户的发生额分析填列。

（5）"管理费用"项目，反映企业为组织和管理生产经营发生的管理费用。本项目应根据"管理费用"账户的发生额分析填列。

（6）"研发费用"项目，反映企业进行研究与开发过程中发生的费用化支出。本项目应根据"管理费用"账户下的"研发费用"明细账户以及"管理费用"账户下的"无形资产摊销"明细账户的发生额分析填列。

（7）"财务费用"项目，反映企业为筹集生产经营所需资金等而发生的筹资费用。本项目应根据"财务费用"账户的发生额分析填列。

（8）"其他收益"项目，反映计入其他收益的政府补助，以及其他与日常活动相关且计入其他收益的项目。本项目应根据"其他收益"账户的发生额分析填列。企业作为个人所得税的扣缴义务人，根据《中华人民共和国个人所得税法》收到的扣缴税款手续费，应当作为其他与日常活动相关的收益在本项目中填列。

（9）"投资收益"项目，反映企业以各种方式对外投资所取得的收益。本项目应根据"投资收益"账户的发生额分析填列。如为投资损失，本项目以"−"号填列。

（10）"净敞口套期收益"项目，反映净敞口套期下被套期项目累计公允价值变动转入当期损益的金额或现金流量套期储备转入当期损益的金额。本项目应根据"净敞口套期损益"账户的发生额分析填列。如为套期损失，本项目以"−"号填列。

边学边做 8.14

1. 训练目的

掌握利润表中"资产减值损失"项目金额的计算。

2. 案例设计

甲公司 2022 年 12 月 31 日"资产减值损失"账户当年借方发生额为 680 000 元，贷方发生额为 320 000 元。

3. 分析过程

甲公司 2022 年度利润表中"资产减值损失"项目的金额 = 680 000 − 320 000 = 360 000（元）

（11）"公允价值变动收益"项目，反映企业应当计入当期损益的资产或负债公允价值变动收益。本项目应根据"公允价值变动损益"账户的发生额分析填列，如为净损失，本项目以"−"号填列。

边学边做 8.15

1. 训练目的

掌握利润表中"公允价值变动收益"项目金额的计算。

2. 案例设计

甲公司2022年"公允价值变动损益"账户的贷方发生额为850 000元,借方发生额为660 000元。

3. 分析过程

甲公司2022年利润表中"公允价值变动收益"项目的金额 = 850 000 - 660 000 = 190 000(元)

（12）"信用减值损失"项目,反映企业按照《企业会计准则第22号——金融工具确认和计量》的要求计提的各项金融工具减值准备所确认的信用损失,本项目应根据"信用减值损失"账户的发生额分析填列。

（13）"资产减值损失"项目,反映企业有关资产发生的减值损失。本项目应根据"资产减值损失"账户的发生额分析填列。

（14）"资产处置收益"项目,反映企业出售划分为持有待售的非流动资产（金融工具、长期股权投资和投资性房地产除外）或处置组（子公司和业务除外）时确认的处置利得或损失,以及处置未划分为持有待售的固定资产、在建工程、生产性生物资产及无形资产而产生的处置利得或损失。债务重组中因处置非流动资产产生的利得或损失和非货币性资产交换产生的利得或损失也包括在本项目内。本项目应根据"资产处置损益"账户的发生额分析填列；如为处置损失,以"-"号填列。

（15）"营业利润"项目,反映企业实现的营业利润。如为亏损,本项目以"-"号填列。

（16）"营业外收入"项目,反映企业发生的与经营业务无直接关系的各项收入。本项目应根据"营业外收入"账户的发生额分析填列。

（17）"营业外支出"项目,反映企业发生的与经营业务无直接关系的各项支出。本项目应根据"营业外支出"账户的发生额分析填列。

（18）"利润总额"项目,反映企业实现的利润。如为亏损,本项目以"-"号填列。

（19）"所得税费用"项目,反映企业应从当期利润总额中扣除的所得税费用。本项目应根据"所得税费用"账户的发生额分析填列。

（20）"净利润"项目,反映企业实现的净利润。如为亏损,本项目以"-"号填列。

边学边做 8.16

1. 训练目的

掌握利润表中"营业利润""利润总额"和"净利润"项目金额的计算。

2. 案例设计

截至 2022 年 12 月 31 日,甲公司"主营业务收入"账户发生额为 1 990 000 元,"主营业务成本"账户发生额为 630 000 元,"其他业务收入"账户发生额为 500 000 元,"其他业务成本"账户发生额为 150 000 元,"税金及附加"账户发生额为 780 000 元,"销售费用"账户发生额为 60 000 元,"管理费用"账户发生额为 50 000 元,"财务费用"账户发生额为 170 000 元,"资产减值损失"账户借方发生额为 50 000 元(无贷方发生额),"公允价值变动损益"账户为借方发生额 450 000 元(无贷方发生额),"投资收益"账户贷方发生额为 850 000 元(无借方发生额),"营业外收入"账户发生额为 100 000 元,"营业外支出"账户发生额为 40 000 元,"所得税费用"账户发生额为 171 600 元。假定除上述项目之外的其他项目的发生额为 0。

3. 分析过程

甲公司 2022 年度利润表中营业利润、利润总额和净利润的计算过程如下:

营业利润 = 1 990 000 + 500 000 − 630 000 − 150 000 − 780 000 − 60 000 − 50 000 − 170 000 − 50 000 − 450 000 + 850 000 = 1 000 000(元)

利润总额 = 1 000 000 + 100 000 − 40 000 = 1 060 000(元)

净利润 = 1 060 000 − 171 600 = 888 400(元)

(21)"其他综合收益的税后净额"项目,反映企业根据会计准则规定未在损益中确认的各项利得和损失扣除所得税影响后的净额。

(22)"综合收益总额"项目,应根据企业净利润与其他综合收益税后净额的合计金额填列。

(23)"每股收益"项目,包括基本每股收益和稀释每股收益两项指标,反映普通股股东每持有一股所能享有的企业净利润或需承担的企业净亏损信息。本项目应当按照《企业会计准则第 34 号——每股收益》的规定计算填列。

 情景案例 8.2

利润表的编制

承接【情景案例 8.1】的资料。甲公司 2022 年度有关损益类账户和"其他综合收益"明细账户的本年累计发生净额分别如表 8.7 和表 8.8 所示。

表 8.7 甲公司损益类账户 2022 年度累计发生净额   单位:元

账户名称	借方发生额	贷方发生额
营业收入		12 500 000
营业成本	7 500 000	
税金及附加	20 000	
销售费用	200 000	
管理费用	971 000	
研发费用	0	
财务费用	300 000	

续表

账户名称	借方发生额	贷方发生额
资产减值损失	309 000	
信用减值损失	0	
公允价值变动损益	20 000	
投资收益		35 000
营业外收入		500 000
营业外支出	220 400	
所得税费用	873 650	

表 8.8　甲公司"其他综合收益"明细账户 2019 年度累计发生净额

单位:元

明细账户名称	借方发生额	贷方发生额
其他债权投资公允价值变动	—	15 000
权益法下可转损益的其他综合收益	—	180 000
合计	—	195 000

【案例分析】

根据上述资料,编制甲公司 2022 年度利润表,如表 8.9 所示。

表 8.9　利　润　表

编制单位:甲公司　　　　　　　　　　2022 年度　　　　　　　　　　单位:元

项目	本期金额
一、营业收入	12 500 000
减:营业成本	7 500 000
税金及附加	20 000
销售费用	200 000
管理费用	971 000
研发费用	0
财务费用	300 000
加:其他收益	0
投资收益(损失以"-"号填列)	35 000
其中:对联营企业和合营企业的投资收益	0
以摊余成本计量的金融资产终止确认收益	0
公允价值变动收益(损失以"-"号填列)	-20 000
资产处置收益(损失以"-"号填列)	0
净敞口套期收益(损失以"-"号填列)	0
信用减值损失(损失以"-"号填列)	0

续表

项目	本期金额
资产减值损失（损失以"－"号填列）	−309 000
二、营业利润（亏损以"－"号填列）	3 215 000
加：营业外收入	500 000
减：营业外支出	220 400
三、利润总额（亏损总额以"－"号填列）	3 494 600
减：所得税费用	873 650
四、净利润（净亏损以"－"号填列）	2 620 950
五、其他综合收益税后净额	195 000
（一）以后不能重分类进损益的其他综合收益	0
（二）以后将重分类进损益的其他综合收益	195 000
1. 权益法下可转损益的其他综合收益	180 000
2. 其他债权投资公允价值变动	15 000
六、综合收益总额	2 815 950
七、每股收益：	
（一）基本每股收益	（略）
（二）稀释每股收益	（略）

边学边思

资产负债表和利润表各个项目之间有何勾稽关系？

▶ 第四节　所有者权益变动表

▶ 一、所有者权益变动表概述

所有者权益变动表是反映构成所有者权益的各组成部分当期的增减变动情况的报表。

所有者权益变动表应当全面反映一定时期所有者权益变动的情况，不仅包括所有者权益总量的增减变动，还包括所有者权益增减变动的重要结构性信息，有助于报表使用者理解所有者权益增减变动的根源。

财务报表列报准则规定，所有者权益变动表应当反映构成所有者权益的各组成部分当期的增减变动情况。综合收益和与所有者（或股东）的资本交易导致的所有者权益变动，应当分别列示。

▶ 二、所有者权益变动表的结构

准则规定,企业应当反映所有者权益各组成部分的期初和期末余额及其调节情况。企业至少应当单独列示反映下列信息的项目:① 综合收益总额;② 会计政策变更和差错更正的累积影响金额;③ 所有者投入资本和向所有者分配利润等;④ 提取的盈余公积;⑤ 实收资本、其他权益工具、资本公积、盈余公积、未分配利润的期初和期末余额及其调节情况。因此,企业应当以矩阵的形式列示所有者权益变动表:一方面,列示导致所有者权益变动的交易或事项,按所有者权益变动的来源对一定时期所有者权益变动情况进行全面反映;另一方面,按照所有者权益各组成部分(包括实收资本、资本公积、其他综合收益、盈余公积、未分配利润、库存股等)及其总额列示相关交易或事项对所有者权益的影响。

按规定,企业需要提供比较所有者权益变动表,所有者权益变动表各项目应分为"本年金额"和"上年金额"两栏分别填列。一般企业所有者权益变动表的格式如表 8.10 所示。

▶ 三、所有者权益变动表的编制

(一)所有者权益变动表项目的填列方法

1. "本年金额"栏的填列

所有者权益变动表"本年金额"栏内各项数字一般应根据"实收资本(或股本)""资本公积""其他综合收益""盈余公积""利润分配""库存股""以前年度损益调整""专项储备"等账户的发生额分析填列。

2. "上年金额"栏的填列

企业应当根据上年度所有者权益变动表"本年金额"栏内所列数字填列本年度"上年金额"栏内各项数字。如果上年度所有者权益变动表规定的项目的名称和内容同本年度不一致,应对上年度所有者权益变动表相关项目的名称和金额按本年度的规定进行调整,填入所有者权益变动表"上年金额"栏内。

(二)所有者权益变动表主要项目说明

企业应当根据所有者权益类账户和损益类有关账户的发生额分析填列所有者权益变动表"本年金额"栏,具体包括如下情况:

1. "上年年末余额"项目

本项目应根据上年资产负债表中"实收资本(或股本)""资本公积""其他综合收益""专项储备""盈余公积""未分配利润"等项目的年末余额填列。

2. "会计政策变更"和"前期差错更正"项目

本项目反映企业采用追溯调整法处理的会计政策变更的累积影响金额和采用追溯重述法处理的会计差错更正的累积影响金额。

3. "本年增减变动金额"项目

"本年增减变动金额"项目分别反映如下内容:

（1）"综合收益总额"项目,反映净利润和其他综合收益扣除所得税影响后的净额相加后的合计金额。

（2）"所有者投入和减少资本"项目,反映企业当年所有者投入的资本和减少的资本,其中:

①"所有者投入的普通股"项目,反映企业接受投资者投入形成的实收资本（或股本）和资本溢价或股本溢价。

②"其他权益工具持有者投入资本"项目,反映企业接受其他权益工具持有者投入资本。

③"股份支付计入所有者权益的金额"项目,反映企业处于等待期中的权益结算的股份支付当年计入资本公积的金额。

（3）"利润分配"下各项目,反映当年对所有者（或股东）分配的利润（或股利）金额和按照规定提取的盈余公积金额,并对应列在"未分配利润"和"盈余公积"栏。

（4）"所有者权益内部结转"下各项目,反映不影响当年所有者权益总额的所有者权益各组成部分之间当年的增减变动,包括资本公积转增资本（或股本）、盈余公积转增资本（或股本）、盈余公积弥补亏损等。其中:

①"资本公积转增资本（或股本）"项目,反映企业当年以资本公积转增资本或股本的金额。

②"盈余公积转增资本（或股本）"项目,反映企业当年以盈余公积转增资本或股本的金额。

③"盈余公积弥补亏损"项目,反映企业以盈余公积弥补亏损的金额。

④"设定受益计划变动额结转留存收益"项目,反映企业因重新计量设定受益计划净负债或净资产所产生的变动计入其他综合收益,结转至留存收益的金额。

⑤"其他综合收益结转留存收益"项目,主要反映:第一,企业指定为以公允价值计量且其变动计入其他综合收益的非交易性权益工具投资终止确认时,之前计入其他综合收益的累计利得或损失从其他综合收益转入留存收益的金额;第二,企业指定为以公允价值计量且其变动计入当期损益的金融负债终止确认时,之前由企业自身信用风险变动引起而计入其他综合收益的累计利得或损失从其他综合收益中转入留存收益的金额等。

情景案例 8.3

所有者权益变动表的编制

承接【情景案例 8.1】和【情景案例 8.2】的资料。

【案例分析】

根据上述资产负债表和利润表的资料,2022 年甲公司实现净利润 2 620 950 元,提取盈余公积 262 095 元,其他综合收益增加 195 000 元,不涉及所有者权益的其他变动。

甲公司编制 2022 年度的所有者权益变动表,如表 8.10 所示。

表 8.10　所有者权益变动表

2022 年度

会企 04 表

编制单位：　　　单位：元

项目	本年金额										上年金额									
	实收资本（或股本）	其他权益工具			资本公积	减：库存股	其他综合收益	盈余公积	未分配利润	所有者权益合计	实收资本（或股本）	其他权益工具			资本公积	减：库存股	其他综合收益	盈余公积	未分配利润	所有者权益合计
		优先股	永续债	其他								优先股	永续债	其他						
一、上年末余额	50 000 000							1 000 000	500 000	51 500 000										
加：会计政策变更																				
前期差错更正																				
其他																				
二、本年初余额	50 000 000							1 000 000	500 000	51 500 000										
三、本年增减变动金额（减少以"-"号填列）							195 000	262 095	2 358 855	2 815 950									
（一）综合收益总额							195 000		2 620 950	2 815 950										
（二）所有者投入和减少资本																				
1. 所有者投入的普通股																				
2. 其他权益工具持有者投入资本																				
3. 股份支付计入所有者权益的金额																				
4. 其他																				
（三）利润分配								262 095	-262 095											
1. 提取盈余公积								262 095	-262 095											
2. 对所有者（或股东）的分配																				
3. 其他																				
（四）所有者权益内部结转																				
1. 资本公积转增资本（或股本）																				
2. 盈余公积转增资本（或股本）																				
3. 盈余公积弥补亏损																				
4. 设定受益计划变动额结转留存收益																				
5. 其他																				
四、本年末余额	50 000 000						195 000	1 262 095	2 858 855	54 315 950										

边学边思

所有者权益变动表与资产负债表项目之间有何勾稽关系？

▶ 第五节　附注

▶ 一、附注概述

附注是对在资产负债表、利润表、现金流量表和所有者权益变动表等报表中列示项目的文字描述或明细资料，以及对未能在这些报表中列示项目的说明等。附注主要起到两方面的作用：第一，附注的披露，是对资产负债表、利润表、现金流量表和所有者权益变动表列示项目的含义的补充说明，帮助使用者更准确地把握其含义。例如，通过阅读附注中披露的固定资产折旧政策的说明，使用者可以掌握报告企业与其他企业在固定资产折旧政策上的异同，以便进行更准确的比较。第二，附注提供了对资产负债表、利润表、现金流量表和所有者权益变动表中未列示项目的详细或明细说明。例如，通过阅读附注中披露的存货增减变动情况，使用者可以了解资产负债表中未单列的存货分类信息。

通过附注与资产负债表、利润表、现金流量表和所有者权益变动表列示项目的相互参照关系，以及对未能在报表中列示项目的说明，可以使报表使用者全面了解企业的财务状况、经营成果和现金流量以及所有者权益的情况。

▶ 二、附注的主要内容

企业应当按照下列顺序披露附注内容，具体包括：

1. 企业的基本情况

（1）企业注册地、组织形式和总部地址。

（2）企业的业务性质和主要经营活动。

（3）母公司以及集团最终母公司的名称。

（4）财务报告的批准报出者和财务报告批准报出日。

（5）营业期限有限的企业，还应当披露有关其营业期限的信息。

2. 财务报表的编制基础

企业应当根据财务报表列报准则的规定判断企业是否持续经营，并披露财务报表是否以持续经营为基础编制。

3. 遵循企业会计准则的声明

企业应当声明编制的财务报表符合企业会计准则的要求，真实、完整地反映了企业的财务状况、经营成果和现金流量等有关信息，以此明确企业编制财务报表所依据的制度基础。如果企业编制的财务报表只是部分地遵循了企业会计准则，附注中不得做出这种表述。

4. 重要会计政策和会计估计

（1）重要会计政策的说明。企业应当披露采用的重要会计政策,并结合企业的具体实际披露其重要会计政策的确定依据和财务报表项目的计量基础。会计政策的确定依据,主要是指企业在运用会计政策过程中所做的对报表中确认的项目金额最具影响的判断,有助于财务报表使用者理解企业选择和运用会计政策的背景,增加财务报表的可理解性。财务报表项目的计量基础,是指企业计量该项目采用的是历史成本、重置成本、可变现净值、现值还是公允价值,这直接影响财务报表使用者对财务报表的理解和分析。

（2）重要会计估计的说明。企业应当披露重要会计估计,并结合企业的具体实际披露其会计估计所采用的关键假设和不确定因素。

重要会计估计的说明,包括可能导致下一个会计期间内资产、负债账面价值重大调整的会计估计的确定依据等。例如,企业预计固定资产未来现金流量采用的折现率和假设。这类假设的变动对这些资产和负债项目金额的确定影响很大,有可能会在下一个会计年度内作出重大调整,因此,强调这一披露要求,有助于提高财务报表的可理解性。

5. 会计政策和会计估计变更以及差错更正的说明

企业应当按照《企业会计准则第 28 号——会计政策、会计估计变更和差错更正》的规定,披露会计政策和会计估计变更以及差错更正的情况。

6. 报表重要项目的说明

企业应当按照资产负债表、利润表、现金流量表、所有者权益变动表及其项目列示的顺序,采用文字和数字描述相结合的方式披露报表重要项目的说明。报表重要项目的明细金额合计,应当与报表项目金额相衔接。

7. 或有和承诺事项、资产负债表日后非调整事项、关联方关系及其交易等需要说明的事项

8. 有助于财务报表使用者评价企业管理资本的目标、政策及程序的信息

▶ 本章知识回顾

财务报告概述 ★ —— 财务报表组成 —— 至少应当包括资产负债表、利润表、现金流量表和所有者权益变动表以及附注

财务报告

资产负债表 ★★★
- 反映企业在某一特定日期的财务状况的报表 —— 满足"资产=负债+所有者权益"
- 结构 —— 账户式
- 填列方法
  - 根据总账账户余额填列
    - 根据一个总账账户余额直接填列
    - 根据几个总账账户期末余额计算填列
  - 根据明细账账户余额计算填列
  - 根据总账账户和明细账账户余额分析计算填列
  - 根据有关账户余额减去其备抵账户余额后的净额填列
  - 综合运用上述填列方法分析填列

利润表 ★★
- 反映企业在一定会计期间的经营成果的报表
- 填列方法
  - 第一步，以营业收入为基础，减去营业成本、税金及附加、销售费用、管理费用、研发费用、财务费用，加上其他收益、投资收益（或减去投资损失）、净敞口套期收益（或减去净敞口套期损失）、公允价值变动收益（或减去公允价值变动损失）、资产减值损失、信用减值损失、资产处置收益（或减去资产处置损失），计算出营业利润
  - 第二步，以营业利润为基础，加营业外收入减营业外支出，计算利润总额
  - 第三步，以利润总额为基础，减所得税费用，计算出净利润（或净亏损）
  - 第四步，以净利润（或净亏损）为基础，计算每股收益
  - 第五步，以净利润（或净亏损）和其他综合收益为基础，计算综合收益总额

所有者权益变动表
- 反映构成所有者权益各组成部分当期增减变动情况的报表
- 结构
  - 至少应当单独反映：综合收益总额；会计政策变更和差错更正的累计影响金额；所有者投入资本和向所有者分配利润等；提取的盈余公积；实收资本或资本公积、盈余公积、未分配利润的期初和期末余额及其调节情况
  - 以矩阵形式列示

附注
- 对资产负债表、利润表、现金流量表和所有者权益变动表等报表中列示项目的文字描述或明细资料，以及未能在这些报表中列示项目的说明等
- 按顺序披露附注的内容

第九章　管理会计基础

本章 →导读

　　2016 年 6 月，财政部印发了《管理会计基本指引》，总结提炼了管理会计的目标、原则、要素等内容，以指导单位管理会计实践。

　　2013 年 8 月，我国财政部制定了《企业产品成本核算制度（试行）》，并要求我们统一思想，充分认识制定成本核算制度的重要性和必要性，认真学习、深刻领会并全面贯彻成本制度。本章介绍管理会计概述和产品成本核算的内容，具体包括管理会计指引体系、产品成本核算的要求和一般程序，产品成本核算对象和成本项目，产品成本核算的目的及基本步骤，要素费用的归集和分配，生产费用在完工产品和在产品之间的归集和分配，产品成本计算方法。

　　通过本章的学习，要求学生了解管理会计体系，掌握产品成本核算对象、产品成本核算项目、产品成本的归集与分配、产品成本计算方法。

教学 →目标

▶ **考核目标**

1. 掌握管理会计的相关基础知识
2. 掌握产品成本核算的程序
3. 熟悉成本与费用的关系
4. 掌握产品成本核算对象的确定、成本项目的设置
5. 熟悉产品成本核算的要求及账户设置
6. 掌握各种要素费用的归集和分配
7. 掌握生产费用在完工产品和在产品之间的归集和分配
8. 掌握品种法、分批法和分步法的特点和适用范围

▶ **实践目标**

1. 能够正确理解管理会计的相关概念、实施背景、理论体系等内容
2. 能够正确分配间接材料成本
3. 能够正确判断职工薪酬费用的归属并进行核算
4. 能够正确判断其他费用的归属并进行核算
5. 能够正确登记基本生产成本明细账
6. 能够正确归集辅助生产费用并熟练运用各种方法进行分配，编制辅助生产费用分配表，并登记辅助生产成本明细账
7. 能够熟练进行制造费用的归集和分配，正确登记制造费用明细账
8. 能够准确计算废品损失，熟悉废品损失核算的手续
9. 能够熟练运用各种方法计算完工产品成本并进行相应的账务处理，编制完工产品与在产品成本分配表
10. 能熟练判断品种法、分批法、分步法的分类

▶ 第一节　管理会计概述

▶ 一、管理会计的概念和目标

管理会计是会计学的重要分支,主要服务于单位(包括企业和行政事业单位,下同)内部管理需要,是通过利用相关信息,有机融合财务与业务活动,在单位规划、决策、控制和评价等方面发挥重要作用的管理活动。

管理会计工作是会计工作的重要组成部分。管理会计与财务会计的区别主要表现在以下几个方面:

(1)管理会计属于"对内报告会计",而财务会计属于"对外报告会计"。

(2)管理会计重在"创造价值",属于"经营管理型会计",而财务会计则是"记录价值",属于"报账型会计"。

(3)管理会计为单位自身服务,具有较大的可选择余地。而财务会计有较固定的程序与方法。

管理会计的目标是通过运用管理会计工具方法,参与单位规划、决策、控制、评价活动并为其提供有用的信息,推动单位实现其战略规划。

▶ 二、管理会计体系

具有中国特色的管理会计体系是一个由理论、指引、人才、信息化加咨询服务构成的"四加一"的管理会计有机系统。其中,"理论体系"是基础;"指引体系"是保障;"人才队伍"是关键;"信息系统"是支撑;"咨询服务"是确保四大任务顺利实施推进的外部支持。

管理会计指引体系主要包括基本指引、应用指引和案例库。

(一)管理会计基本指引

管理会计基本指引起统领作用,是制定应用指引和建设案例库的基础。但只是对管理会计普遍规律和基本认识的总结和升华,有别于企业《企业会计准则——基本准则》,管理会计基本指引并未对应用指引中未作出描述的新问题提供处理依据。

(二)管理会计应用指引

管理会计应用指引居于主体地位,是对单位管理会计工作的具体指导。

(三)管理会计案例库

案例库是对国内外管理会计经验的总结和提炼,是对如何运用管理会计应用指引的实例示范。建立管理会计案例库,是管理会计体系建设区别于企业会计准则体系建设的一大特点。

▶ 三、管理会计要素及具体内容

单位应用管理会计,应包括应用环境、管理会计活动、工具方法、信息与报告四项管理会计要素。

（一）应用环境

管理会计应用环境是单位应用管理会计的基础。应用环境包括外部环境和内部环境。外部环境主要包括国内外经济、市场、法律和行业等因素,内部环境主要包括: ① 价值创造模式; ② 组织架构; ③ 管理模式; ④ 资源; ⑤ 信息系统。

（二）管理会计活动

管理会计活动是单位管理会计工作的具体开展。

（三）工具方法

管理会计工具方法是实现管理会计目标的具体手段与方式。

管理会计工具方法主要应用于战略管理、预算管理、成本管理、营运管理、投融资管理、绩效管理等领域。

1. 战略管理领域应用的工具方法

战略管理领域应用的管理会计工具方法一般包括战略地图、价值链管理等。

2. 预算管理领域应用的工具方法

预算管理领域应用的管理会计工具方法一般包括: ① 滚动预算; ② 零基预算; ③ 弹性预算; ④ 作业预算。

3. 成本管理领域应用的工具方法

成本管理领域应用的管理会计工具方法一般包括:

（1）目标成本法。目标成本法主要适用于制造业企业产品改造以及产品开发设计中的成本管理,在物流、建筑、服务等行业也有应用。

（2）标准成本法。标准成本法一般适用于产品及其生产条件相对稳定,或生产流程与工艺标准化程度较高的企业。

（3）变动成本法。变动成本法主要适用于同时具备下列特征的企业: 短期经营决策发生较为频繁;企业固定成本比重较大,企业规模大,产品或服务的种类多,固定成本分摊存在较大困难;企业作业保持相对稳定。

（4）作业成本法。作业成本法主要适用于作业类型较多且作业链较长,同一生产线生产多种产品,企业规模较大且管理层对产品成本准确性要求较高,产品、顾客和生产过程多样化程度较高以及间接或辅助资源费用所占比重较大等情况的企业。

4. 营运管理领域应用的工具方法

营运管理领域应用的管理会计工具方法一般包括:

（1）本量利分析。本量利,其中, "本"是指成本,包括固定成本和变动成本; "量"是指业务量,一般指销售量; "利"一般指营业利润。

本量利分析的基本公式如下：

营业利润＝（单价－单位变动成本）×业务量－固定成本

（2）敏感性分析。敏感性分析可以分为单因素敏感性分析和多因素敏感性分析。

（3）边际分析。边际分析可用于判断盈亏临界点，提示营运风险，支持营运决策。

（4）内部转移定价。企业应用内部转移定价工具方法的主要目标，是界定各责任中心的经济责任，计量其绩效，为实施激励提供可靠依据。

（5）多维度盈利能力分析。

5. 投融资管理领域应用的工具方法

投融资管理领域应用的管理会计工具方法一般有：① 贴现现金流法；② 项目管理；③ 情景分析；④ 约束资源优化。

6. 绩效管理领域应用的工具方法

绩效管理领域应用的管理会计工具方法一般包括：① 关键绩效指标法；② 经济增加值法；③ 平衡计分卡；④ 绩效棱柱模型。

7. 风险管理领域应用的工具方法

风险管理领域应用的管理会计工具方法一般包括：① 风险矩阵；② 风险清单。

（四）信息与报告

管理会计信息是管理会计报告的基本元素，包括管理会计应用过程中的财务信息和非财务信息。管理会计报告是管理会计活动成果的重要表现形式，按期间不同可以分为定期报告和不定期报告，按内容不同可以分为综合性报告和专项报告等类别。

▶ 四、管理会计应用原则和应用主体

（一）管理会计应用原则

单位应用管理会计，应当遵循以下原则：① 战略导向原则；② 融合性原则；③ 适应性原则；④ 成本效益原则。

（二）管理会计应用主体

管理会计应用主体视管理决策主体确定，可以是单位整体，也可以是单位内部的责任中心。可以是企业，也可以是行政事业单位。

▶ 第二节　产品成本核算概述

产品成本核算的一般程序

▶ 一、产品成本核算的要求和一般程序

产品成本，是指企业在生产产品过程中所发生的材料费用、职工薪酬等，以及不能直接计

入而按一定标准分配计入的各种间接费用。产品成本核算是对生产经营过程中实际发生的成本、费用进行计算,并进行相应的账务处理。成本核算一般是对成本计划执行的结果进行事后的反映。企业通过产品成本核算,一方面,可以审核各项生产费用和经营管理费用的支出,分析和考核产品成本计划的执行情况,促使企业降低成本和费用;另一方面,还可以为计算利润、进行成本和利润预测提供数据,有助于提高企业生产技术和经营管理水平。

(一)产品成本核算的要求

1. 做好各项基础工作

(1)建立、健全成本核算全过程的会计凭证制度及其科学合理的传递流程。连续、系统、全面的会计凭证是成本核算的首要条件。会计核算要反映从经济业务发生到财务报告的完整过程,从原始的业务数据到会计数据直至财务信息的过程。成本核算也具有这样的程序性。作为对企业经济业务进行反映的书面载体的会计凭证,主要包括以下内容:① 反映企业资产投入的原始凭证,生产经营过程中物化劳动与活劳动的消耗,前者涉及领料单、限额领料单、日记簿及材料退库单等,后者涉及职工考勤记录、工时记录、产量记录、停工通知及废品通知单等。② 反映生产经营过程中劳动手段的使用、消耗和分配的原始凭证,如固定资产折旧计提表、外购动力费分配表等。③ 反映从经济业务数据到会计数据的记账凭证,如依据发料凭证汇总表编制的原材料转账凭证、依据工资分配表编制的应付职工薪酬转账凭证等。④ 反映成本会计信息的相关凭证,如成本计算单、产品成本还原计算表、自制半成品及产品成本汇总计算表等。同时,成本核算的原始凭证到记账凭证直至产品制造成本信息要有科学的数据计算程序,以满足产品成本核算与控制的要求。

(2)制定必要的消耗定额,以强化成本核算的事中控制。会计监督与会计核算相连,是会计核算的一种主动性表现。在成本核算中,定额是指对生产经营活动中的资产投入进行事前的标准或目标设定,实现资产由储备环节进入生产环节的目标性,尽量避免事后不可改变既定事实的后果。作为标准的定额一旦制定,就需要关注资产实际投放量(额)与定额投放量(额)间的差异及其产生的标准定额变动差异的分配等。定额制定后并不是一成不变的,必须根据所处的变化而进行不断的修订,只有这样才能为成本核算提供必要的参考依据。定额标准与实际耗费在成本核算全过程中的如影随形是企业不脱离成本目标的防范措施。

(3)制定企业内部结算价格及结算制度。企业主体和市场中的其他经济主体经过市场交易形成的资产,以市场交易价格作为账面价值反映在企业会计账簿上,资产被投入企业内部各部门后,通常企业内部会以模拟市场的方式对内部交易事项进行核算,这样就形成了企业内部价格机制。当然,内部价格更在于构建企业内部职能部门间协作而不失竞争的格局,内部价格与市场价格的最大区别在于前者的制定导向更在于清晰界定企业内部各职能部门间责任权利关系,比如抑制各生产部门间的成本转嫁问题。

(4)建立健全存货资产的计量、验收、领用、退料与盘存等管理制度。会计核算方式的多样化及成本效益的权衡会导致原始的业务数据与会计数据的非同步性。因此,需要将存货资产自其账面价值形成、发出及结存计价、退回的确认与计量直至实有价值的清查盘点等进行全过程的管理制度安排,确保原始数据与会计数据的真实性和一致性。

2. 正确划分各种费用的界限

为了正确计算产品成本,要分清以下费用界限:

(1)正确划分应计入产品成本和不应计入产品成本的费用界限。企业的经营活动是多方面的,企业耗费和支出的用途也是多方面的,其中只有一部分费用可以计入产品成本。

首先,一般情况下,非生产经营活动的耗费不能计入产品成本,只有生产经营活动的成本才可能计入产品成本。

其次,生产经营活动的成本分为正常的成本和非正常的成本,只有正常的生产经营活动成本才可能计入产品成本,非正常的经营活动成本不计入产品成本。非正常的经营活动成本包括:灾害损失、盗窃损失等非常损失;滞纳金、违约金、罚款、损害赔偿等赔偿支出;交易性金融资产跌价损失、坏账损失、存货跌价损失、长期股权投资减值损失、固定资产减值损失等不能预期的原因引起的资产减值损失;债务重组损失等。

再次,正常的生产经营活动成本又分为产品成本和期间成本。正常的生产成本计入产品成本,其他正常的生产经营成本列为期间成本。

(2)正确划分各会计期成本的费用界限。应计入生产经营成本的费用,还应在各月之间进行划分,以便分月计算产品成本。应由本月产品负担的费用,应全部计入本月产品成本;不应由本月负担的生产经营费用,不应计入本月的产品成本。

为了正确划分各会计期间的费用界限,要求企业不能提前结账,将本月费用作为下月费用处理;也不能延后结账,将下月费用作为本月费用处理。

(3)正确划分不同成本对象的费用界限。对于应计入本月产品成本的费用还应在各种产品之间进行划分:凡是能分清应由某种产品负担的直接成本,应直接计入该产品成本;各种产品共同发生、不易分清应由哪种产品负担的间接费用,则应采用合理的方法分配计入有关产品的成本,并保持一贯性。

(4)正确划分完工产品和在产品成本的界限。月末计算产品成本时,如果某产品已经全部完工,则计入该产品的全部生产成本之和,就是该产品的"完工产品成本"。如果这种产品全部尚未完工,则计入该产品的生产成本之和,就是该产品的"月末在产品成本"。如果某种产品既有完工产品又有在产品,已计入该产品的生产成本还应在完工产品和在产品之间进行分配,以便分别确定完工产品成本和在产品成本。

以上各方面费用的划分应当遵循受益原则,即谁受益谁负担、何时受益何时负担、负担费用应与受益程度成正比。上述费用划分的过程,也是产品成本的计算过程。

 边学边思

企业发生的支出,一定会形成费用吗?

3. 根据生产特点和管理要求选择适当的成本计算方法

产品成本的计算,关键是选择适当的方法。产品成本计算的方法必须根据生产特点、管理要求及工艺过程等予以确定。否则,产品成本就会失去真实性,无法进行成本分析和考核。目前企业常用的产品成本计算方法有品种法、分批法、分步法、分类法、定额法、标准成本法等。

4. 遵守一致性原则

企业产品成本核算采用的会计政策和会计估计一经确定,不得随意变更。在成本核算中,各种处理方法要前后一致,使前后各项的成本资料相互可比。比如,企业应根据企业会计准则的规定正确确定固定资产的折旧方法、使用年限、预计净残值、无形资产的摊销方法、摊销期限等。各种方法一经确定,应保持相对稳定,不能随意变更。

5. 编制产品成本报表

企业一般应当按月编制产品成本报表,全面反映企业生产成本、成本计划执行情况、产品成本及其变动情况等。企业可以根据自身管理要求,确定成本报表的具体格式和列报方式。

（二）产品成本核算的一般程序

成本核算的一般程序是指对企业在生产经营过程中发生的各项生产费用和期间费用,按照成本核算的要求,逐步进行归集和分配,最后计算出各种产品的生产成本和各项期间费用的过程。成本核算的一般程序如下:

（1）根据生产特点和成本管理要求,确定成本核算对象。

（2）确定成本项目。企业计算产品生产成本,一般应设置原材料、燃料和动力、直接人工、制造费用四个成本项目。

（3）设置有关成本和费用明细账。如生产成本明细账、制造费用明细账、产成品明细账和自制半成品明细账等。

（4）收集确定各种产品的生产量、入库量、在产品盘存量以及材料、工时、动力消耗等,并对所有已发生费用进行审核。

（5）归集所发生的全部生产费用,并按照确定的成本计算对象予以分配,按成本项目计算各种产品的在产品成本、产成品成本和单位成本。

（6）结转产品销售成本。为了进行产品成本和期间费用核算,企业一般应设置生产成本、制造费用、主营业务成本、税金及附加、销售费用、管理费用、财务费用等账户。如果需要单独核算废品损失和停工损失,还应设置废品损失和停工损失账户。

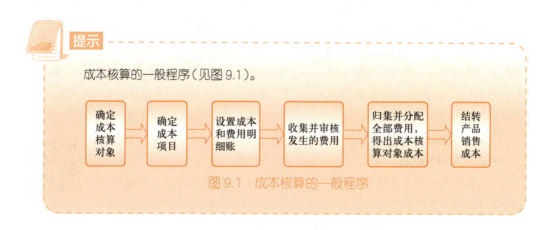

提示

成本核算的一般程序（见图9.1）。

确定成本核算对象 → 确定成本项目 → 设置成本和费用明细账 → 收集并审核发生的费用 → 归集并分配全部费用,得出成本核算对象成本 → 结转产品销售成本

图9.1　成本核算的一般程序

▶ 二、成本与费用的关系

费用构成产品成本的基础,产品成本是为生产某种产品而发生的各种耗费的总和,是对象化的费用。两者的区别在于:

(1)费用涵盖范围较宽,包括企业生产各种产品发生的各种耗费,既有当期的,也有以前期间发生的费用,既有甲产品的,也有乙、丙等其他产品的费用,既有完工产品的,也有未完工产品的费用;

(2)费用着重于按会计期间进行归集,一般以生产过程中取得的各种原始凭证为计算依据,而产品成本只包括为生产一定种类或数量的完工产品的费用,不包括未完工产品的生产费用和其他费用;

(3)成本着重于按产品进行归集,一般以成本计算单或成本汇总表及产品入库单等为计算依据,产品成本是费用总额的一部分,不包括期间费用和期末未完工产品的费用等。

▶ 三、产品成本核算对象和成本项目

(一)产品成本核算对象

1. 产品成本核算对象的概念

成本核算对象是指确定归集和分配生产费用的具体对象,即生产费用承担的客体。成本核算对象的确定,是设立成本明细分类账户、归集和分配生产费用以及正确计算产品成本的前提。

2. 具体成本核算对象的确定

具体的成本核算对象主要应根据企业生产经营的特点加以确定,同时还应考虑成本管理上的要求。一般情况下,对制造企业而言,生产一种或几种产品的,以产品品种为成本核算对象;分批、单件生产的产品,以每批或每件产品为成本核算对象;多步骤连续加工的产品,以每种(批)产品及各生产步骤为成本核算对象;产品规格繁多的,可将产品结构、耗用原材料和工艺过程基本相同的各种产品,适当合并作为成本核算对象。成本核算对象确定后,各种会计、技术资料的归集应当与此一致,一般不应中途变更,以免造成成本核算不实、结算漏账和经济责任不清的弊端。成本核算对象的确定,有利于细化项目成本核算和考核成本管理绩效。

企业内部管理有相关要求的,还可以按照现代企业多维度、多层次的管理需要,确定多元化的产品成本核算对象。多维度是指以产品的最小生产步骤或作业为基础,按照企业有关部门的生产流程及其相应的成本管理要求,利用现代信息技术,组合出产品维度、工序维度、车间班组维度、生产设备维度、客户订单维度、变动成本维度和固定成本维度等不同的成本核算对象。多层次是指根据企业成本管理需要,划分为企业管理部门、工厂、车间和班组等成本管理层次。

(二)成本项目

1. 成本项目的概念

为了具体反映计入产品生产成本的生产费用的各种经济用途,还应将其进一步划分为若干个项目,即产品生产成本项目,简称产品成本项目或成本项目。成本项目一般是将计入产品成本的费用按经济用途划分的项目,是对产品成本

产品成本项目

构成内容所做的分类。

设置成本项目可以反映产品成本的构成情况,满足成本管理的目的和要求,有利于了解企业生产费用的经济用途,便于企业分析和考核产品成本计划的执行情况。

2. 成本项目的设置

企业应当根据生产经营特点和管理要求,按照成本的经济用途与生产要素内容相结合的原则或者成本性态等设置成本项目。对于制造企业而言,一般可设置"直接材料""燃料和动力""直接人工"和"制造费用"等项目。

> **提示**
>
> 由于生产的特点、各种费用支出的比重及成本管理和核算的要求不同,各企业可根据具体情况,增设"废品损失""直接燃料和动力"等成本项目。

▶ 四、产品成本核算的目的及基本步骤

(一)产品成本核算的目的

产品成本核算的目的,可以概括为以下三个方面:

(1)改善决策。成本核算可以向管理当局提供许多重要信息,帮助他们作出较好的决策。

(2)有利于成本计划、成本控制和业绩评价。在预算编制过程中,可靠的成本信息是预算质量的保证。通过预算成本和实际成本的比较,分析差异,才能达到成本控制的目的。

(3)衡量资产和收益。编制财务报表要使用存货成本和已销产品信息,这些成本信息是股东、债权人和税务当局所需要的,必须按照会计准则或会计制度的要求来报告。

不同的目的,需要不同的成本信息。一个特定的成本计算系统,应尽可能同时满足多方面的需要。如果不能同时满足多种需要,就需要在账外提供补充的成本信息。

(二)产品成本核算的基本步骤及成本的归集和分配

1. 产品成本核算的基本步骤

产品成本核算的基本步骤如下:

(1)对所发生的成本进行审核,确定哪些成本属于生产经营成本,同时将其区分为正常的生产经营成本和非正常的生产经营成本,并在此基础上将正常的生产经营成本区分为产品成本和期间成本。

(2)将应计入产品成本的各项成本,区分为应当计入本月的产品成本与应由其他月份负担的产品成本。

(3)将本月应计入产品成本的生产成本,区分为直接成本和间接成本,将直接成本直接计入成本计算对象,将间接成本计入有关的成本中心。

(4)将各成本中心的本月成本,依据成本分配基础向下一个成本中心分配,直至最终的成本计算对象。

(5)既有完工产品又有在产品的,将成本在完工产品和期末在产品之间进行分配,并计算

出完工产品总成本和单位成本。

（6）将完工产品成本结转至"库存商品"账户。

（7）结转期间费用至本期损益。

2. 成本的归集和分配

成本计算的过程，实际上也是各项成本的归集和分配过程。

成本的归集，是指通过一定的会计制度以有序的方式进行成本数据的收集或汇总。例如，制造费用是按车间归集的，所有间接制造费用，包括折旧、间接材料、间接人工等都聚集在一起。以后分配时不再区分这些项目，而是统一地按一个分配基础，分配给产品。

成本的分配，是指将归集的间接成本分配给成本对象的过程，也叫间接成本的分摊或分派。

成本分配要使用某种参数作为成本分配基础。成本分配基础是指能联系成本对象和成本的参数。可供选择的分配基础有多种，比如：人工工时、机器台时、占用面积、直接人工工资、订货次数、采购价值、直接材料成本、直接材料数量等。

为了合理地选择分配基础，正确分配间接成本，需要遵循以下原则：

（1）因果原则，是指资源的使用导致成本发生，两者有因果关系，因此应当按使用资源的数量在对象间分摊成本。按此原则要确定各对象使用资源的数量，例如耗用的材料、工时等，按使用资源的数量比例分摊间接成本。

（2）受益原则，是指"谁受益多，谁多承担成本"，应按受益比例分摊间接成本。按此原则，管理人员要确定间接成本的受益者，例如车间房屋维修成本按各车间的面积分摊，广告费按各种产品的销售额分摊等。因果原则是看"起因"，受益原则是看"后果"，两者有区别。

（3）公平原则，是指成本分配要公平对待涉及的双方。在根据成本确定对外销售价格和内部转移价格时，合理的成本是合理价格的基础，因此计算成本时要对购销双方公平合理。公平是个抽象概念，不具有可操作性。因此在实务中政府规范或有权威的标准成为公平性的具体尺度。

▶ 第三节　要素费用的归集和分配

《企业产品成本核算制度（试行）》规定的制造业企业产品成本归集、分配和结转，继承了《国营工业企业产品成本核算办法》现行有效的做法。

制造业企业的费用按照经济内容可划分为外购材料、外购燃料、外购动力、职工薪酬、折旧费、利息费用、税金和其他费用。按照要素费用分类核算制造企业的费用，反映了制造企业在一定时期内发生了哪些费用及其金额，可以用于分析各时期费用的构成和各要素费用所占的比重，进而分析考核各时期各种要素费用支出的执行情况。

企业所发生的费用，能确定由某一成本核算对象负担的，应当按照所对应的产品成本项目类别，直接计入产品成本核算对象的生产成本；由几个成本核算对象共同负担的，应当选择合理的分配标准分配计入。

企业应当根据生产经营特点,以正常生产能力水平为基础,按照资源耗费方式确定合理的分配标准。

▶ 一、成本核算的账户设置

(一)"生产成本"账户

该账户核算企业进行工业性生产发生的各项生产成本,包括生产各种产成品、自制半成品、自制材料、自制工具、自制设备等。

"生产成本"账户应设置"基本生产成本"和"辅助生产成本"两个二级账户。"基本生产成本"二级账户核算企业为完成主要生产任务而进行的产品生产发生的成本。"辅助生产成本"二级账户核算企业为基本生产服务而进行的产品生产和劳务发生的直接成本。

基本生产成本应当分别按照基本生产车间和成本核算对象(产品的品种、类别、订单、批别、生产阶段等)设置明细账(或成本计算单),并按规定的成本项目设置专栏,如表 9.1 所示。

表 9.1　生产成本明细账(基本生产成本)

车间:第一车间　　　　　　　　　　单位:元　　　　　　　　　　产品:A

月	日	摘要	产量/件	直接材料	直接人工	制造费用	成本合计
2	28	在产品费用		80 000	15 000	5 000	100 000
3	31	本月生产费用		320 000	60 000	20 000	400 000
3	31	生产费用累计		400 000	75 000	25 000	500 000
3	31	本月完工产品成本	500	300 000	56 250	18 750	375 000
3	31	完工产品单位成本		600	112.5	37.5	750
3	31	在产品费用		100 000	18 750	6 250	125 000

辅助生产是为基本生产服务而进行的产品生产和劳务供应。企业应按辅助生产车间和提供的产品、劳务分设辅助生产成本明细账,按辅助生产的成本项目分设专栏。期末,对共同负担的费用按照一定的分配标准分配给各受益对象。

企业发生的直接材料和直接人工费用,直接记入本账户"基本生产成本"和"辅助生产成本"两个二级账户及其所属明细账的借方;发生的其他间接成本在"制造费用"账户中归集,月终分配记入本账户所属二级账户和明细账的借方;对于企业辅助车间为基本生产车间生产产品提供的动力等直接成本,先在本账户所属二级账户"辅助生产成本"中核算,再分配转入本账户所属二级账户"基本生产成本"及其所属明细账的借方;企业已经生产完成并已验收入库的产成品以及自制半成品的实际成本,记入本账户所属二级账户"基本生产成本"及其所属明细账的贷方;辅助生产车间为基本生产车间、企业管理部门和其他部门提供的劳务和产品,月终应按照一定的分配标准分配给各受益对象,按实际成本记入本账户"辅助生产成本"二级账户及其所属明细账的贷方。本账户的借方期末余额反映尚未完成的各项在产品的成本。

（二）"制造费用"账户

制造费用是指制造企业为生产产品和提供劳务而发生的各项间接费用。本账户核算企业生产车间（部门）为生产产品和提供劳务而发生的各项间接费用，以及虽然直接用于产品生产但管理上不要求或不便于单独核算的费用。企业可按不同的生产车间、部门和费用项目进行明细核算。发生的各项间接费用记入本账户及所属明细账的借方；期末将共同负担的制造费用按照一定的标准分配计入各成本核算对象，除季节性生产外，本账户期末应无余额。对小型制造企业而言，也可以将"生产成本"和"制造费用"两个总账合并为"生产费用"一个总账账户，下设"基本生产成本""辅助生产成本""制造费用"三个二级账户。单独核算废品损失和停工损失的企业，还可以另外增设相应的总账账户。

▶ **二、材料、燃料、动力的归集和分配及账务处理**

（一）材料、燃料、动力的归集和分配

无论是外购的，还是自制的，发生材料、燃料和动力等各项要素费用时，对于直接用于产品生产、构成产品实体的原材料，一般分产品领用，应根据领退料凭证直接记入相应产品成本的"直接材料"项目。

对于不能分产品领用的材料，如化工生产中被几种产品共同耗用的材料，需要采用适当的分配方法，分配记入各相关产品成本的"直接材料"成本项目。分配标准的选择可依据材料消耗与产品的关系，对于材料、燃料这些耗用量与产品重量、体积有关的，按其重量或体积分配，如以生铁为原材料生产各种铁铸件，应以生产的铁铸件的重量比例为分配依据，燃料也可以按照所耗用的原材料作为分配标准，动力一般按用电（或水）度（或吨）数，也可按产品的生产工时或机器工时进行分配。相应的计算公式为：

材料、燃料、动力费用分配率 = 材料、燃料、动力消耗总额 ÷ 分配标准
（如产品重量、耗用的原材料、生产工时等）

某种产品应负担的材料、燃料、动力费用 = 该产品的重量、耗用的原材料、生产工时等 × 材料、燃料、动力费用分配率

在消耗定额比较准确的情况下，原材料、燃料也可按照产品的材料定额消耗量比例或材料定额费用比例进行分配。

按材料定额消耗量比例分配材料费用的计算公式如下：

某种产品材料定额消耗量 = 该种产品实际产量 × 单位产品材料消耗定额

材料消耗量分配率 = 材料实际总消耗量 ÷ 各种产品材料定额消耗量之和

某种产品应分配的材料费用 = 该种产品的材料定额消耗量 × 材料消耗量分配率 × 材料单价

边学边做 9.1

1. 训练目的

根据案例，计算 A、B 产品应分配的材料费用。

2. 案例设计

甲公司202×年6月领用某种材料5 000千克,单价10元,投产A产品400件,B产品200件。A产品的材料消耗定额为20千克/件,B产品的材料消耗定额为10千克/件。

3. 分析过程

A产品的材料定额消耗量 = 400 × 20 = 8 000(千克)

B产品的材料定额消耗量 = 200 × 10 = 2 000(千克)

材料消耗量分配率 = 5 000 ÷ (8 000 + 2 000) = 0.5

A产品分配的材料费用 = 8 000 × 0.5 × 10 = 40 000(元)

B产品分配的材料费用 = 2 000 × 0.5 × 10 = 10 000(元)

A、B产品材料费用合计 = 40 000 + 10 000 = 50 000(元)

(二)材料、燃料、动力分配的账务处理

材料、燃料、动力费用的分配,一般通过材料、燃料、动力分配表进行,这种分配表应根据领退料凭证和有关资料编制,其中,退料凭证的数额可以从相应的领料凭证的数额中扣除;对外购电力而言,应根据有关的转账凭证或付款凭证等资料编制。

边学边做9.2

1. 训练目的

根据案例,完成材料费用分配表的编制。

2. 案例设计

承接【边学边做9.4】。

3. 分析过程

甲公司编制的材料费用分配表如表9.2所示。

表9.2　材料费用分配表

甲公司　　　　　　　　　　　202×年6月30日　　　　　　　　　　单位:元

应借账户		成本项目	直接计入	分配计入	材料费用合计
生产成本 ——基本生产成本	A产品	直接材料	860 000	40 000	900 000
	B产品	直接材料	190 000	10 000	200 000
	小计		1 050 000	50 000	1 100 000
生产成本 ——辅助生产成本	供电车间	直接材料	200 000		200 000
	机修车间	直接材料	50 000		50 000
	小计		250 000		250 000
制造费用	基本车间	机物料	50 000		50 000
合计			1 350 000	50 000	1 400 000

据此，可以编制以下会计分录：

借：生产成本——基本生产成本 　　　　　　　　　　　1 100 000

　　　　　　——辅助生产成本 　　　　　　　　　　　　250 000

　　制造费用 　　　　　　　　　　　　　　　　　　　　50 000

　　贷：原材料 　　　　　　　　　　　　　　　　　　　　　　1 400 000

▶ 三、职工薪酬的归集和分配

职工薪酬是企业在生产产品或提供劳务过程中所发生的各种直接和间接人工费用的总和。对于职工薪酬的分配，实务中通常有两种处理方法：一种方法是按本月应付金额分配本月工资费用，该方法适用于月份之间工资差别较大的情况；另一种方法是按本月发生工资金额作为本月应付工资分配本月工资费用，该方法适用于月份之间工资差别不大的情况。

（一）职工薪酬的归集和分配

职工薪酬的归集，必须要有一定的原始记录作为依据。计时工资，以考勤记录中的工作时间记录为依据；计件工资，以产量记录中的产品数量和质量记录为依据；计时工资和计件工资以外的各种奖金、津贴、补贴等，按照国家和企业的有关规定计算。

工资结算和支付的凭证为工资结算单或工资单（为便于成本核算和管理等，一般按车间、部门分别填制），是职工薪酬分配的依据。直接进行产品生产的生产工人的职工薪酬，直接记入产品成本的"直接人工"成本项目；不能直接计入产品成本的职工薪酬，按工时、产品产量、产值比例等方式进行合理分配，记入各有关产品成本的"直接人工"项目。相应的计算公式为：

生产工资费用分配率 = 各种产品生产工资总额 ÷ 各种产品生产工时之和

某种产品应分配的生产工资 = 该种产品生产工时 × 生产工资费用分配率

如果取得各种产品的实际生产工时数据比较困难，而各种产品的单件工时定额比较准确时，也可按产品的定额工时比例分配职工薪酬，相应的计算公式如下：

某种产品耗用的定额工时 = 该种产品投产量 × 单位产品工时定额

生产工资费用分配率 = 各种产品生产工资总额 ÷ 各种产品定额工时之和

某种产品应分配的生产工资 = 该种产品定额工时 × 生产工资费用分配率

边学边做 9.3

1. 训练目的

根据案例，完成 A、B 产品职工薪酬费用的分配。

2. 案例设计

甲公司基本生产车间生产 A、B 两种产品，202× 年 8 月份共发生生产工人职工薪酬 600 000 元，按生产工时比例分配，A 产品的生产工时为 400 小时，B 产品的生产工时为 200 小时。

3. 分析过程

生产工资费用分配率 = 600 000 ÷（400 + 200）= 1 000

A 产品应分配的职工薪酬 = 400 × 1 000 = 400 000（元）

B 产品应分配的职工薪酬 = 200 × 1 000 = 200 000（元）

（二）职工薪酬的账务处理

职工薪酬的分配,应通过职工薪酬分配表进行。该表根据工资结算单和有关的分配标准等资料编制。

边学边做 9.4

1. 训练目的

根据案例,完成职工薪酬分配表的编制。

2. 案例设计

承接【边学边做 9.6】的资料。

3. 分析过程

甲公司编制的职工薪酬分配表如表 9.3 所示。

表 9.3 职工薪酬分配表

甲公司 　　　　　　　　 202×年8月31日 　　　　　　　　 单位:元

应借账户		成本项目	生产工人工资	其他人员	职工薪酬合计
生产成本 ——基本生产成本	A 产品	直接人工	400 000		400 000
	B 产品	直接人工	200 000		200 000
	小计		600 000		600 000
生产成本 ——辅助生产成本	辅助车间	直接人工		100 000	100 000
制造费用	基本车间	直接人工		50 000	50 000
	辅助车间	直接人工		20 000	20 000
	小计			70 000	70 000
管理费用	行政管理部门	直接人工		100 000	100 000
销售费用	销售部门	直接人工		230 000	230 000
合计			600 000	500 000	1 100 000

根据上表,编制下列会计分录:

借:生产成本——基本生产成本（A 产品） 　　　　　　　　 400 000

　　　　——基本生产成本（B 产品） 　　　　　　　　 200 000

　　　　——辅助生产成本 　　　　　　　　 100 000

　　制造费用 　　　　　　　　 70 000

　　管理费用 　　　　　　　　 100 000

　　销售费用 　　　　　　　　 230 000

　　　　贷：应付职工薪酬　　　　　　　　　　　　　　　　　　　　　　1 100 000

　　实际工作中，由于本月支付工资往往在月初或月中，因此，一般是支付上月的应付职工薪酬。

▶ 四、辅助生产费用的归集和分配

（一）辅助生产费用的归集

　　企业的辅助生产主要是为基本生产服务的，有的只生产一种产品或提供一种劳务，如供电、供气等辅助生产；有的则生产多种产品，如从事工具、备件的制造以及机器设备的维修等辅助生产。辅助生产提供的产品和劳务，有时也对外销售，但这不是辅助生产的目的。

　　辅助生产费用的归集和分配是通过"生产成本——辅助生产成本"账户进行的。该账户一般按车间及产品和劳务设立明细账，进行明细核算。对于辅助生产发生的直接材料、直接人工费用，记入"生产成本——辅助生产成本"账户的借方。一般情况下，辅助生产的制造费用与基本生产的制造费用一样，先通过"制造费用"账户进行单独归集，然后再转入"生产成本——辅助生产成本"账户。对于辅助生产车间规模很小、制造费用很少且辅助生产不对外提供产品和劳务的，为简化核算工作，辅助生产的制造费用也可以不通过"制造费用"账户，而直接记入"生产成本——辅助生产成本"账户。

（二）辅助生产费用的分配及账务处理

　　归集在"生产成本——辅助生产成本"账户及其明细账借方的辅助生产费用，由于所生产的产品和提供的劳务不同，其所发生的费用分配转出的程序方法也不一样。制造工具、备件等产品所发生的费用，应计入完工工具、备件等产品的成本。完工时，作为自制工具或材料入库，从"生产成本——辅助生产成本"账户及其明细账的贷方转入"原材料"账户的借方；领用时，按其用途和使用部门，一次或分期摊入成本。提供水、电、运输等所发生的辅助生产费用，大多按受益单位耗用的劳务数量在各单位之间进行分配，分配时，借记"制造费用"或"管理费用"等账户，贷记"生产成本——辅助生产成本"账户及其明细账。在结转辅助生产成本明细账之前，还应将各辅助车间的制造费用分配转入各辅助生产成本明细账，归集辅助生产成本。

　　辅助生产费用的分配应通过辅助生产费用分配表进行。辅助生产费用的分配方法有很多，通常采用直接分配法、交互分配法、计划成本分配法、顺序分配法和代数分配法等。

1. 直接分配法

　　采用直接分配法，不考虑各辅助生产车间之间相互提供劳务或产品的情况，直接将各种辅助生产费用分配给辅助生产以外的各受益单位。采用此方法，各辅助生产费用只进行对外分配，分配一次，计算简单。如果辅助费用生产车间相互提供产品或劳务量差异较大，分配结果往往与实际不符。因此，该方法适用于辅助生产内部相互提供产品和劳务不多，不进行费用的交互分配、对辅助生产成本和企业产品成本影响不大的情况。

　　分配计算公式如下：

　　　　辅助生产的单位成本 = 辅助生产费用总额 ÷ 辅助生产的产品或劳务总量

　　公式中的"辅助生产的产品或劳务总量"不包括辅助生产各车间相互提供的产品或劳务。

$$各受益车间、产品或各部门应分配的费用 = 辅助生产的单位成本 \times$$
$$该车间、产品或部门的耗用量$$

 边学边做9.5

1. 训练目的

根据案例，完成直接分配法下辅助生产费用的分配及账务处理。

2. 案例设计

甲公司是一家集电梯研发、制造、安装、改造、销售运输及修理于一体的企业，该公司设有运输和修理两个辅助生产车间，采用直接分配法分配辅助生产成本。运输车间的成本按运输公里比例分配，修理车间的成本按修理工时比例分配。该公司202×年6月有关辅助生产成本资料如下：

（1）运输车间本月共发生成本22 500元，提供运输劳务5 000公里；修理车间本月共发生成本240 000元，提供修理劳务640工时。

（2）运输车间耗用修理车间劳务40工时，修理车间耗用运输车间劳务500公里。

（3）基本生产车间耗用运输车间劳务2 550公里，耗用修理车间劳务320工时；行政管理部门耗用运输车间劳务1 950公里，耗用修理车间劳务280工时。

3. 分析过程

按照直接分配法编制的辅助生产费用分配表如表9.4所示。

表9.4　辅助生产费用分配表

（直接分配法）　　　　　　　　　　　数量单位：公里、工时

甲公司　　　　　　　　　202×年6月　　　　　　　金额单位：元

辅助生产车间名称		运输	修理	合计
待分配成本		22 500	240 000	262 500
对外分配劳务数量		5 000 − 500 = 4 500	640 − 40 = 600	
单位成本		22 500/4 500 = 5	240 000/600 = 400	
基本生产车间	耗用数量	2 550	320	
	分配金额	2 550 × 5 = 12 750	320 × 400 = 128 000	140 750
行政管理部门	耗用数量	1 950	280	
	分配金额	1 950 × 5 = 9 750	280 × 400 = 112 000	121 750
合计		22 500	240 000	262 500

根据上表，编制下列会计分录：

借：制造费用　　　　　　　　　　　　　　　　　140 750

　　管理费用　　　　　　　　　　　　　　　　　121 750

　　　贷：生产成本——辅助生产成本——运输　　　　　　　22 500

　　　　　　　　　　　　　　　　——修理　　　　　　　240 000

2. 交互分配法

交互分配法,是对各辅助生产车间的费用进行两次分配。首先,根据各辅助生产车间相互提供的产品或劳务的数量和交互分配前的单位成本(费用分配率),在各辅助生产车间之间进行交互分配;然后将各辅助生产车间交互分配后的实际费用(即交互分配前的费用加上交互分配转入的费用,减去交互分配转出的费用),再按对外提供的产品或劳务数量在辅助生产车间以外的各受益单位之间进行分配。采用该分配方法,辅助生产内部相互提供的产品或劳务全部都进行了交互分配,从而提高了分配结果的正确性。但各辅助生产费用要计算两个分配率,进行两次分配,加大了分配的工作量。

边学边做 9.6

1. 训练目的

根据案例,完成交互分配法下辅助生产费用的分配及账务处理。

2. 案例设计

甲公司辅助生产车间的制造费用不通过"制造费用"账户核算。该公司202×年6月有关辅助生产费用的资料如表9.5所示。

表9.5　甲公司202×年6月有关辅助生产费用的资料

辅助车间名称		运输车间	锅炉车间
待分配费用		3 300 元	10 400 元
供应劳务数量		1 100 公里	2 080 吨
耗用劳务数量	运输车间		80 吨
	锅炉车间	100 公里	
	基本生产车间	900 公里	1 600 吨
	企业管理部门	100 公里	400 吨

计算时,分配率保留两位小数;如有分配的小数尾差,计入管理费用。

3. 分析过程

其"辅助生产费用分配表"如表9.6所示。

表9.6　辅助生产费用分配表

(交互分配法)　　　　　　　　　　　　　数量单位:公里、吨

甲公司　　　　　　　　　　　　202×年6月　　　　　　　　金额单位:元

分配方向	交互分配			对外分配		
辅助车间名称	运输	锅炉	合计	运输	锅炉	合计
待分配费用	3 300	10 400	13 700	3 300 + 400 − 300 = 3 400	10 400 + 300 − 400 = 10 300	13 700
供应劳务数量	1 100	2 080		1 100 − 100 = 1 000	2 080 − 80 = 2 000	
单位成本	3 300/ 1 100=3	10 400/ 2 080 = 5		3 400/1 000 = 3.4	10 300/2 000 = 5.15	

续表

分配方向			交互分配			对外分配		
辅助车间名称			运输	锅炉	合计	运输	锅炉	合计
辅助车间	运输	耗用数量		80				
		分配金额		80×5＝400	400			
	锅炉	耗用数量	100					
		分配金额	100×3＝300		300			
	金额小计		300	400	700			
基本车间		耗用数量				900	1 600	
		分配金额				900×3.4＝3 060	1 600×5.15＝8 240	11 300
企业管理部门		耗用数量				100	400	
		分配金额				100×3.4＝340	400×5.15＝2 060	2 400
分配金额合计						3 400	10 300	13 700

根据表9.6,编制如下会计分录:

（1）交互分配:

借:生产成本——辅助生产成本(运输车间)　　　　　　　　400

　　　　　　——辅助生产成本(锅炉车间)　　　　　　　　300

　　贷:生产成本——辅助生产成本(运输车间)　　　　　　　　　300

　　　　　　　　——辅助生产成本(锅炉车间)　　　　　　　　　400

（2）对外分配:

借:制造费用　　　　　　　　　　　　　　　　　　　11 300

　　管理费用　　　　　　　　　　　　　　　　　　　 2 400

　　贷:生产成本——辅助生产成本(运输车间)　　　　　　　　 3 400

　　　　　　　　——辅助生产成本(锅炉车间)　　　　　　　　10 300

提示

直接分配法与交互分配法的分配过程（见图9.2）。

图9.2　直接分配法与交互分配法的分配过程

3. 计划成本分配法

计划成本分配法的特点是辅助生产为各受益单位提供的劳务,都按劳务的计划单位成本进行分配,辅助生产车间实际发生的费用(包括辅助生产内部交互分配转入的费用)与按计划单位成本分配转出的费用之间的差额采用简化计算方法全部计入管理费用。这种分配方法便于考核和分析各受益单位的成本,有利于分清各单位的经济责任。但成本分配不够准确,适用于辅助生产劳务计划单位成本比较准确的企业。

边学边做 9.7

1. 训练目的

根据案例,完成计划成本分配法下辅助生产费用的分配及账务处理。

2. 案例设计

承接【边学边做 9.9】的资料,假定运输车间计划成本为每公里 2.5 元,锅炉车间计划成本为每吨 4.5 元。

3. 分析过程

甲公司的"辅助生产费用分配表"如表 9.7 所示。

表 9.7　辅助生产费用分配表

(计划成本分配法)　　　　　　　　数量单位:公里、吨

甲公司　　　　　　　　　　　　　202× 年 6 月　　　　　　　　　金额单位:元

辅助生产车间名称			运输车间	锅炉车间	合计
待分配辅助生产费用			3 300	10 400	13 700
供应劳务数量			1 100	2 080	
计划单位成本			2.5	4.5	
辅助生产车间耗用	运输车间	耗用量		80	
		分配金额		80×4.5＝360	360
	锅炉车间	耗用量	100		
		分配金额	100×2.5＝250		250
	分配金额小计		250	360	610
基本生产车间耗用	耗用量		900	1 600	
	分配金额		900×2.5＝2 250	1 600×4.5＝7 200	9 450
行政部门耗用	耗用量		100	400	
	分配金额		100×2.5＝250	400×4.5＝1 800	2 050
按计划成本分配金额合计			2 750	9 360	12 110
辅助生产实际成本			3 660	10 650	14 310
辅助生产成本差异			+910	+1 290	+2 200

其中：运输车间的实际成本＝3 300＋360＝3 660（元）

锅炉车间的实际成本＝10 400＋250＝10 650（元）

（1）按计划成本进行分配：

借：生产成本——辅助生产成本——运输车间　　　　　　　360

　　　　　　　　　　　　　——锅炉车间　　　　　　　250

　　制造费用　　　　　　　　　　　　　　　　　　　9 450

　　管理费用　　　　　　　　　　　　　　　　　　　2 050

　　贷：生产成本——辅助生产成本——运输车间　　　　　2 750

　　　　　　　　　　　　　　　——锅炉车间　　　　　9 360

（2）将辅助生产成本差异计入管理费用：

借：管理费用　　　　　　　　　　　　　　　　　　　2 200

　　贷：生产成本——辅助生产成本——运输车间　　　　　910

　　　　　　　　　　　　　　　——锅炉车间　　　　　1 290

▶ 五、制造费用的归集和分配

（一）制造费用的归集

制造费用的内容包括物料消耗，车间管理人员的薪酬，车间管理用房屋和设备的折旧费、租赁费和保险费，车间管理用具摊销，车间管理用的照明费、水费、取暖费、劳动保护费、设计制图费、试验检验费、差旅费、办公费以及季节性及修理期间停工损失等。制造费用属于应计入产品成本但不专设成本项目的成本费用。为了减少费用项目，简化核算工作，可以将性质相同的费用合并设立相应的费用项目，比如将用于产品生产的固定资产折旧费合并设立折旧费项目，也可根据费用比重大小和管理上的要求另行设立制造费用项目。制造费用应通过"制造费用"账户进行归集，月末按照一定的方法从贷方分配转入有关成本计算对象。为了使各期成本、费用资料可比，制造费用项目一经确定，不应随意变更。

该账户应当根据有关付款凭证、转账凭证和前述各种成本分配表登记；此外，还应按不同的车间设立明细账，账内按照成本项目设立专栏，分别反映各个车间各项制造费用的发生情况和分配转出情况。基本生产车间和辅助生产车间发生的直接用于生产，但没有专设成本项目的各种材料成本以及用于组织和管理生产活动的各种材料成本，一般应借记"制造费用"及其明细账（基本生产车间或辅助生产车间）的相关成本项目，贷记"原材料"等账户；基本生产车间和辅助生产车间管理人员的职工薪酬，应记入"制造费用"所属明细账的借方，同时，贷记"应付职工薪酬"账户。月末，应按照一定的方法将通过"制造费用"账户归集的制造费用从贷方分配转入有关成本计算对象。

（二）制造费用的分配和账务处理

1. 制造费用的分配

一般应先分配辅助生产的制造费用，将其计入辅助生产成本，然后再分配辅助生产成本，将其中应由基本生产负担的计入基本生产的制造费用，最后再分配基本生产的制造费用。制造费用的分配应当按照车间分别进行,不应将各车间的制造费用汇总,在企业范围内统一分配。

企业应当根据制造费用的性质,合理选择分配方法。也就是说,企业所选择的制造费用分配方法,必须与制造费用的发生具有密切的相关性,并且使分配到每种产品上的制造费用金额基本合理,同时还应适当考虑计算手续的简便。制造费用分配方法很多,通常采用生产工人工时比例法(或生产工时比例法)、生产工人工资比例法(或生产工资比例法)、机器工时比例法和按年度计划分配率分配法等。具体选用哪种分配方法,由企业自行决定。分配方法一经确定,不得随意变更。如需变更,应当在附注中予以说明。

制造费用常用计算公式概括如下:

制造费用分配率 = 制造费用总额 ÷ 各产品分配标准之和

某种产品应分配的制造费用 = 该种产品分配标准 × 制造费用分配率

其中,分配标准包括产品生产工时总数、生产工人定额工时总数、生产工人工资总和、机器工时总数、产品计划产量的定额工时总数等。由于生产工时是分配间接费用的常用标准之一,因此,生产工人工时比例法较为常用;生产工人工资比例分配法适用于各种产品生产机械化程度相差不多的企业,如果生产工人工资是按生产工时比例分配,该方法实际上等同于生产工人工时比例法;机器工时比例法是按照各产品生产所用机器设备运转时间的比例分配制造费用的方法,适用于产品生产的机械化程度较高的车间;按年度计划分配率分配法是按照年度开始前确定的全年度适用的计划分配率分配费用的方法,分配率计算公式的分母按定额工时计算,年度内如果发生全年的制造费用实际数与计划数差别较大,应及时调整计划分配率,该方法特别适用于季节性生产企业。

2. 制造费用的账务处理

对于制造费用的分配,无论采用哪种分配方法,都应根据分配结果编写制造费用分配表,根据制造费用分配表进行制造费用分配的总分类核算和明细核算。相关会计分录如下:

借:生产成本——基本生产成本(或辅助生产成本)

贷:制造费用

然后再将归集在辅助生产成本的费用按照辅助生产费用的分配方法进行分配,其中,分配给基本生产的制造费用在归集了全部基本生产车间的制造费用后,转入"生产成本——基本生产成本"账户。

 **边学边做 9.8**

1. 训练目的

根据案例,完成制造费用的归集与分配及其账务处理。

2. 案例设计

甲公司设有一个基本生产车间,生产 A、B 两种产品。202× 年 10 月份发生的与制造费用有关的经济业务如下:

(1)领用原材料 3 000 元用作基本生产车间机物料消耗。

(2)基本生产车间管理人员工资 2 280 元。

（3）计提固定资产折旧费 2 000 元。

（4）用银行存款支付车间其他费用 4 000 元。

甲公司基本生产车间的制造费用按产品工时比例分配,其生产工时为:A 产品 900 小时,B 产品 1 100 小时。

3. 分析过程

（1）领用原材料:

借:制造费用	3 000
贷:原材料	3 000

（2）应付职工薪酬:

借:制造费用	2 280
贷:应付职工薪酬	2 280

（3）计提固定资产折旧费:

借:制造费用	2 000
贷:累计折旧	2 000

（4）用银行存款支付其他费用:

借:制造费用	4 000
贷:银行存款	4 000

（5）分配制造费用:

制造费用合计 = 3 000 + 2 280 + 2 000 + 4 000 = 11 280（元）

制造费用分配率 = 11 280/（900 + 1 100）= 5.64

A 产品应分配的制造费用 = 900 × 5.64 = 5 076（元）

B 产品应分配的制造费用 = 1 100 × 5.64 = 6 204（元）

借:生产成本——基本生产成本（A 产品）	5 076
——基本生产成本（B 产品）	6 204
贷:制造费用	11 280

▶ 六、废品损失和停工损失的核算

（一）废品损失的核算

废品损失是指在生产过程中发生的和入库后发现的超定额的不可修复废品的生产成本,以及可修复废品的修复费用,扣除回收的废品残料价值和应收赔款以后的损失。其中的废品不包括经质量检验部门鉴定不需要返修、可以降价出售的不合格品,以及产品入库后由于保管不善等原因而损坏变质的产品和实行"三包"企业在产品出售后发现的废品。

为单独核算废品损失,应增设"废品损失"账户,在成本项目中增设"废品损失"项目。废品损失也可不单独核算,相应费用等体现在"原材料""生产成本——基本生产成本"等账户中。辅助生产一般不单独核算废品损失。

1. 不可修复废品损失

不可修复废品损失的生产成本,可按废品所耗实际费用计算,也可按废品所耗定额费用计算。废品损失采用按废品所耗实际费用计算时,要将废品报废前与合格品在一起计算的各项费用,采用适当的分配方法(见生产费用在完工产品和在产品之间成本的分配)在合格品与废品之间进行分配,计算出废品的实际成本,从"生产成本——基本生产成本"账户的贷方转入"废品损失"账户的借方。如果废品是在完工以后发现的,单位废品负担的各项生产费用应与单位合格产品完全相同,可按合格品产量和废品的数量比例分配各项生产费用,计算废品的实际成本。

废品损失采用按废品所耗定额费用计算时,废品的生产成本是按废品数量和各项费用定额计算的,不需要考虑废品实际发生的生产费用。

边学边做 9.9

1. 训练目的

根据案例,完成不可修复废品损失的账务处理。

2. 案例设计

甲公司 A 产品在生产过程中发现不可修复废品一批,该批废品的成本构成为:直接材料 32 000 元,直接人工 40 000 元,制造费用 20 000 元。废品残料计价 5 000 元已回收入库,应收过失人赔偿款 10 000 元。假定不考虑其他因素。

3. 分析过程

甲公司应编制如下会计分录:

借:废品损失		92 000
贷:生产成本——直接材料		32 000
——直接人工		40 000
——制造费用		20 000
借:原材料		5 000
其他应收款		10 000
贷:废品损失		15 000

废品净损失 = 92 000 − 15 000 = 77 000(元)

借:生产成本		77 000
贷:废品损失		77 000

2. 可修复废品损失

可修复废品返修以前发生的生产费用,不是废品损失,不需要计算其生产成本,而应留在"生产成本——基本生产成本"账户和所属有关产品成本明细账中,不需要转出。返修发生的各种费用,应根据各种费用分配表,记入"废品损失"账户的借方。其回收的残料价值和应收的赔款,应从"废品损失"账户贷方分别转入"原材料"和"其他应收款"账户的借方。结转后"废品损失"账户的借方反映的是归集的可修复废品损失成本,应转入"生产成本——基本生产成本"账户的借方。

边学边做 9.10

1. 训练目的

根据案例，完成废品损失的账务处理。

2. 案例设计

甲公司 A 产品费用分配表中列示：

（1）不可修复废品成本按定额成本计价。有关资料如下：不可修复废品 5 件，每件直接材料定额 100 元，每件定额工时为 20 小时，每小时直接人工 5 元、制造费用 6 元。

（2）可修复废品的修复费用为：直接材料 2 000 元，直接人工 1 000 元，制造费用 1 500 元。

（3）可修复废品和不可修复废品共回收残料计价 200 元，并作为辅助材料入库；应由过失人赔款 150 元。废品净损失由当月同种产品成本负担。

3. 分析过程

（1）结转不可修复废品成本：

借：废品损失——A 产品	1 600
贷：生产成本——直接材料（5×100）	500
——直接人工（5×20×5）	500
——制造费用（5×20×6）	600

（2）发生可修复废品的成本：

借：废品损失——A 产品	4 500
贷：原材料	2 000
应付职工薪酬	1 000
制造费用	1 500

（3）残料入库、过失人赔偿：

借：原材料	200
贷：废品损失——A 产品	200
借：其他应收款	150
贷：废品损失——A 产品	150

（4）结转废品净损失：

废品净损失 = 1 600 + 4 500 − 200 − 150 = 5 750（元）

借：生产成本——基本生产成本（A 产品）	5 750
贷：废品损失——A 产品	5 750

边学边思

什么是废品损失？废品损失可分为哪几类？其核算方法有何不同？

（二）停工损失的核算

停工损失是指生产车间或车间内某个班组在停工期间发生的各项费用,包括停工期间发生的原材料费用、人工费用和制造费用等。应由过失单位或保险公司负担的赔款,应从停工损失中扣除。不满 1 个工作日的停工,一般不计算停工损失。

单独核算停工损失的企业,应增设"停工损失"账户,在成本项目中增设"停工损失"项目,根据停工报告单和各种费用分配表、分配汇总表等有关凭证,将停工期内发生、应列作停工损失的费用记入"停工损失"账户的借方进行归集;应由过失单位及过失人员或保险公司负担的赔款,应从该账户的贷方转入"其他应收款"等账户的借方。期末,将停工净损失从该账户贷方转出,属于自然灾害部分转入"营业外支出"账户的借方;应由本月产品成本负担的部分,则转入"生产成本——基本生产成本"账户的借方,在停工的车间生产多种产品的情况下,还要采用合理的分配标准,分配记入该车间各产品成本明细账停工损失成本项目。"停工损失"账户月末无余额。

不单独核算停工损失的企业,不设立"停工损失"账户,直接反映在"制造费用"和"营业外支出"等账户中。辅助生产一般不单独核算停工损失。

▶ 第四节　生产费用在完工产品和在产品之间的归集和分配

通过费用要素的归集和分配,基本生产车间在生产过程中发生的各项费用,已经集中反映在"生产成本——基本生产成本"账户及其明细账的借方,这些费用都是本月发生的生产费用,并不是本月完工产品的成本。要计算出本月产成品的成本,还要将本月发生的生产费用,加上月初在产品成本,然后再将其在本月完工产品和月末在产品之间进行分配,以求得本月产成品成本。

本月发生的生产费用和月初、月末在产品及本月完工产成品成本四项费用的关系可用下列公式表达:

月初在产品成本 + 本月发生生产费用 = 本月完工产品成本 + 月末在产品成本

或：　月初在产品成本 + 本月发生生产费用 − 月末在产品成本 = 本月完工产品成本

由于公式中前两项是已知数,所以,在完工产品与月末在产品之间分配费用的方法有两种:一是将前两项之和按一定比例在后两项之间进行分配,从而求得完工产品与月末在产品的成本;二是先确定月末在产品成本,再计算求得完工产品的成本。但无论采用哪一种方法,都必须取得在产品数量的核算资料。

▶ 一、在产品收发结存的核算

企业的在产品是指没有完成全部生产过程、不能作为商品销售的在产品,包括正在车间加工中的在产品(包括正在返修的废品)和已经完成一个或几个生产步骤但还需继续加工的半成品(包括未经验收入库的产品和等待返修的废品)两部分。对外销售的自制半成品,属于企业商品,验收入库后不应列入在产品之内。以上在产品,是从广义的或者就整个企业来说的在产品。从狭义的或者就某一车间或某一生产步骤来说,在产品只包括该车间或该生产步骤正在加工中的那部分在产品,车间或生产步骤完工的半成品不包括在内。

在产品结存的数量,同其他材料物资结存的数量一样,应同时具备账面核算资料和实际盘点资料。企业一方面要做好在产品收发结存的日常核算,另一方面要做好在产品的清查工作。做好这两项工作,既可以从账面上随时掌握在产品的动态,又可以清查在产品的实际数量。这不仅对正确计算产品成本、加强生产资金管理以及保护财产有着重要意义,而且对保证账实相符有着重要意义。

车间在产品收发结存的日常核算,通常是通过在产品收发结存账簿进行的。在实际工作中,这种账簿也叫做在产品台账,应分车间并且按照产品的品种和在产品名称(如零部件的名称)设立,以便用来反映车间各种在产品的转入、转出和结存的数量。各车间应认真做好在产品的计量、验收和交接工作,并在此基础上根据领料凭证、在产品内部转移凭证、产成品检验凭证和产品交库凭证,及时登记在产品收发结存账。该账簿由车间核算人员登记。

为了核实在产品的数量,保证在产品的安全完整,企业必须认真做好在产品的清查工作。在产品应定期进行清查,也可以不定期轮流清查。车间没有建立在产品的日常收发核算的,应当每月月末都清查一次在产品,以便取得在产品的实际盘存资料。清查后,应根据盘点结果和账面资料编制在产品盘点表,填明在产品的账面数、实存数和盘存盈亏数,以及盘亏的原因和处理意见。对于报废和毁损的在产品,还要登记残值。

在产品发生盘盈时,按盘盈在产品的成本(一般按定额成本计价)借记"生产成本"账户,并记入相应的生产成本明细账各成本项目,贷记"待处理财产损溢"账户。经过审批进行处理时,则借记"待处理财产损溢"账户,贷记"制造费用"等账户。

在产品发生盘亏和毁损时,应借记"待处理财产损溢"账户,贷记"生产成本"账户,并从相应的产品成本明细账各成本项目中转出,冲减在产品成本。毁损在产品的残值,应借记"原材料"账户,贷记"待处理财产损溢"账户,冲减损失。经过审批进行处理时,应根据不同的情况分别将损失从"待处理财产损溢"账户的贷方转入"制造费用""其他应收款"或"营业外支出"等有关账户的借方。

如果在产品的盘亏是由于没有办理领料或交接手续,或者由于某种产品的零件为另一种产品挪用,则应补办手续,及时转账更正。

▶ 二、完工产品和在产品之间费用的分配

生产成本在完工产品与在产品之间的分配,在成本计算工作中是一个重要而又比较复杂的工作。企业应当根据在产品数量的多少、各月在产品数量变化的大小、各项费用比重的大小以及定额管理基础的好坏等具体条件,选择既合理又简便的分配方法。常用的分配方法有:不计算在产品成本法、在产品按固定成本计价法、在产品按所耗直接材料成本计价法、约当产量比例法、在产品按定额成本计价法、定额比例法、在产品按完工产品成本计价法等。

(一)不计算在产品成本法

采用不计算在产品成本法时,虽然月末有在产品,但不计算其成本,即在产品成本记为零。也就是说,这种产品每月发生的成本,全部由完工产品负担,其每月发生的成本之和即为每月

完工产品成本。这种方法适用于各月月末在产品数量很小的产品。

（二）在产品按固定成本计价法

采用在产品按固定成本计价法，各月月末在产品的成本固定不变。某种产品本月发生的生产成本就是本月完工产品的成本。但在年末，在产品成本不应再按固定不变的金额计价，否则会使按固定金额计价的在产品成本与其实际成本有较大差异，影响产品成本计算的正确性。因而在年末，应当根据实际盘点的在产品数量，重新调整计算在产品成本，据以计算 12 月份产品成本。这种方法适用于月末在产品数量较多，但各月变化不大的产品或月末在产品数量很小的产品。

（三）在产品按所耗直接材料成本计价法

采用在产品按所耗直接材料成本计价法，月末在产品只计算其所耗用的直接材料成本，不计算直接人工等加工成本，即产品的直接材料成本（月初在产品的直接材料成本与本月发生的直接材料成本之和）需要在完工产品和月末在产品之间进行分配。而生产产品本月发生的加工成本全部由完工产品成本负担。这种方法适用于各月月末在产品数量较多，各月月末在产品数量变化也较大，直接材料成本在生产成本中所占比重较大且材料在生产开始时一次就全部投入的产品。

边学边做 9.11

1. 训练目的

根据案例，采用在产品按所耗直接材料成本计价法，完成完工产品与在产品之间成本的分配。

2. 案例设计

甲公司 A 产品的原材料在生产开始时一次投入，产品成本中的原材料费用所占比重很大，月末在产品按其所耗原材料费用计价。其 2021 年 12 月初在产品成本为 80 000 元，该月生产费用为：直接材料 160 000 元，直接人工 30 000 元，制造费用 40 000 元。该月完工产品500 件，月末在产品 300 件。

3. 分析过程

分配计算结果如下：

A 产品原材料费用分配率 =（80 000 + 160 000）/（500 + 300）

$\qquad\qquad\qquad$ = 300（元/件）

A 产品完工产品原材料费用 = 500 × 300 = 150 000（元）

A 产品月末在产品原材料费用（即月末在产品成本）= 300 × 300 = 90 000（元）

A 产品完工产品成本 = 150 000 + 30 000 + 40 000 = 220 000（元）

（四）约当产量比例法

采用约当产量比例法，应将月末在产品数量按其完工程度折算为相当于完工产品的产量，即约当产量。比如，在产品 100 件，平均完工 40%，则约当于完工产品 40 件。然后将全部成本按照完工产品产量与月末在产品约当产量的比例分配计算完工产品成本和月末在产品成本。这种方法适用于各月月末在产品数量较多,各月月末在产品数量变化也较大,且生产成本中直接材料成本和直接人工等加工成本的比重相差不大的产品。

其计算公式如下:

在产品约当产量 = 在产品数量 × 完工程度

单位成本 =(月初在产品成本 + 本月发生生产成本)÷
(完工产品产量 + 月末在产品约当产量)

完工产品成本 = 完工产品产量 × 单位成本

在产品成本 = 在产品约当产量 × 单位成本

边学边做 9.12

1. 训练目的

根据案例,采用约当产量比例法,完成完工产品与在产品之间成本的分配。

2. 案例设计

甲公司的 A 产品本月完工 400 台,月末在产品 250 台,平均完工程度为 40%,月初在产品成本和本月发生生产成本合计为 1 000 000 元。

3. 分析过程

分配结果如下:

单位成本 = 1 000 000 ÷(400 + 250 × 40%)= 2 000(元 / 台)

完工产品成本 = 400 × 2 000 = 800 000(元)

在产品成本 = 250 × 40% × 2 000 = 200 000(元)

采用这种方法,道理容易理解,问题在于在产品完工程度的确定比较复杂。一般是用技术测定或其他方法计算在产品的完工程度。比如,在具备产品工时定额的条件下,可按每道工序在产品累计工时定额除以产品工时定额计算求得每道工序在产品的总体完工程度。由于存在于各工序内部的在产品加工程度不同,有的正在加工之中,有的已加工完成,有的尚未加工。因此为了简化核算,在计算各工序内在产品完工程度时,按平均完工 50% 计算。

有了各工序在产品完工程度和各工序在产品盘存数量,即可求得在产品的约当产量。各工序在产品的完工程度可事先制定,产品工时定额不变时可长期使用。如果各工序在产品数量和单位工时定额都相差不多,在产品的完工程度也可按 50% 计算。

应当指出,在很多加工生产中,材料是在生产开始时一次投入的。这时,每件在产品无论完工程度如何,都应和每件完工产品负担同样的材料成本。如果材料是随着生产过程陆续投入的,则应按照各工序累计投入的材料成本在全部材料成本中所占的比例计算在产品的约当产量。

情景案例 9.1

生产成本在完工产品与在产品之间的分配

东方公司 A 产品本月完工 5 000 件,月末在产品数量 1 000 件,完工程度按平均 50% 计算；材料在开始生产时一次投入，其他成本按约当产量比例分配。A产品本月月初在产品和本月耗用直接材料成本共计1 800万元、直接人工成本共计550万元、制造费用共计275万元。

【案例分析】

A产品各项成本的分配计算如下：

（1）直接材料成本的分配：

由于材料在开始生产时一次投入，因此直接材料成本应按完工产品和月末在产品的实际数量比例进行分配，不必计算约当产量。

直接材料单位成本 = 1 800/（5 000 + 1 000）= 0.3（万元/件）

完工产品应负担的直接材料成本 = 5 000 × 0.3 = 1 500（万元）

在产品应负担的直接材料成本 = 1 000 × 0.3 = 300（万元）

（2）直接人工成本的分配：

直接人工成本和制造费用均应按约当产量比例进行分配，在产品1 000件折合约当产量500件（1 000 × 50%）。

直接人工单位成本 = 550/（5 000 + 500）= 0.1（万元/件）

完工产品应负担的直接人工成本 = 5 000 × 0.1 = 500（万元）

在产品应负担的直接人工成本 = 500 × 0.1 = 50（万元）

（3）制造费用的分配：

制造费用单位成本 = 275/（5 000 + 500）= 0.05（万元/件）

完工产品应负担的制造费用 = 5 000 × 0.05 = 250（万元）

在产品应负担的制造费用 = 500 × 0.05 = 25（万元）

（4）汇总A产品完工产品成本和本月月末在产品成本：

A产品本月完工产品成本 = 1 500 + 500 + 250 = 2 250（万元）

A产品本月月末在产品成本 = 300 + 50 + 25 = 375（万元）

（5）根据A产品完工产品总成本编制完工产品入库的会计分录：

借：库存商品——A产品　　　　　　　　　　　　　　　　　22 500 000

　　贷：生产成本——基本生产成本　　　　　　　　　　　　　22 500 000

（五）在产品按定额成本计价法

采用在产品按定额成本计价法，月末在产品成本按定额成本计算，该种产品的全部成本（如果有月初在产品，包括月初在产品成本在内）减去按定额成本计算的月末在产品成本，余额作为完工产品成本；每月生产成本脱离定额的节约差异或超支差异全部计入当月完工产品成本。这种方法是事先经过调查研究、技术测定或按定额资料，对各个加工阶段上的在产品直接确定一个单位定额成本。这种方法适用于各项消耗定额或成本定额比较准确、稳定，而且各月月末在产品数量变化不是很大的产品。

这种方法的计算公式如下：

月末在产品成本 = 月末在产品数量 × 在产品单位定额成本

完工产品总成本 =（月初在产品成本 + 本月发生生产成本）- 月末在产品成本

完工产品单位成本 = 完工产品总成本 ÷ 完工产品数量

边学边做 9.13

1. 训练目的

根据案例,采用在产品按定额成本计价法,完成完工产品与在产品之间成本的分配。

2. 案例设计

甲公司 A 产品有关资料如下:

(1)月末在产品定额工时资料如表 9.8 所示。

表 9.8 月末在产品定额工时

工序	月末在产品数量/件	工时定额	累计工时定额	月末在产品定额工时/小时
1	80	4	$4 \times 50\% = 2$	$80 \times 2 = 160$
2	70	2	$4 + 2 \times 50\% = 5$	$70 \times 5 = 350$
合计	150	—	—	$160 + 350 = 510$

(2)A 产品各项消耗定额比较准确、稳定,各月在产品数量变化不大,月末在产品按定额成本计价。该种产品原材料消耗定额为 50 元/件,原材料在生产开始时一次投入。该种产品每小时费用定额为:直接人工 4 元、制造费用 3 元。

该种产品 5 月份的完工数量为 300 件,各项费用的累计数为:直接材料 22 300 元,直接人工 9 200 元,制造费用 7 000 元,合计 38 500 元。

3. 分析过程

① 直接材料:

月末在产品定额直接材料 $= 150 \times 50 = 7\,500$(元)

完工产品直接材料 $= 22\,300 - 7\,500 = 14\,800$(元)

② 直接人工:

月末在产品定额直接人工 $= 510 \times 4 = 2\,040$(元)

完工产品直接人工 $= 9\,200 - 2\,040 = 7\,160$(元)

③ 制造费用:

月末在产品定额制造费用 $= 510 \times 3 = 1\,530$(元)

完工产品制造费用 $= 7\,000 - 1\,530 = 5\,470$(元)

④ 在产品定额成本 $= 7\,500 + 2\,040 + 1\,530 = 11\,070$(元)

⑤ 本月完工产品成本 $= 14\,800 + 7\,160 + 5\,470 = 27\,430$(元)

(六)定额比例法

采用定额比例法,产品的生产成本在完工产品和月末在产品之间按照两者的定额消耗量或定额成本比例分配。其中直接材料成本,按直接材料的定额消耗量或定额成本比例分配。直接人工等加工成本,可以按各该定额成本的比例分配,也可按定额工时比例分配。这种方法适用于各项消耗定额或成本定额比较准确、稳定,但各月月末在产品数量变动较大的产品。

这种方法的计算公式如下(以按定额成本比例和定额工时比例为例):

直接材料成本分配率=(月初在产品实际材料成本+本月投入的实际材料成本)÷
(完工产品定额材料成本+月末在产品定额材料成本)

完工产品应负担的直接材料成本=完工产品定额材料成本×直接材料成本分配率

月末在产品应负担的直接材料成本=月末在产品定额材料成本×
直接材料成本分配率

直接人工成本分配率=(月初在产品实际人工成本+本月投入的实际人工成本)÷
(完工产品定额工时+月末在产品定额工时)

完工产品应负担的直接人工成本=完工产品定额工时×直接人工成本分配率

月末在产品应负担的直接人工成本=月末在产品定额工时×直接人工成本分配率

边学边做 9.14

1. 训练目的

根据案例,采用定额比例法,完成完工产品与在产品之间成本的分配。

2. 案例设计

甲公司单步骤生产 A 产品,该产品按实际成本计价。甲公司采用定额比例法将产品生产成本在完工产品与月末在产品之间进行分配。

202× 年 6 月份有关 A 产品成本资料如下:本月完工产品直接材料定额成本 31 500 元、直接人工定额成本 19 600 元、定额制造费用 16 800 元;月末在产品直接材料定额成本 4 500元、直接人工定额成本 2 800 元、定额制造费用 2 400 元。其他生产费用资料见“产品成本明细账”,如表 9.9 所示。

表 9.9　产品成本明细账

产品名称:A 产品　　　　　　　　　　　202× 年 6 月　　　　　　　　　　　单位:元

月	日	项目	直接材料	直接人工	制造费用	合计
6	1	月初在产品成本	6 000	3 800	2 900	12 700
	30	本月生产费用	30 000	20 840	20 140	70 980
	30	生产费用合计	36 000	24 640	23 040	83 680
	30	完工产品成本				
	30	月末在产品成本				

3. 分析过程

(1)计算本月完工产品的直接材料成本、直接人工成本和制造费用:

① 直接材料定额成本分配率=36 000/(31 500+4 500)=1

完工产品应负担的直接材料成本 = 31 500 × 1 = 31 500（元）

② 直接人工定额成本分配率 = 24 640/（19 600 + 2 800）= 1.1

完工产品应负担的直接人工成本 = 19 600 × 1.1 = 21 560（元）

③ 制造费用定额成本分配率 = 23 040/（16 800 + 2 400）= 1.2

完工产品应负担的制造费用 = 16 800 × 1.2 = 20 160（元）

（2）补充后的产品成本明细账如表9.10所示：

表9.10　产品成本明细账

产品名称：A产品　　　　　　　　　　202×年6月　　　　　　　　　　单位：元

月	日	项目	直接材料	直接人工	制造费用	合计
6	1	月初在产品成本	6 000	3 800	2 900	12 700
	30	本月生产费用	30 000	20 840	20 140	70 980
	30	生产费用合计	36 000	24 640	23 040	83 680
	30	完工产品成本	31 500	21 560	20 160	73 220
	30	月末在产品成本	36 000 − 31 500 = 4 500	3 080	2 880	10 460

（3）完工产品入库：

借：库存商品　　　　　　　　　　　　　　　　　　　73 220

　　贷：生产成本——A产品　　　　　　　　　　　　　　　73 220

（七）在产品按完工产品成本计价法

将在产品视同完工产品计算、分配生产费用，适用于月末在产品已接近完工，或产品已经加工完毕但尚未验收或包装入库的产品。

综上所述，生产费用在完工产品和期末在产品之间的分配，可根据在产品数量的多少及其稳定程度、费用结构等因素，相应地采用既合理又简便的方法，以计算确定月末在产品和完工产品的实际成本。各种方法的适用范围大致可归纳为如图9.3所示。

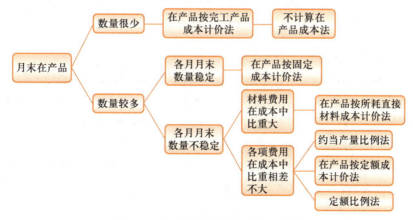

图 9.3　生产费用分配方法示意图

▶ 三、联产品和副产品的成本分配

产品成本核算的分类法是将同类产品作为一个成本计算对象来归集生产费用,其目的是通过减少单纯品种法下的成本计算对象的数目来简化成本核算工作。然而,在生产实践中还存在着一些自然类别或称为天然的类别,比如联产品、副产品等,它们自然地构成了一类成本计算对象,可以认为是自然分类法。

（一）联产品成本的分配

1. 联产品的概念及成本的分配

联产品是利用同一种原材料,在同一个生产过程中,同时生产出来的几种使用价值不同的产品。例如,炼油厂从原油中可以同时提炼出汽油、煤油、柴油和气体等几种主要产品。这些产品虽然性能、用途有所不同,但都是用同种原材料在同一生产过程中生产出的各种主要产品,因此称为联产品。

联产品虽然处于同一生产过程,但联产品中各种不同品种的产品会在生产到某一时点时分离,这一分离时点通常称为"分离点"。分离点是联产品的联合生产过程的结束,各种产品可以被确认。分离前的生产费用归集和成本计算可以采用分类法,分离后如果仍需要继续单独加工时,对分离后的成本应根据其分离后的生产特点,选择适当的成本计算方法计算其成本比如分步法。

通常把分离前的成本称为联合成本或共同成本,把继续加工成本称为可归属成本。联产品的成本计算就是分离点前联产品的联合成本在各联产品之间进行分配。联合成本的分配方法有系数分配法、实物量分配法、相对销售价格分配法等。

联产品成本计算过程如图 9.4 所示。

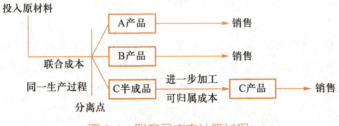

图 9.4　联产品成本计算过程

联产品成本计算可分为以下三种类型:

（1）原材料投入后经过同一生产过程生产出若干种不同产品,其成本的计算将联产品归为一类产品汇集生产费用和计算联合成本,再选择适当方法分配计算各种联产品成本。

（2）原材料投入后经过同一生产过程,在分离点上分离出不同的产品,有些产品分离出来后不需要加工即可对外销售,该产品成本为分离前应负担的联合成本。

（3）某些联产品在分离点分离出来后,需要进一步加工后才能出售,这些联产品的成本是分离前的联合成本加上分离后的可归属成本。

2. 联产品成本分配的应用

（1）实物量分配法。实物量分配法是指按分离点上各种联产品的重量、容积或其他实物

量度比例来分配联合成本。

实物量分配法的分配计算过程如下：

① 数量或重量的单位成本（分配率）＝联合成本／各联产品的数量或重量总额。

② 某产品应分配的联合成本＝该产品数量或重量 × 分配率。

③ 某产品总成本＝该产品应分配的联合成本＋可归属成本。

（2）相对销售价格分配法。相对销售价格分配法是按各联产品的销售价值的比例分配联合成本的方法。该方法依据售价较高的联产品应负担较高份额的联合成本，售价较低的联产品应负担较低份额的联合成本原理进行应用。

这种方法一般适用于分离后不再加工的联产品。如果这些产品尚需要进一步加工后才可销售，则需要对分离点上的销售价格进行估计。此时，也可采用可变现净值进行分配，某产品的可变现净值等于该产品的售价减去分离后对该产品进一步加工成本和估计的销售税费的差额。

相对销售价格分配法的分配计算过程如下：

① 分配率＝联合成本／各联产品的售价总额。

② 某产品应分配联合成本＝该产品售价 × 分配率。

③ 某产品总成本＝该产品应分配的联合成本＋可归属成本。

（二）副产品成本的分配

1. 副产品的概念及成本分配

副产品，是指在同一生产过程中，使用同种原料，在生产主产品的同时附带生产出来的非主要产品。它不是企业生产的主要产品，但这些副产品尚有一定的价值和用途，能满足某些方面的需要。如制皂企业，在生产肥皂的过程中产出的甘油；高炉炼铁过程中，在生产生铁主要产品的同时，还可以回收煤气，这些产品称为副产品。但主、副产品不是固定不变的，随着生产技术的发展和综合开发利用，在一定条件下，副产品也能转为主要产品。

副产品与联产品之间既有相同之处又有不同之处。二者的相同之处主要在于生产过程。副产品与联产品都是联合生产过程的产出物，即同源产品，都不可能按每种产品归集生产费用；联产出来的各种联产品、副产品的性质和用途都不同；联产过程结束后，有的产品可以直接出售，有的需要进一步加工再出售。两者的区别主要在于价值大小。副产品销售收入相对主要产品为数轻微，在企业全部产品销售总额中所占比重很小，对企业效益影响不大。联产品销售价格较高，其生产的好坏直接影响企业的经济效益。联产品都是企业的主要产品，是企业生产经营活动的主要目标；副产品是次要产品，依附于主要产品，不是企业生产经营活动的主要目标。实际上，联产品和副产品的划分标准并不固定，时间、地点和企业的管理战略常常改变着两者的划分。

2. 副产品成本分配的应用

由于副产品和主要产品是在同一生产过程中生产出来的，所以主要产品和副产品的费用很难分开，这样只能把副产品和主要产品归为一类产品，采用分类法归集费用计算成本，即先确定出副产品的成本，再从联合成本中扣除副产品的成本，所得余额就是主要产品的成本。之所以先确定副产品成本，主要原因是副产品售价低，这样可以用简便的计算方法，确定出副产品的成本。扣除的方法通常是从总成本的直接材料项目中扣除，也可以按照副产品的计价额

与总成本的比例分别从主产品各项目中扣除,对于副产品计价额,可以根据不同情况分别采用以下几种方法:

（1）对于回收或提炼出来的副产品不需要再加工时,可以按它们的售价减去销售费用、税金及附加与合理销售利润后的余额计价。

如果分离后的副产品还需要进行加工,其成本计价有两种方法:一是副产品只负担可归属成本,不负担分离点前发生的联合成本,而只把分离点后进一步加工的成本作为该副产品的成本。二是副产品既要负担可归属成本,也要负担分离点前的联合成本。这部分的加工费也要从售价中扣除。

副产品扣除单价公式:

$$副产品扣除单价 = 单位售价 - (继续加工单位成本 + 单位销售费用 +$$
$$单位销售税金 + 合理的单位利润)$$

（2）对于在同一生产过程中回收的副产品较多时,为了简化计算手续,也可以按事前规定的固定单价计价扣除。

（3）对于无须加工即可供厂内其他方面自用的副产品,应按此项物品购入价格计价;如果尚需加工后才能自用,则应按此项物品购入价格减去加工费后的余额计价。

合理地对副产品进行计价,是正确计算主、副产品成本的重要条件。如果副产品计价过高,就会把应由主产品负担的费用人为地转嫁给副产品;反之,就会把副产品应负担的费用转嫁给主产品。这样都会影响主、副产品成本计算的正确性,掩盖主、副产品成本超支或节约的真实情况,不利于对成本的分析。如果当副产品的售价不能抵偿其加工费用时,则说明副产品的用途不大,这时也可以把发生的费用全部由主产品负担,副产品则不计算成本,所取得的收入可以从本期或下期费用中扣除。如果由于生产发展的需要,副产品的地位发生了变化,价值有所提高,产量在全部产品中所占的比例也较大时,则应将副产品作为联产品来计算成本。

边学边做 9.15

1. 训练目的

根据案例,完成副产品成本的分配。

2. 案例设计

甲公司在生产主要产品——A 产品的同时附带生产出 S 产品。S 产品分离后需进一步加工后才能出售。202×年8月份共发生联合成本 160 000 元,其中:直接材料 80 000 元,直接人工 40 000 元,制造费用 40 000 元。S 产品进一步加工发生直接人工费 2 000 元,制造费用 3 000 元。当月生产 A 产品 1 000 千克并全部完工,S 产品 200 千克,S 产品的市场售价为 150 元/千克,单位销售费用、税金和利润合计为 50 元。

假定 A 产品 8 月无月初在产品。

3. 分析过程

根据资料,按 S 产品既要负担进一步加工成本,又要负担分离前联合成本的方法计算 A 产品成本和 S 产品成本:

S 产品应负担的联合成本 = 200 × (150 - 50) - (2 000 + 3 000) = 15 000 (元)

S 产品应负担的直接材料 $= 80\,000 \times (15\,000 \div 160\,000) = 7\,500$（元）

S 产品应负担的直接人工 $= 40\,000 \times (15\,000 \div 160\,000) = 3\,750$（元）

S 产品应负担的制造费用 $= 40\,000 \times (15\,000 \div 160\,000) = 3\,750$（元）

A 产品应负担的联合总成本 $= 160\,000 - 15\,000 = 145\,000$（元）

A 产品应负担的直接材料 $= 80\,000 - 7\,500 = 72\,500$（元）

A 产品应负担的直接人工 $= 40\,000 - 3\,750 = 36\,250$（元）

A 产品应负担的制造费用 $= 40\,000 - 3\,750 = 36\,250$（元）

副产品成本计算单和主产品成本计算单详见表 9.11、表 9.12。

表 9.11　副产品成本计算单

S 产品　　　　　　　　　　　202× 年 8 月　　　　　　　　　　　单位：元

项目	直接材料	直接人工	制造费用	合计
分摊的联合成本	7 500	3 750	3 750	15 000
加工成本		2 000	3 000	5 000
总成本	7 500	5 750	6 750	20 000
单位成本	37.5	28.75	33.75	100

表 9.12　主产品成本计算单

A 产品　　　　　　　　　　　202× 年 8 月　　　　　　　　　　　单位：元

项目	直接材料	直接人工	制造费用	合计
A 产品负担的联合成本	72 500	36 250	36 250	145 000
A 产品单位成本	72.5	36.25	36.25	145

根据表 9.13 和表 9.14，编制结转完工入库产品成本的会计分录：

借：库存商品——A 产品　　　　　　　　　　　　　145 000

　　　　　　——S 产品　　　　　　　　　　　　　 20 000

　　贷：生产成本——基本生产成本　　　　　　　　　　165 000

主副产品的区分并不是绝对的，甚至是可以相互转化的。例如，焦炭与煤气就取决于企业的生产目标，以生产煤气为主的企业，煤气为主产品，焦炭为副产品；而以生产焦炭为主的企业，则焦炭为主产品，煤气为副产品。

▶ **四、成本的结转**

（一）企业产品成本结转的原则

企业应当按照权责发生制的原则，根据产品的生产特点和管理要求结转成本。

企业不得以计划成本、标准成本、定额成本等代替实际成本。企业采用计划成本、标准成本、定额成本等类似成本进行直接材料日常核算的，期末应当将耗用直接材料的计划成本或定额成本等类似成本调整为实际成本。

（二）完工产品成本结转的处理

制造企业应当根据产品的生产特点和管理要求，按成本计算期结转成本。除季节性生产企业等以外，制造企业产成品的成本核算，应当以月为成本计算期。

企业完工产品经产成品仓库验收入库后，其成本应从"生产成本——基本生产成本"账户及所属产品成本明细账的贷方转出，转入"库存商品"账户的借方，"生产成本——基本生产成本"账户的月末余额，就是基本生产在产品的成本，也就是在基本生产过程中占用的生产资金，应与所属各种产品成本明细账中月末在产品成本之和核对相符。

（三）发出材料的计价方法

制造企业发出的材料成本，可以根据实物流转方式、管理要求、实物性质等实际情况，采用先进先出法、移动加权平均法、月末一次加权平均法、个别计价法等方法计算。

▶ 第五节　产品成本计算方法

▶ 一、产品成本计算方法概述

生产类型不同、管理要求不同，对产品成本计算的影响也不同，这一不同主要体现在产品成本核算对象的确定上。根据成本核算程序，成本核算对象的确定是产品成本计算的前提。在各成本核算对象之间分配和归集费用，然后在一个成本核算对象的完工产品和月末在产品之间分配和归集费用，计算各个成本核算对象的完工产品成本和月末在产品成本。

（一）生产特点对产品成本计算的影响

根据生产工艺过程的特点，制造业企业的生产可分为单步骤生产和多步骤生产两种。根据生产组织的特点，制造业企业生产可分为大量生产、成批生产和单件生产三种。结合两者考虑，制造业企业的生产可分为大量大批单步骤生产、大量大批连续式多步骤生产、大量大批平行式加工多步骤生产、单件小批平行式加工多步骤生产。不同的生产工艺和生产组织，形成不同的生产类型，从而对成本管理的要求也不同。

决定产品成本计算方法的主要因素有：成本计算对象、成本计算期及生产费用在完工产品与在产品之间的分配。上述三方面是相互联系、相互影响的，其中生产类型对成本计算对象的影响是主要的。不同的成本计算对象决定了不同的成本计算期和生产费用在完工产品与在产品之间的分配。因此，成本计算对象的确定，是正确计算产品成本的前提，也是区别各种成本计算方法的主要标志。

（二）产品成本计算的主要方法

为适应各种类型生产的特点和管理要求，产品成本计算方法主要包括品种法、分批法和分步法。这三种产品成本计算方法的区别如表 9.13 所示。

表 9.13　产品成本计算的基本方法

方法名称	成本计算对象	生产类型		成本管理
		生产组织特点	生产工艺特点	
品种法	产品品种	大量大批生产	单步骤生产	
			多步骤生产	不要求分步计算成本
分批法	产品批别	单件小批生产	单步骤生产	
			多步骤生产	不要求分步计算成本
分步法	生产步骤	大量大批生产	多步骤生产	要求分步计算成本

（三）产品成本计算的辅助方法

在实际工作中,由于产品生产情况复杂多样,企业管理条件差异不一,为了简化成本核算工作或较好地利用管理条件,还需采用一些其他的成本核算方法,比如,在产品品种、规格繁多的企业里,管理上要求尽快提供成本资料,为简化成本计算,可采用分类法计算产品成本。在定额管理基础较好的企业中,为配合、加强生产费用和产品成本的定额管理,还可以采用定额法。分类法和定额法从计算产品实际成本的角度来说,不是必不可少的,是计算产品成本的辅助方法。这些辅助方法必须结合基本方法使用。

▶ 二、产品成本计算的品种法

（一）品种法的定义和适用范围

品种法,是指以产品品种作为成本核算对象,归集和分配生产成本,计算产品成本的一种方法。

品种法适用于大批量、单步骤生产的企业,如供水、发电、采掘等企业。在这种类型的生产中,产品的生产技术过程不能从技术上划分为步骤,比如:企业或车间的规模较小,或者车间是封闭的,也就是从材料投入到产品产出的全部生产过程都是在一个车间内进行的;或者生产按流水线组织,管理上不要求按照生产步骤计算产品成本,都可以按照品种计算产品成本。

（二）品种法的特点

品种法计算成本的主要特点包括:

1. 以产品品种作为成本核算对象,按产品品种归集和分配费用

如果企业只生产一种产品,全部生产成本都是直接成本,可直接记入该产品生产成本明细账的有关成本项目中,不存在在各种成本核算对象之间分配成本的问题。如果生产多种产品,间接生产成本则要采用适当的方法,在各成本核算对象之间进行分配。

2. 一般定期（每月月末）计算产品成本

3. 月末一般不需要划分完工产品与在产品成本

月末一般不存在在产品,如果有在产品,数量也很少,所以一般不需要将生产费用在完工产品与在产品之间进行划分,当期发生的生产费用总和就是该种完工产品的总成本;如果企业月末有在产品,要将生产成本在完工产品和在产品之间进行分配。

（三）品种法成本核算的一般程序

（1）按产品品种设立成本明细账,根据各项费用的原始凭证及相关资料编制有关记账凭证并登记有关明细账,然后编制各种费用分配表分配各种要素费用。

（2）根据上述各种费用分配表和其他有关资料,登记辅助生产成本明细账、基本生产成本明细账、制造费用明细账等。

（3）根据辅助生产成本明细账编制辅助生产成本分配表,分配辅助生产成本。

（4）根据制造费用明细账编制制造费用分配表,在各种产品之间分配制造费用,并据以登记基本生产成本明细账。

（5）根据各产品基本生产成本明细账编制产品成品计算单,分配完工产品成本和在产品成本。

（6）编制产成品的成本汇总表,结转产成品成本。

品种法成本核算的一般程序如图 9.5 所示。

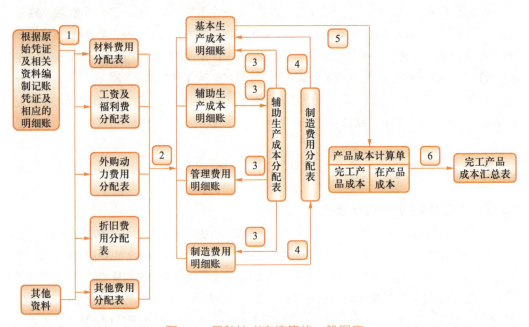

图 9.5   品种法成本核算的一般程序

▶ 三、产品成本计算的分批法

（一）分批法的定义和适用范围

分批法,是指以产品的批别作为产品成本核算对象,归集和分配生产成本,计算产品成本的一种方法。

分批法主要适用于单件、小批的生产,如造船、重型机器制造、精密仪器制造等,也可用于一般企业中的新产品试制或试验的生产、在建工程以及设备修理作业等。

（二）分批法的特点

分批法计算成本的主要特点有:

1. 以产品的批别或订单作为成本核算对象

由于产品的批别大多是根据销货订单确定的,因此,这种方法又称订单法。

2. 成本计算期与产品生产周期基本一致,但与财务报告期不一致

产品成本的计算是与生产任务通知单的签发和结束紧密配合的,通常每个批次或订单的产品是同时完工的,各月末要么都是在产品,要么都是完工产品,所以一般按照各批产品的生产周期计算产品成本,即产品成本计算是不定期的。成本计算期与产品生产周期基本一致,但与财务报告期不一致。

3. 生产费用不需要在完工产品与在产品之间进行分配

由于成本计算期与产品的生产周期基本一致,因此,在计算月末在产品成本时,一般不涉及在完工产品和在产品之间分配成本的问题。

（三）分批法成本核算的一般程序

（1）按产品批别设置产品生产成本明细账（包含基本生产成本和辅助生产成本),账内按成本项目设置专栏,按车间设置制造费用明细账。

（2）按产品批别归集和分配本月发生的各种费用。根据各生产费用的原始凭证或原始凭证汇总表和其他有关资料,编制各种要素费用分配表,分配各要素费用并登账。

对于直接费用,应按产品批别列示并直接记入各个批别的产品成本明细账；对于间接费用,应按生产地点归集,并按适当的方法分配记入各个批别的产品成本明细账。

（3）核算完工产品成本。月末根据完工批别产品的完工通知单,将已完工的该批产品的成本明细账所归集的生产费用,按成本项目加以汇总,计算出该批完工产品的总成本和单位成本,并转账。

分批法条件下,月末完工产品与在产品之间的费用分配有以下几种情况:

① 如果是单件生产,产品完工以前,产品成本明细账所记的生产费用都是在产品成本；产品完工时,产品成本明细账所记的生产费用,就是完工产品成本,因而在月末计算成本时,不涉及在完工产品与在产品之间分配费用的问题。

② 如果是小批生产,批内产品一般都能同时完工,在月末计算成本时,往往全部已经完工,或者全部没有完工,因而一般也不涉及在完工产品与在产品之间分配费用的问题。

③ 如果批内产品跨月陆续完工,月末核算成本时,一部分产品已完工,另外一部分尚未完工,这时就要在完工产品与在产品之间分配费用。具体可以采取简化的方法处理,如按计划单位成本、定额单位成本、最近一期相同产品的实际单位成本计算完工产品成本；从产品成本明细账中转出完工产品成本后,各项费用余额之和即为在产品成本。

▶ 四、产品成本计算的分步法

（一）分步法的定义和适用范围

分步法,是指以生产过程中各个加工步骤（分品种）为成本核算对象,归集和分配生产成本,计算各步骤半成品和最后产成品成本的一种方法。

分步法适用于大量大批的多步骤生产,如冶金（炼铁、炼钢和轧钢）、纺织（清花、梳棉、并条、粗纺等)、机械制造等。在这类企业中,产品生产可以分为若干个生产步骤的成本管理,通常不仅要求按照产品品种计算成本,而且还要求按照生产步骤计算成本,以便为考核和分析各种产品及各生产步骤的成本计划的执行情况提供资料。

(二)分步法的特点

分步法计算成本的主要特点有:

(1)成本核算对象是各种产品的生产步骤。

(2)月末为计算完工产品成本,还需要将归集在生产成本明细账中的生产成本在完工产品和在产品之间进行分配。

(3)除了按品种计算和结转产品成本外,还需要计算和结转产品的各步骤成本。如果企业只生产一种产品,则成本核算对象就是该种产品及其所经过的各个生产步骤。

(4)成本计算期是固定的,与产品的生产周期不一致。

(三)分步法成本核算的一般程序及应用

在实际工作中,根据成本管理对各生产步骤成本资料的不同要求(如是否要求计算半成品成本)和简化核算的要求,各生产步骤成本的计算和结转,一般采用逐步结转和平行结转两种方法,称为逐步结转分步法和平行结转分步法。

1. 逐步结转分步法

(1)含义。逐步结转分步法是为了分步计算半成品成本而采用的一种分步法,也称计算半成品成本分步法。它是按照产品加工的顺序,逐步计算并结转半成品成本,直到最后加工步骤完成才能计算产成品成本的一种方法。

它是按照产品加工顺序先计算第一个加工步骤的半成品成本,然后结转给第二个加工步骤,这时,第二步骤把第一步骤结转来的半成品成本加上本步骤耗用的材料成本和加工成本,即可求得第二个加工步骤的半成品成本。

(2)适用范围。逐步结转分步法适用于大量大批连续式复杂性生产的企业。这种类型的企业,有的不仅将产成品作为商品对外销售,而且生产步骤所产半成品也经常作为商品对外销售。例如,钢铁厂的生铁、钢锭,纺织厂的棉纱等,都需要计算半成品成本。

(3)优缺点。逐步结转分步法在完工产品和在产品之间分配生产成本,即在各步骤完工产品和在产品之间进行分配。其优点有:① 能提供各个生产步骤的半成品成本资料;② 为各生产步骤的在产品实物管理及资金管理提供资料;③ 能够全面地反映各生产步骤的生产耗费水平,更好地满足各生产步骤成本管理的要求。缺点是成本结转工作量较大。各生产步骤的半成品成本如果采用逐步综合结转方法,还要进行成本还原,增加了核算的工作量。

 相关链接

成 本 还 原

所谓成本还原,就是从最后一个步骤起,把所耗上一步骤半成品的综合成本还原成直接材料、直接人工、制造费用等原始成本项目,从而求得按原始成本项目反映的产成品成本资料。

（4）应用。逐步结转分步法按照成本在下一步骤成本计算单中的反映方式，还可以分为综合结转和分项结转两种方法。

综合结转法，是指上一步骤转入下一步骤的半成品成本，以"直接材料"或专设的"半成品"项目综合列入下一步骤的成本计算单中。如果半成品通过半成品库收发，由于各月所生产的半成品的单位成本不同，因而所耗半成品的单位成本可以如同材料核算一样，采用先进先出法或加权平均法计算。

分项结转分步法，是指按产品加工顺序，将上一步骤半成品成本按原始成本项目分别转入下一步骤成本计算单中相应的成本项目内，逐步计算并结转半成品成本，直到最后加工步骤计算出产成品成本的一种逐步结转分步法。

2. 平行结转分步法

（1）含义。平行结转分步法，也称不计算半成品成本分步法，它是指在计算各步骤成本时，不计算各步骤所产半成品的成本，也不计算各步骤所耗上一步骤的半成品成本，而只计算本步骤发生的各项其他成本，以及这些成本中应计入产成品的份额，将相同产品的各步骤成本明细账中的这些份额平行结转、汇总，即可计算出该种产品的产成品成本。

（2）成本核算对象。采用平行结转分步法的成本核算对象是各种产成品及其经过的各生产步骤中的成本份额。

（3）成本结转程序。

① 当本步骤耗用上一步骤的半成品时，其耗用半成品成本不计入本步骤中，本步骤只归集本步骤发生的各项费用（不含领用的上一步骤半成品成本），即各步骤之间只进行实物转移不进行成本转移。

② 半成品在各步骤之间进行转移，不论半成品是否通过半成品库收发，都不通过"自制半成品"账户核算，因为各步骤发生的成本在账簿上不存在顺序结转，均停留在各步骤账簿上。

③ 每一生产步骤发生的生产成本应按照适当的方法在完工产品与在产品之间进行分配，计算各步骤应计入产成品成本的份额。

完工产品是指企业最后完成的产成品；在产品是指各步骤尚未加工完成的在产品和各步骤已完工但尚未最终完成的产品。

> **提示**
>
> 这里的在产品指的是广义的在产品，采用平行结转分步法时，对于某一步骤而言，凡是经过了该步骤的加工，但是还没有最后形成产成品的，都属于该步骤的在产品。

每个步骤的生产成本 = a 正在本步骤加工的在产品成本 +
b 已完成本步骤、转入以后步骤加工的在产品成本 +
c 完工产成品使用本步骤半成品的成本

其中，a + b 即为广义的在产品成本，c 为本步骤计入完工产品中的成本，期末应将本步骤的生产成本在两者之间进行分配。

④ 各生产步骤分别确定了应计入完工产品成本的份额，将这些应计入完工产品成本的份

额平行结转汇总,形成产成品的总成本。

(4)优缺点。这种方法的优点是:各步骤可以同时计算产品成本,平行汇总计入产成品成本,不必逐步结转半成品成本,能够直接提供按原始成本项目反映的产成品成本资料,不必进行成本还原,因而能够简化和加速成本计算工作。缺点是:不能提供各个步骤的半成品成本资料,在产品的费用在产品最后完成以前,不随实物转出而转出,即不按其所在的地点登记,而按其发生的地点登记,因而不能为各个生产步骤在产品的实物和资金管理提供资料,各生产步骤的产品成本不包括所耗半成品费用,因而不能全面地反映各步骤产品的生产耗费水平(第一步骤除外),不能更好地满足这些步骤成本管理的要求。

▶ 本章知识回顾

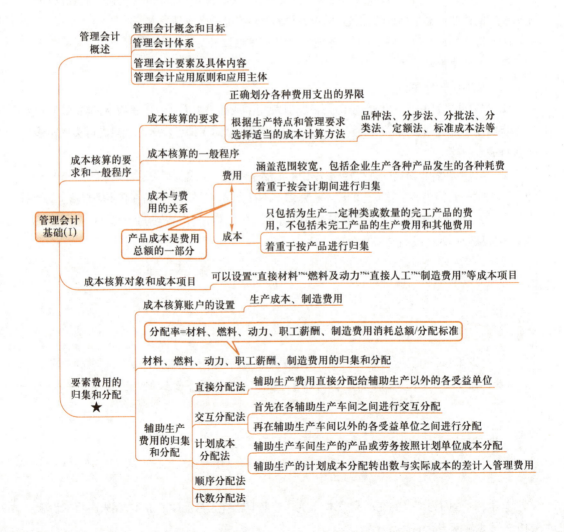

要素费用的归集和分配 ★
- 废品损失的核算
  - 在生产过程中发生的和入库后发现的超定额的不可修复废品的生产成本，以及可修复废品的修复费用，扣除回收的废品残料价值和应收赔款以后的损失
  - 不包括
    - 经质量检验部门鉴定不需要返修、可以降价出售的不合格产品
    - 产品入库后由于保管不善等原因而损坏变质的产品
    - 实行"三包"企业在产品出售后发现的废品
  - 不单独核算废品损失
    - 相应费用体现在"生产成本""原材料"等账户中
- 停工损失的核算
  - 生产车间或车间内某个班组在停工期间发生的各项费用，包括停工期间发生的原材料费用、人工费用和制造费用等
  - 不单独核算停工损失
    - 直接反映在"制造费用"和"营业外支出"等账户中

对比记忆

生产费用在完工产品和在产品之间的归集和分配 ★
- 分配方法
  - 不计算在产品成本法、在产品按固定成本计算法、在产品按所耗直接材料成本计价法、约当产量比例法、在产品按定额成本计价法、定额比例法、在产品按完工产品成本计价法
- 联产品和副产品的成本分配
  - 联产品成本的分配
    - 相对销售价格分配法、实物量分配法
  - 副产品成本的分配
    - 先确定副产品生产成本，再确定主产品生产成本

管理会计基础(Ⅱ)

产品成本计算方法概述
- 产品成本计算的主要方法
  - 品种法、分批法、分步法等

产品成本计算的品种法 ★
- 适用于大量大批，单步骤或多步骤(不要求分步计算成本)生产，如发电、供水、采掘等企业
- 特点
  - 成本核算对象是产品品种
  - 一般定期(每月月末)计算产品成本
  - 月末一般不存在在产品
    - 如果有在产品，要将生产成本在完工产品和在产品之间分配

产品成本计算的分批法 ★
- 适用于单件小批，单步骤或多步骤（不要求分步计算成本）生产，如造船、重型机械制造、精密仪器制造等企业
- 特点
  - 成本核算对象是产品的批别
  - 产品成本计算是不定期的，成本计算期与产品生产周期基本一致，但与财务报告期不一致
  - 成本计算期与产品的生产周期一致，计算月末在产品成本时，一般不存在在完工产品和在产品之间分配成本的问题
- 简化分批法
  - 不宜采用的情况
    - 各月间接费用水平相差悬殊的情况
    - 月末未完工产品的批数不多的情况

产品成本计算的分步法 ★
- 适用于大量大批、多步骤(要求分步计算成本)生产，如冶金、纺织、机械制造等企业
- 特点
  - 成本核算对象是各种产品的生产步骤
  - 需要将归集在生产成本明细账中的生产成本在完工产品和在产品之间进行分配
  - 除了按品种计算和结转产品成本外，还需要计算和结转产品的各步骤成本
  - 成本计算期是固定的，与产品的生产周期不一致

管理会计基础(Ⅲ)
└─ 产品成本计算的分步法 ★
　　└─ 核算的一般程序
　　　├─ 逐步结转分步法
　　　│　├─ 综合结转分步法 ── 需进行成本还原
　　　│　├─ 分项结转分步法 ── 不需进行成本还原
　　　│　├─ 优点
　　　│　│　├─ 能够提供各个生产步骤的半成品成本资料
　　　│　│　├─ 为各生产步骤的在产品实物管理及资金管理提供资料
　　　│　│　└─ 能够全面地反映各个生产步骤的生产耗费水平
　　　│　└─ 缺点
　　　│　　├─ 成本结转工作量大
　　　│　　└─ 逐步综合结转法要进行成本还原
　　　└─ 平行结转分步法
　　　　├─ 优点
　　　　│　├─ 各步骤可以同时计算产品成本, 不必逐步结转半成品成本
　　　　│　└─ 能够直接提供按原始成本项目反映的产品成本资料, 不必进行成本还原, 能够简化和加速成本计算工作
　　　　└─ 缺点
　　　　　├─ 不能提供各个步骤的半成品成本资料
　　　　　├─ 不能为各个生产步骤在产品的实物和资金管理提供资料
　　　　　└─ 不能全面地反映各步骤产品的生产耗费水平 (第一步骤除外)

第十章　政府会计基础

本章导读

行政单位,是指依照宪法和有关法律法规的规定设置的,行使国家行政职权,负责对国家各项行政事务进行组织、管理和指挥的国家机关。比如税务局、市场监督管理局、海关等。

事业单位,指国家为了社会公益目的,由国家机关举办或者其他组织利用国有资产举办的,从事教育、科技、文化、卫生等活动的社会服务组织。比如学校、科研院所、气象局、电视台、医院等。

行政事业单位是行政单位和事业单位的统称。(本章将行政事业单位简称单位。)

本章重点以财政部 2017 年修订发布的《政府会计制度——行政事业单位会计科目和报表》(自 2019 年 1 月 1 日起执行)为基础,介绍单位会计的有关内容。包括政府会计基本准则和单位资产、负债、净资产、收入和费用五类要素的核算及财务报表的编制。

通过本章的学习,要求学生掌握单位特定业务的核算。

教学目标

▶ **考核目标**
1. 了解政府会计基本准则
2. 掌握单位资产业务、负债业务、净资产业务的核算
3. 掌握单位非财政拨款收支业务的核算
4. 掌握单位预算结转结余及分配业务的核算

▶ **实践目标**
1. 熟悉政府会计核算要求和会计要素等
2. 能够准确甄别单位的各类会计要素,并针对具体的业务设置相应的会计科目
3. 能够针对单位的具体业务,熟练进行相应的账务处理

▶ 第一节　政府会计概述

我国目前的政府财政报告制度实行以收付实现制政府会计核算为基础的决算报告制度,包括财政总决算和部门决算,主要反映政府年度预算执行情况的结果,对准确反映预算收支情况、加强预算管理和监督发挥了重要作用。但随着经济社会发展,仅实行决算报告制度,无法科学、全面、准确地反映政府资产负债和成本费用,不利于强化政府资产管理、降低行政成本、提升运行效率、有效防范财政风险,难以满足建立现代财政制度、促进财政长期可持续发展和推进国家治理现代化的要求。因此,必须推进政府会计改革,建立全面反映政府资产负债、收入费用、运行成本、现金流量等财务信息的权责发生制政府综合财务报告制度。

▶ 一、政府会计改革的指导思想和总体目标

（一）指导思想

按照党中央、国务院决策部署,加快推进政府会计改革,逐步建立以权责发生制政府会计核算为基础,以编制和报告政府资产负债表、收入费用表等报表为核心的权责发生制政府综合财务报告制度,提升政府财务管理水平,促进政府会计信息公开,推进国家治理体系和治理能力现代化。

（二）总体目标

权责发生制政府综合财务报告制度改革是基于政府会计准则的重大改革,总体目标是通过构建统一、科学、规范的政府会计准则体系,建立健全政府财务报告编制办法,适度分离政府财务会计与预算会计、政府财务报告与决算报告功能,全面、清晰地反映政府财务信息和预算执行信息,为开展政府信用评级、加强资产负债管理、改进政府绩效监督考核、防范财政风险等提供支持,促进政府财务管理水平提高和财政经济可持续发展。

▶ 二、政府会计标准体系

我国的政府会计标准体系主要由政府会计基本准则、具体准则及应用指南和政府会计制度等组成。

（一）政府会计基本准则

政府会计基本准则指导具体准则和制度的制定,并为实务问题提供处理原则。

政府会计的概念和体系构成

（二）政府会计具体准则及应用指南

政府会计具体准则用于规范政府会计主体发生的经济业务或事项的会计处理原则,详细规定经济业务或事项引起的会计要素变动的确认、计量和报告。

（三）政府会计制度

政府会计制度依据基本准则制定,主要规定政府会计科目及账务处理、报表体系及编制说明等。

政府会计主体应当根据政府会计准则规定的原则和政府会计制度要求,对其发生的各项经济业务或事项进行会计核算。政府会计主体主要包括各级政府、各部门、各单位。需要注意的是,军队、已纳入企业财务管理体系的单位和执行《民间非营利组织会计制度》的社会团体,不适用政府会计准则制度。

▶ 三、政府财务会计要素

政府财务会计要素

政府财务会计要素包括资产、负债、净资产、收入和费用。

（一）资产

（1）资产的定义。资产是指政府会计主体过去的经济业务或者事项形成的,由政府会计主体控制的,预期能够产生服务潜力或者带来经济利益流入的经济资源。服务潜力是指政府会计主体利用资产提供公共产品和服务以履行政府职能的潜在能力。经济利益流入表现为现金及现金等价物的流入,或者现金及现金等价物流出的减少。

（2）资产的类别。政府会计主体的资产按照流动性,分为流动资产和非流动资产。

流动资产是指预计在1年内(含1年)耗用或者可以变现的资产,包括货币资金、短期投资、应收及预付款项、存货等。

非流动资产是指流动资产以外的资产,包括固定资产、在建工程、无形资产、长期投资、公共基础设施、政府储备资产、文物文化资产、保障性住房和自然资源资产等。

（3）资产的确认与计量。符合政府资产定义的经济资源,在同时满足以下条件时,确认为资产:一是与该经济资源相关的服务潜力很可能实现或者经济利益很可能流入政府会计主体;二是该经济资源的成本或者价值能够可靠地计量。

资产的计量属性主要包括历史成本、重置成本、现值、公允价值和名义金额。在历史成本计量下,资产按照取得时支付的现金金额或者支付对价的公允价值计量。在重置成本计量下,资产按照现在购买相同或者相似资产所需支付的现金金额计量。在现值计量下,资产按照预计从其持续使用和最终处置中所产生的未来净现金流入量的折现金额计量。在公允价值计量下,资产按照市场参与者在计量日发生的有序交易中,出售资产所能收到的价格计量。无法采用上述计量属性的,采用名义金额(即人民币1元)计量。

政府会计主体在对资产进行计量时,一般应当采用历史成本。采用重置成本、现值、公允价值计量的,应当保证所确定的资产金额能够持续、可靠计量。

（二）负债

（1）负债的定义。负债是指政府会计主体过去的经济业务或者事项形成的,预期会导致经济资源流出政府会计主体的现时义务。现时义务是指政府会计主体在现行条件下已承担的义务。未来发生的经济业务或者事项形成的义务不属于现时义务,不应当确认为负债。

（2）负债的分类。政府会计主体的负债按照流动性,分为流动负债和非流动负债。流动负债是指预计在1年内(含1年)偿还的负债,包括应付及预收款项、应付职工薪酬、应缴款项等。非流动负债是指流动负债以外的负债,包括长期应付款、应付政府债券和政府依法担保形成的债务等。

（3）负债的确认和计量。符合政府负债定义的义务,在同时满足以下条件时,确认为负债:一是履行该义务很可能导致含有服务潜力或者经济利益的经济资源流出政府会计主体;二是该义务的金额能够可靠地计量。

负债的计量属性主要包括历史成本、现值和公允价值。在历史成本计量下,负债按照因承担现时义务而实际收到的款项或者资产的金额,或者承担现时义务的合同金额,或者按照为偿还负债预期需要支付的现金计量。在现值计量下,负债按照预计期限内需要偿还的未来净现金流出量的折现金额计量。在公允价值计量下,负债按照市场参与者在计量日发生的有序交易中,转移负债所需支付的价格计量。政府会计主体在对负债进行计量时,一般应当采用历史成本。采用现值、公允价值计量的,应当保证所确定的负债金额能够持续、可靠计量。

（三）净资产

净资产是指政府会计主体资产扣除负债后的净额。其金额取决于资产和负债的计量。

（四）收入

（1）收入的定义。收入是指报告期内导致政府会计主体净资产增加的、含有服务潜力或者经济利益的经济资源的流入。

（2）收入的确认条件。收入的确认应当同时满足以下条件:一是与收入相关的含有服务潜力或者经济利益的经济资源很可能流入政府会计主体;二是含有服务潜力或者经济利益的经济资源流入会导致政府会计主体资产增加或者负债减少;三是流入金额能够可靠地计量。

（五）费用

（1）费用的定义。费用是指报告期内导致政府会计主体净资产减少的、含有服务潜力或者经济利益的经济资源的流出。

（2）费用的确认条件。费用的确认应当同时满足以下条件:一是与费用相关的含有服务潜力或者经济利益的经济资源很可能流出政府会计主体;二是含有服务潜力或者经济利益的经济资源流出会导致政府会计主体资产减少或者负债增加;三是流出金额能够可靠地计量。

▶ 四、政府预算会计要素

政府预算会计要素包括预算收入、预算支出与预算结余。

预算收入是指政府会计主体在预算年度内依法取得的并纳入预算管理的现金流入。预算收入一般在实际收到时予以确认,以实际收到的金额计量。

预算支出是指政府会计主体在预算年度内依法发生并纳入预算管理的现金流出。预算支出一般在实际支付时予以确认,以实际支付的金额计量。

预算结余是指政府会计主体预算年度内预算收入扣除预算支出后的资金余额,以及历年滚存的资金余额。预算结余包括结余资金和结转资金。结余资金是指年度预算执行终了,预算收入实际完成数扣除预算支出和结转资金后剩余的资金。结转资金是指预算安排项目的支出年终尚未执行完毕或者因故未执行,且下年需要按原用途继续使用的资金。

▶ 五、政府决算报告和政府财务报告

(一)政府决算报告

政府决算报告是综合反映政府会计主体年度预算收支执行结果的文件。政府决算报告使用者主要包括各级人民代表大会及其常委会、各级政府及其有关部门、政府会计主体自身、社会公众和其他利益相关者等。

政府决算报告应当包括决算报表和其他应当在决算报告中反映的相关信息和资料。根据有关规定,预算会计报表至少应当包括预算收入支出表、预算结转结余变动表和财政拨款预算收入支出表。

(二)政府财务报告

从内容和构成来讲,政府财务报告是反映政府会计主体某一特定日期的财务状况和某一会计期间的运行情况和现金流量等信息的文件。政府财务报告使用者包括各级人民代表大会常委会、债权人、各级政府及其有关部门、政府会计主体自身和其他利益相关者等。

政府财务报告应当包括财务报表和其他应当在财务报告中披露的相关信息和资料。财务报表的构成为会计报表和附注。会计报表主要包括资产负债表、收入费用表和净资产变动表,单位可以根据自身实际情况选择是否编制现金流量表。

资产负债表是反映政府会计主体在某一特定日期的财务状况的报表。

收入费用表是反映政府会计主体在一定会计期间运行情况的报表。

净资产变动表是反映政府会计主体在某一年度内净资产项目变动情况的报表。

现金流量表是反映政府会计主体在一定会计期间现金及现金等价物流入和流出情况的报表。

附注是对在资产负债表、收入费用表、现金流量表等报表中列示项目所作的进一步说明,以及对未能在这些报表中列示项目的说明。

从编制主体讲,政府财务报告主要包括政府部门财务报告和政府综合财务报告。政府部门编制部门财务报告,反映本部门的财务状况和运行情况;财政部门编制政府综合财务报告,反映政府整体的财务状况、运行情况和财政中长期可持续性。

▶ 第二节 政府单位特定业务的会计核算

行政事业单位(以下简称单位)是政府会计主体的重要组成部分,本节主要介绍单位特定业务的会计核算。

▶ 一、单位会计核算的一般原则

单位应当根据政府会计准则（包括基本准则和具体准则）规定的原则和《政府会计制度》的要求,对其发生的各项经济业务或事项进行会计核算。

单位预算会计通过预算收入、预算支出和预算结余三个要素,全面反映单位预算收支执行情况。预算会计恒等式为"预算收入－预算支出＝预算结余"。单位预算会计采用收付实现制,国务院另有规定的从其规定。为了保证单位预算会计要素单独循环,在日常核算时,应当设置"资金结存"账户,核算纳入部门预算管理的资金的流入、流出、调整和滚存等情况。根据资金支付方式及资金形态,"资金结存"账户应设置"零余额账户用款额度""货币资金""财政应返还额度"三个明细账户。年末预算收支结转后"资金结存"账户借方余额与预算结转结余账户贷方余额相等。

单位财务会计通过资产、负债、净资产、收入、费用五个要素,全面反映财务状况、运行情况和现金流量情况。反映单位财务状况的等式为"资产－负债＝净资产",反映运行情况的等式为"收入－费用＝本期盈余",本期盈余经分配后最终转入净资产。财务会计实行权责发生制。

单位对于纳入部门预算管理的现金收支业务,在采用财务会计核算的同时应当进行预算会计核算;对于其他业务,仅需进行财务会计核算。这里的现金,是指单位的库存现金以及其他可以随时用于支付的款项,包括库存现金、银行存款、其他货币资金、零余额账户用款额度、财政应返还额度,以及通过财政直接支付方式支付的款项。对于单位受托代理的现金以及应上缴财政的现金所涉及的收支业务,仅需要进行财务会计处理,不需要进行预算会计处理。

此外,单位财务会计核算中关于应交增值税的会计处理与企业会计基本相同,但是在预算会计处理中,预算收入和预算支出包含了销项税额和进项税额,实际缴纳增值税时计入预算支出。为了简化起见。本节内容在账务处理介绍中一般不涉及增值税的会计处理。

▶ 二、单位会计科目

根据《政府会计制度》的规定,单位的会计账户如表10.1、表10.2所示。

表10.1　单位财务会计账户表

序号	账户编号	账户名称	序号	账户编号	账户名称
一、资产类			9	1214	预付账款
1	1001	库存现金	10	1215	应收股利
2	1002	银行存款	11	1216	应收利息
3	1011	零余额账户用款额度	12	1218	其他应收款
4	1021	其他货币资金	13	1219	坏账准备
5	1101	短期投资	14	1301	在途物品
6	1201	财政应返还额度	15	1302	库存物品
7	1211	应收票据	16	1303	加工物品
8	1212	应收账款	17	1401	待摊费用

续表

序号	账户编号	账户名称	序号	账户编号	账户名称
18	1501	长期股权投资	49	2502	长期应付款
19	1502	长期债券投资	50	2601	预计负债
20	1601	固定资产	51	2901	受托代理负债
21	1602	固定资产累计折旧	三、净资产类		
22	1611	工程物资	52	3001	累计盈余
23	1613	在建工程	53	3101	专用基金
24	1701	无形资产	54	3201	权益法调整
25	1702	无形资产累计摊销	55	3301	本期盈余
26	1703	研发支出	56	3302	本年盈余分配
27	1801	公共基础设施	57	3401	无偿调拨净资产
28	1802	公共基础设施累计折旧(摊销)	58	3501	以前年度盈余调整
29	1811	政府储备物资	四、收入类		
30	1821	文物文化资产	59	4001	财政拨款收入
31	1831	保障性住房	60	4101	事业收入
32	1832	保障性住房累计折旧	61	4201	上级补助收入
33	1891	受托代理资产	62	4301	附属单位上缴收入
34	1901	长期待摊费用	63	4401	经营收入
35	1902	待处理财产损溢	64	4601	非同级财政拨款收入
二、负债类			65	4602	投资收益
36	2001	短期借款	66	4603	捐赠收入
37	2101	应交增值税	67	4604	利息收入
38	2102	其他应交税费	68	4605	租金收入
39	2103	应缴财政款	69	4609	其他收入
40	2201	应付职工薪酬	五、费用类		
41	2301	应付票据	70	5001	业务活动费用
42	2302	应付账款	71	5101	单位管理费用
43	2303	应付政府补贴款	72	5201	经营费用
44	2304	应付利息	73	5301	资产处置费用
45	2305	预收账款	74	5401	上缴上级费用
46	2307	其他应付款	75	5501	对附属单位补助费用
47	2401	预提费用	76	5801	所得税费用
48	2501	长期借款	77	5901	其他费用

表10.2　单位预算会计账户表

序号	账户编号	账户名称	序号	账户编号	账户名称
一、预算收入类			14	7501	对附属单位补助支出
1	6001	财政拨款预算收入	15	7601	投资支出
2	6101	事业预算收入	16	7701	债务还本支出
3	6201	上级补助预算收入	17	7901	其他支出
4	6301	附属单位上缴预算收入	三、预算结余类		
5	6401	经营预算收入	18	8001	资金结存
6	6501	债务预算收入	19	8101	财政拨款结转
7	6601	非同级财政拨款预算收入	20	8102	财政拨款结余
8	6602	投资预算收益	21	8201	非财政拨款结转
9	6609	其他预算收入	22	8202	非财政拨款结余
二、预算支出类			23	8301	专用结余
10	7101	行政支出	24	8401	经营结余
11	7201	事业支出	25	8501	其他结余
12	7301	经营支出	26	8701	非财政拨款结余分配
13	7401	上缴上级支出			

▶ **三、资产业务**

（一）零余额账户用款额度

实行国库集中支付的单位,财政资金的支付方式包括财政直接支付和财政授权支付。"零余额账户用款额度"账户主要在财政授权支付方式下使用。

（1）收到代理银行盖章的"授权支付到账通知书"时：

借：零余额账户用款额度

　　贷：财政拨款收入

同时在预算会计中做如下分录：

借：资金结存——零余额账户用款额度

　　贷：财政拨款预算收入

（2）支用额度时（支付日常活动费用,购买库存物品或购建固定资产）：

借：业务活动费用、单位管理费用、库存物品、固定资产等

　　贷：零余额账户用款额度

同时在预算会计中做如下分录：

借：行政支出、事业支出

　　贷：资金结存——零余额账户用款额度

提示

"零余额账户用款额度"账户期末借方余额反映单位尚未支用的零余额账户用款额度。

（3）年度终了,单位应当依据代理银行提供的对账单作注销额度的相关账务处理:

借:财政应返还额度——财政授权支付

　　贷:零余额账户用款额度

同时在预算会计中做如下分录:

借:资金结存——财政应返还额度

　　贷:资金结存——零余额账户用款额度

提示

"零余额账户用款额度"账户年末应无余额。

下年年初,根据代理银行提供的上年度注销额度恢复到账通知书作恢复额度的相关账务处理:

借:零余额账户用款额度

　　贷:财政应返还额度——财政授权支付

同时在预算会计中做如下分录:

借:资金结存——零余额账户用款额度

　　贷:资金结存——财政应返还额度

（4）年末,单位本年度财政授权支付预算指标数大于零余额账户用款额度下达数的,根据未下达的用款额度:

借:财政应返还额度——财政授权支付

　　贷:财政拨款收入

同时在预算会计中做如下分录:

借:资金结存——财政应返还额度

　　贷:财政拨款预算收入

下年年初,收到财政部门批复的上年未下达零余额账户用款额度:

借:零余额账户用款额度

　　贷:财政应返还额度——财政授权支付

同时在预算会计中做如下分录:

借:资金结存——零余额账户用款额度

　　贷:资金结存——财政应返还额度

边学边做 10.1

1. 训练目的

掌握财政授权支付方式下，单位收到"财政授权支付到账通知书"时的账务处理。

2. 案例设计

2022 年 4 月 1 日，某事业单位收到同级财政部门批复的分月用款计划及代理银行盖章的"财政授权支付到账通知书"，金额为 50 万元。

3. 分析过程

财务部门应编制如下分录：

借：零余额账户用款额度　　　　　　　　　　　　　　500 000

　　贷：财政拨款收入　　　　　　　　　　　　　　　　500 000

同时在预算会计中做如下分录：

借：资金结存——零余额账户用款额度　　　　　　　500 000

　　贷：财政拨款预算收入　　　　　　　　　　　　　　500 000

边学边做 10.2

1. 训练目的

掌握财政授权支付方式下，单位支用额度时的账务处理。

2. 案例设计

2022 年 4 月 20 日，某事业单位以财政授权支付的方式支付办公用品采购费用 800 元。

3. 分析过程

财务部门应编制如下分录：

借：库存物品　　　　　　　　　　　　　　　　　　　　800

　　贷：零余额账户用款额度　　　　　　　　　　　　　　800

同时在预算会计中做如下分录：

借：事业支出　　　　　　　　　　　　　　　　　　　　800

　　贷：资金结存——零余额账户用款额度　　　　　　　800

（二）财政应返还额度

实行国库集中支付的单位，年度终了应收财政下年度返还的资金额度，即反映结转下年使用的用款额度，包括"财政直接支付"和"财政授权支付"两个明细账户。

（1）财政直接支付方式。

① 年度终了，根据本年度财政直接支付预算指标数大于当年财政直接支付实际支出数的差额：

借：财政应返还额度——财政直接支付

　　贷：财政拨款收入

同时在预算会计中做如下分录：

借：资金结存——财政应返还额度

　　贷：财政拨款预算收入

② 下年恢复额度时不做账务处理。

③ 下年度恢复财政直接支付额度后，事业单位使用以前年度财政直接支付额度支付款项时：

借：业务活动费用、单位管理费用等

　　贷：财政应返还额度——财政直接支付

同时在预算会计中做如下分录：

借：行政支出、事业支出等

　　贷：资金结存——财政应返还额度

（2）财政授权支付方式。

同上述"零余额账户用款额度"相关内容介绍。

边学边做 10.3

1. 训练目的

掌握与财政应返还额度有关的账务处理。

2. 案例设计

2022 年 12 月 31 日，某事业单位财政直接支付指标数与当年财政直接支付实际支出数之间的差额为 8 万元。2023 年年初，财政部门恢复了该事业单位的财政直接支付额度。2023 年 1 月 20 日，该单位以财政直接支付方式支付了资料印刷费 4 万元（属于上年预算指标数）。

3. 分析过程

（1）2022 年年末补记指标：

借：财政应返还额度——财政直接支付　　　　　　　　80 000

　　贷：财政拨款收入　　　　　　　　　　　　　　　80 000

（2）2023 年年初使用上年预算指标支付资料印刷费：

借：业务活动费用　　　　　　　　　　　　　　　　40 000

　　贷：财政应返还额度　　　　　　　　　　　　　40 000

同时在预算会计中做如下分录：

借：事业支出　　　　　　　　　　　　　　　　　　40 000

　　贷：资金结存——财政应返还额度　　　　　　　40 000

（三）固定资产

固定资产一般包括房屋及构筑物，专用设备，通用设备，文物和陈列品，图书、档案，家具、用具、装具及动植物等。单位价值虽未达到规定标准，但是使用年限超过 1 年（不含 1 年）的大批同类物资，如图书、家具、用具、装具等，应当确认为固定资产。

1. 初始计量

固定资产在取得时应当按照成本进行初始计量。

（1）购入固定资产的会计处理：

借：固定资产（购买价款＋相关税费＋运输费、装卸费、安装调试费和专业人员服务费等）

　　贷：财政拨款收入、零余额账户用款额度、银行存款、应付账款等

同时在预算会计中做如下分录：

借：行政支出、事业支出、经营支出等

　　贷：财政拨款预算收入、资金结存

如果购入的固定资产需要安装，则应先记入"在建工程"账户，安装完毕后再转入固定资产。

提示

　　以一笔款项购入多项没有单独标价的固定资产，应当按照各项固定资产同类或类似资产市场价格的比例对总成本进行分配，分别确定各项固定资产的成本。

（2）自行建造固定资产的处理：

借：在建工程

　　贷：工程物资、财政拨款收入、零余额账户用款额度、银行存款、应付职工薪酬等

借：固定资产

　　贷：在建工程

（3）接受捐赠固定资产的会计处理：

借：固定资产、在建工程

　　贷：零余额账户用款额度、银行存款等

　　　　捐赠收入

同时在预算会计中做如下分录：

借：其他支出

　　贷：资金结存

（4）无偿调入固定资产的会计处理：

借：固定资产、在建工程

　　贷：零余额账户用款额度、银行存款等

　　　　无偿调拨净资产

同时在预算会计中做如下分录：

借：其他支出

　　贷：资金结存

2. 后续计量

单位一般应当采用年限平均法或者工作量法，按月对固定资产计提折旧。对固定资产计提折旧时不应考虑预计净残值。相关会计处理为：

借：业务活动费用、单位管理费用、经营费用、加工物品、在建工程等
　　贷：固定资产累计折旧

提示

　　单位当月增加的固定资产,当月开始计提折旧；当月减少的固定资产,当月不再计提折旧。

不应计提折旧的固定资产包括：文物和陈列品；动植物；图书、档案；单独计价入账的土地；以名义金额计量的固定资产。

边学边做 10.4

1. 训练目的

根据案例,完成事业单位购置固定资产的会计处理。

2. 案例设计

2022 年 5 月 1 日,某事业单位经批准购入一栋办公大楼,支付购买价款 1 000 万元。款项以银行存款支付。

3. 分析过程

购入办公大楼时：

借：固定资产	10 000 000	
贷：银行存款		10 000 000

同时在预算会计中做如下分录：

借：事业支出	10 000 000	
贷：资金结存——货币资金		10 000 000

边学边做 10.5

1. 训练目的

根据案例,完成事业单位固定资产折旧的会计处理。

2. 案例设计

2021 年 6 月 30 日,某事业单位计提本月固定资产折旧 20 万元。

3. 分析过程

借：业务活动费用	200 000	
贷：固定资产累计折旧		200 000

3. 处置

固定资产的处置包括出售、无偿调出、对外捐赠、盘亏、报废和毁损等。对于资产盘盈、盘

亏、报废或毁损的,应当在报经批准前,将相关资产账面价值转入"待处理财产损溢"账户,待报经批准后再进行资产处置。

▶ 四、负债业务

(一)应缴财政款

应缴财政款,是指单位取得或应收的按照规定应上缴财政的款项,包括应缴国库的款项和应缴财政专户的款项。

收到或应收应缴财政的款项时:

借:银行存款、应收账款等

　　贷:应缴财政款

实际上缴时:

借:应缴财政款

　　贷:银行存款

提示

应缴财政的款项不属于纳入预算管理的现金收支,所以不需要进行预算会计处理。

(二)应付职工薪酬

1. 计提工资、津贴补贴

借:业务活动费用、单位管理费用等

　　贷:应付职工薪酬

2. 支付工资、津贴补贴

借:应付职工薪酬

　　贷:财政拨款收入、零余额账户用款额度、银行存款等

同时在预算会计中做如下分录:

借:行政支出、事业支出、经营支出等

　　贷:财政拨款预算收入、资金结存

3. 单位从职工薪酬中代扣职工个人所得税、社会保险费和住房公积金、为职工垫付的水电费等

借:应付职工薪酬——基本工资

　　贷:其他应交税费——应交个人所得税

　　　　应付职工薪酬——社会保险费、住房公积金

　　　　其他应收款

边学边做 10.6

1. 训练目的

根据案例，完成事业单位职工薪酬的会计处理。

2. 案例设计

2022年6月，某事业单位为开展专业业务活动及其辅助活动发放人员工资 200 000 元，按规定应代扣代缴个人所得税 5 000 元，该单位以国库授权支付方式支付薪酬并上缴代扣的个人所得税。

3. 分析过程

（1）计算应付职工薪酬时：

借：业务活动费用	200 000
贷：应付职工薪酬	200 000

（2）代扣个人所得税时：

借：应付职工薪酬	5 000
贷：其他应交税费——应交个人所得税	5 000

（3）实际支付职工薪酬时：

借：应付职工薪酬	195 000
贷：零余额账户用款额度	195 000

同时在预算会计中做如下分录：

借：事业支出	195 000
贷：资金结存——零余额账户用款额度	195 000

（4）上缴代扣的个人所得税时：

借：其他应交税费——应交个人所得税	5 000
贷：零余额账户用款额度	5 000

同时在预算会计中做如下分录：

借：事业支出	5 000
贷：资金结存——零余额账户用款额度	5 000

▶ 五、收支业务

在财务会计中，单位的收入包括财政拨款收入、事业收入、上级补助收入、附属单位上缴收入、经营收入、非同级财政拨款收入、投资收益、捐赠收入、利息收入、租金收入、其他收入等，采用权责发生制核算。

在预算会计中，单位的预算收入包括财政拨款预算收入、事业预算收入、上级补助预算收入、附属单位上缴预算收入、经营预算收入、债务预算收入、非同级财政拨款预算收入、投资预算收益、其他预算收入等，采用收付实现制核算。

(一)事业(预算)收入

事业收入,是指事业单位开展专业业务活动及辅助活动实现的收入。

1. 政府单位收到从财政专户返还的事业收入

借:银行存款

　　贷:事业收入

同时在预算会计中做如下分录:

借:资金结存——货币资金

　　贷:事业预算收入

2. 采用预收款方式确认的事业(预算)收入

借:银行存款

　　贷:预收账款

同时在预算会计中做如下分录:

借:资金结存——货币资金

　　贷:事业预算收入

满足财务会计收入确认条件时:

借:预收账款

　　贷:事业收入

3. 采用应收款方式确认的事业收入

借:应收账款

　　贷:事业收入

实际收到款项时:

借:银行存款

　　贷:应收账款

同时在预算会计中做如下分录:

借:资金结存——货币资金

　　贷:事业预算收入

4. 采用其他方式确认的事业收入

借:银行存款、库存现金

　　贷:事业收入

同时在预算会计中做如下分录:

借:资金结存——货币资金

　　贷:事业预算收入

5. 期末结转

借:事业收入

　　贷:本期盈余

同时在预算会计中做如下分录:

按专项资金收入金额:

借:事业预算收入

贷：非财政拨款结转——本年收支结转

按非专项资金收入金额：

借：事业预算收入

　　贷：其他结余

边学边做 10.7

1. 训练目的

掌握事业（预算）收入的相关账务处理。

2. 案例设计

某事业单位的部分事业收入采用财政专户返还的方式管理。2022年6月18日，该单位收到应上缴财政专户的事业收入20万元。6月25日，该单位将上述款项上缴财政专户。7月10日，该单位收到从财政专户返还的事业收入20万元。

3. 分析过程

该事业单位应编制如下分录：

（1）收到应上缴财政专户的事业收入时：

借：银行存款	200 000
贷：应缴财政款	200 000

（2）向财政专户上缴款项时：

借：应缴财政款	200 000
贷：银行存款	200 000

（3）收到从财政专户返还的事业收入时：

借：银行存款	200 000
贷：事业收入	200 000

同时在预算会计中做如下分录：

借：资金结存——货币资金	200 000
贷：事业预算收入	200 000

（二）捐赠（预算）收入和支出

捐赠收入指单位接受其他单位或个人捐赠取得的收入，包括现金捐赠收入和非现金捐赠收入。捐赠预算收入指单位接受捐赠的现金资产。

1. 政府单位接受捐赠的货币资金

借：银行存款、库存现金等

　　贷：捐赠收入

同时在预算会计中做如下分录：

借：资金结存——货币资金

　　贷：其他预算收入——捐赠预算收入

2. 政府单位接受捐赠的存货、固定资产等非现金资产

借：库存物品、固定资产等

　　贷：银行存款（发生的相关税费、运输费等）

　　　　捐赠收入（差额）

同时在预算会计中做如下分录：

借：其他支出

　　贷：资金结存——货币资金

3. 政府单位对外捐赠现金资产

借：其他费用

　　贷：银行存款、库存现金等

同时在预算会计中做如下分录：

借：其他支出

　　贷：资金结存——货币资金

政府单位对外捐赠库存物品、固定资产等非现金资产时，在财务会计中应将资产的账面价值转入"资产处置费用"账户，如果没有支付相关费用，则预算会计中不做账务处理。

▶ 六、预算结转结余及分配业务

（一）财政拨款结转结余

1. 财政拨款结转

（1）年末结转：

借：财政拨款预算收入

　　贷：财政拨款结转——本年收支结转

借：财政拨款结转——本年收支结转

　　贷：业务活动费用、单位管理费用等（财政拨款支出）

（2）从其他单位调入财政拨款结转资金：

借：零余额账户用款额度、财政应返还额度等

　　贷：累计盈余

同时在预算会计中做如下分录：

借：资金结存——财政应返还额度、零余额账户用款额度、货币资金

　　贷：财政拨款结转——归集调入

（3）上缴（注销）或向其他单位调出财政拨款结转资金：

借：累计盈余

　　贷：零余额账户用款额度、财政应返还额度等

同时在预算会计中做如下分录：

借：财政拨款结转——归集上缴、归集调出

　　贷：资金结存——财政应返还额度、零余额账户用款额度、货币资金

（4）因会计差错调整以前年度财政拨款结转资金：

借：以前年度盈余调整（或贷记）

  贷：零余额账户用款额度、银行存款等（或借记）

同时在预算会计中做如下分录：

借：资金结存——财政应返还额度、零余额账户用款额度、货币资金（或贷记）

  贷：财政拨款结转——年初余额调整（或借记）

（5）改变财政拨款结余资金用途：

借：财政拨款结余——单位内部调剂

  贷：财政拨款结转——单位内部调剂

（6）冲销财政拨款结转的有关明细：

借：财政拨款结转——本年收支结转

      ——年初余额调整

      ——归集调入

      ——归集调出

      ——归集上缴

      ——单位内部调剂

  贷：财政拨款结转——累计结转

结转后，除"累计结转"明细账户外，财政拨款结转其他明细账户均无余额。

（7）将符合结余性质的项目余额转入财政拨款结余：

借：财政拨款结转——累计结转

  贷：财政拨款结余——结转转入

2. 财政拨款结余

（1）按规定将符合财政拨款结余性质的项目余额转入财政拨款结余：

借：财政拨款结余——累计结转

  贷：财政拨款结余——结转转入

（2）经批准对财政拨款结余资金调整用于本单位基本支出或其他未完成项目支出的：

借：财政拨款结余——单位内部调剂

  贷：财政拨款结转——单位内部调剂

（3）按规定上缴或注销财政拨款结余资金：

借：累计盈余

  贷：财政应返还额度、零余额账户用款额度等

同时在预算会计中做如下分录：

借：财政拨款结余——归集上缴

  贷：资金结存——财政应返还额度、零余额账户用款额度、货币资金

（4）因会计差错调整以前年度财政拨款结余：

借：以前年度盈余调整（或贷记）

  贷：零余额账户用款额度、银行存款等（或借记）

同时在预算会计中做如下分录：

借：资金结存——财政应返还额度、零余额账户用款额度、货币资金（或贷记）

　　贷：财政拨款结余——年初余额调整（或借记）

（5）年末冲销有关明细账户余额：

借：财政拨款结余——年初余额调整、归集上缴、单位内部调剂、结转转入

　　贷：财政拨款结余——累计盈余

（二）非财政拨款结转

1. 结转非同级财政拨款专项资金收入和支出

借：事业预算收入、上级补助预算收入、附属单位上缴预算收入等（专项资金收入）

　　贷：非财政拨款结转——本年收支结转

借：非财政拨款结转——本年收支结转

　　贷：行政支出、事业支出、其他支出等（专项资金支出）

2. 从预算收入中提取项目管理费用或间接费用

借：单位管理费用

　　贷：预提费用——项目间接费用或管理费

同时在预算会计中做如下分录：

借：非财政拨款结转——项目间接费用或管理费

　　贷：非财政拨款结余——项目间接费用或管理费

3. 因会计差错调整非财政拨款结转资金

借：以前年度盈余调整（或贷记）

　　贷：银行存款（或借记）

同时在预算会计中做如下分录：

借：资金结存——货币资金（或贷记）

　　贷：非财政拨款结转——年初余额调整（或借记）

4. 按规定缴回非财政拨款结转资金

借：累计盈余

　　贷：银行存款

同时在预算会计中做如下分录：

借：非财政拨款结转——缴回资金

　　贷：资金结存——货币资金

5. 冲销有关明细账户余额

借：非财政拨款结转——年初余额调整、项目间接费用或管理费、缴回资金、本年收支结转

　　贷：非财政拨款结转——累计结转

6. 结转留归本单位使用的已完成项目的剩余资金

借：非财政拨款结转——累计结转

　　贷：非财政拨款结余——结转转入

（三）非财政拨款结余

1. 将非财政拨款专项（项目已完成）剩余资金留归本单位使用

借：非财政拨款结转——累计结转
　　贷：非财政拨款结余——结转转入

2. 按规定从科研项目预算收入中提取项目管理费或间接费

借：单位管理费用
　　贷：预提费用——项目间接费用或管理费

同时在预算会计中做如下分录：

借：非财政拨款结转——项目间接费用或管理费
　　贷：非财政拨款结余——项目间接费或管理费

3. 有所得税缴纳义务的单位缴纳企业所得税

借：其他应缴税费——单位应交所得税
　　贷：银行存款

同时在预算会计中做如下分录：

借：非财政拨款结余——累计盈余
　　贷：资金结存——货币资金

4. 因会计差错调整非财政拨款结余资金

借：以前年度盈余调整（或贷记）
　　贷：银行存款（或借记）

同时在预算会计中做如下分录：

借：资金结存——货币资金（或贷记）
　　贷：非财政拨款结余——年初余额调整（或借记）

5. 冲销有关明细账户余额

借：非财政拨款结余——年初余额调整、项目间接费用或管理费、结转转入
　　贷：非财政拨款结余——累计结余

6. 结转非财政拨款结余分配的账户余额

借：非财政拨款结余——累计结余
　　贷：非财政拨款结余分配

或编制相反分录。

7. 结转其他结余账户余额

借：非财政拨款结余——累计结余
　　贷：其他结余

或编制相反分录。

（四）经营结余、其他结余及非财政拨款结余分配

1. 经营结余

借：经营预算收入
　　贷：经营结余

借：经营结余

　　贷：经营支出

借：经营结余

　　贷：非财政拨款结余分配

提示

经营结余若为借方余额，则不予结转。

2. 其他结余

借：事业预算收入、上级补助预算收入、附属单位上缴预算收入等（非专项资金收入）

　　贷：其他结余

借：其他结余

　　贷：行政支出、事业支出、其他支出等（非专项资金支出）

借：其他结余

　　贷：非财政拨款结余——累计盈余（行政单位）

　　　　非财政拨款结余分配（事业单位）

3. 非财政拨款结余分配

期末，首先将经营结余的贷方余额和其他结余的余额转入非财政拨款结余分配。

然后，按规定提取专用基金的：

借：非财政拨款结余分配

　　贷：专用结余

同时在财务会计中做如下分录：

借：本年盈余分配

　　贷：专用基金

最后，非财政拨款结余分配的账户余额要转入非财政拨款结余。

边学边做 10.8

1. 训练目的

根据案例，完成事业单位"非财政补助结余分配"账户年末余额的计算。

2. 案例设计

2022年12月31日，某事业单位年末"经营预算收入"账户余额为900万元，"经营支出"账户余额为1 000万元。假定该事业单位"非财政拨款结余分配"账户年初余额为500万元，不考虑其他因素。

3. 分析过程

经营结余 = 900 - 1 000 = -100（万元），经营结余为负数，即借方余额，所以不结转到非财政补助结余分配，故"非财政补助结余分配"账户的年末余额 = 500（万元）。

▶ 七、净资产业务

事业单位的净资产包括"累计盈余""专用基金""无偿调拨净资产""权益法调整""本期盈余""本年盈余分配""以前年度盈余调整"等账户,这里主要介绍"本期盈余""本期盈余分配""累计盈余"以及"专用基金"。

1. 本期盈余、本年盈余分配和累计盈余

(1)政府单位应在期末将各类收入、费用账户的本期发生额转入本期盈余:

借:财政拨款收入、事业收入、上级补助收入、附属单位上缴收入、经营收入等

  贷:本期盈余

借:本期盈余

  贷:业务活动费用、单位管理费用、经营费用、所得税费用、资产处置费用、上缴上级费用、对附属单位补助费用等

(2)政府单位应在年末将"本期盈余"账户余额转入"本年盈余分配"账户:

借:本期盈余

  贷:本年盈余分配

或编制相反分录。

(3)如需根据有关规定从本年度非财政拨款结余或经营结余中提取专用基金,则按照预算会计下计算的提取金额编制如下分录:

借:本年盈余分配

  贷:专用基金

(4)将"本年盈余分配""无偿调拨净资产"的账户余额转入累计盈余:

借:本年盈余分配(或贷记)

  无偿调拨净资产(或贷记)

  贷:累计盈余(或借记)

 **边学边做 10.9**

1. 训练目的

根据案例,完成事业单位"本期盈余"账户的计算。

2. 案例设计

某事业单位当年取得事业收入 75 000 万元,取得国债利息收入 7 500 万元,发生业务活动费用 37 000 万元,发生单位管理费用 30 500 万元。不考虑其他因素。

3. 分析过程

该事业单位的本期盈余 = 75 000 + 7 500 − 37 000 − 30 500 = 15 000(万元)。

2. 专用基金

专用基金,是指事业单位按照规定提取或设置的具有专门用途的净资产,主要包括职工福利基金和科技成果转换基金等。

（1）专用基金的取得：

① 从预算收入中提取：

借：业务活动费用等

　　贷：专用基金

② 根据规定设置的其他专用基金，比如留本基金：

借：银行存款等

　　贷：专用基金

③ 从非财政拨款结余或经营结余中提取：

借：本年盈余分配

　　贷：专用基金

借：非财政拨款结余分配

　　贷：专用基金

（2）专用基金的使用：

借：专用基金

　　贷：银行存款

使用专用基金购置非现金资产的：

借：固定资产、无形资产等

　　贷：银行存款

借：专用基金

　　贷：累计盈余

同时在预算会计中做如下分录：

① 使用从收入中提取并列入费用的专用基金：

借：事业支出等

　　贷：资金结存

② 使用从非财政拨款结余或经营结余中提取的专用基金：

借：专用结余

　　贷：资金结存

3. 无偿调拨净资产

（1）无偿调入存货、长期股权投资、固定资产、无形资产等：

借：库存物品、长期股权投资、固定资产、无形资产等

　　贷：零余额账户用款额度、银行存款等

　　　　无偿调拨净资产

同时在预算会计中做如下分录：

借：其他支出

　　贷：资金结存

（2）无偿调出存货、长期股权投资、固定资产、无形资产等：

借：无偿调拨净资产

　　固定资产累计折旧（调出固定资产时）、无形资产累计摊销（调出无形资产时）等

　　　　贷：库存物品、长期股权投资、固定资产、无形资产等
　　借：资产处置费用
　　　　贷：零余额账户用款额度、银行存款等
　　同时在预算会计中做如下分录：
　　借：其他支出
　　　　贷：资金结存

▶ 本章知识回顾

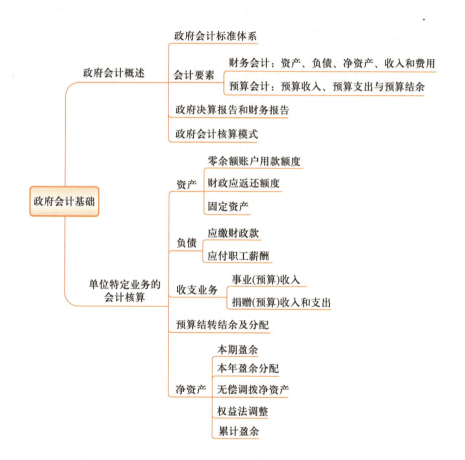

政府会计基础
- 政府会计概述
  - 政府会计标准体系
  - 会计要素
    - 财务会计：资产、负债、净资产、收入和费用
    - 预算会计：预算收入、预算支出与预算结余
  - 政府决算报告和财务报告
  - 政府会计核算模式
- 单位特定业务的会计核算
  - 资产
    - 零余额账户用款额度
    - 财政应返还额度
    - 固定资产
  - 负债
    - 应缴财政款
    - 应付职工薪酬
  - 收支业务
    - 事业(预算)收入
    - 捐赠(预算)收入和支出
  - 预算结转结余及分配
  - 净资产
    - 本期盈余
    - 本年盈余分配
    - 无偿调拨净资产
    - 权益法调整
    - 累计盈余

参 考 文 献

［1］财政部会计资格评价中心. 初级会计实务［M］. 北京：经济科学出版社，2020

［2］史新浩，张建峰. 初级会计实务［M］. 北京：北京大学出版社，2014

［3］王艳丽，胡燕玲，孙艳萍. 财务会计实务［M］. 北京：清华大学出版社，2014

［4］高翠莲. 企业财务会计［M］. 3版. 北京：高等教育出版社，2021

［5］陈强. 财务会计实务［M］. 4版. 北京：高等教育出版社，2021

［6］汤泉，刘淑春. 企业成本核算实务［M］. 北京：中国人民大学出版社，2013

［7］田光大，谭迎春. 成本会计实务［M］. 2版. 上海：立信会计出版社，2015

［8］李启明. 行政事业单位会计实务［M］. 3版. 北京：中国人民大学出版社，2015

郑重声明

高等教育出版社依法对本书享有专有出版权。任何未经许可的复制、销售行为均违反《中华人民共和国著作权法》，其行为人将承担相应的民事责任和行政责任；构成犯罪的，将被依法追究刑事责任。为了维护市场秩序，保护读者的合法权益，避免读者误用盗版书造成不良后果，我社将配合行政执法部门和司法机关对违法犯罪的单位和个人进行严厉打击。社会各界人士如发现上述侵权行为，希望及时举报，我社将奖励举报有功人员。

反盗版举报电话 （010）58581999　58582371

反盗版举报邮箱　dd@hep.com.cn

通信地址　北京市西城区德外大街 4 号
　　　　　高等教育出版社法律事务部

邮政编码　100120

读者意见反馈

为收集对教材的意见建议，进一步完善教材编写并做好服务工作，读者可将对本教材的意见建议通过如下渠道反馈至我社。

咨询电话　400-810-0598

反馈邮箱　gjdzfwb@pub.hep.cn

通信地址　北京市朝阳区惠新东街 4 号富盛大厦 1 座
　　　　　高等教育出版社总编辑办公室

邮政编码　100029

防伪查询说明

用户购书后刮开封底防伪涂层，使用手机微信等软件扫描二维码，会跳转至防伪查询网页，获得所购图书详细信息。

防伪客服电话 （010）58582300

网络增值服务使用说明

授课教师如需获取本书配套教辅资源，请登录"高等教育出版社产品信息检索系统"（http://xuanshu.hep.com.cn/），搜索本书并下载资源。首次使用本系统的用户，请先注册并进行教师资格认证。

高教社高职会计教师交流及资源服务 QQ 群（在其中之一即可，请勿重复加入）：

QQ3 群：675544928　QQ2 群：708994051（已满）

QQ1 群：229393181（已满）